目次

凡例

・原文で分かち書きで強調されている箇所はゴチック体で示した。
・原文でイタリック体で強調されている箇所は傍点で示した。
・原文でパラグラフのなかに含まれている引用箇所、とくに詩からの引用の多くは、パラグラフからはずし、二字下げ・前後一行空きに変えた。
・2「プーシキンの象徴体系における彫像」および9「ゼロ記号」には原文で活字ポイントの下がっている箇所があるが、本書では文頭二字下げ、罫をわたすことでこれに代えた。
・原注はパーレン括弧数字で示し、章末に掲げた。
・訳者による補足説明は、短いものについては本文中に亀甲括弧で示し、長いものについては訳注として亀甲括弧数字で示し、章末に掲げた。

1　詩人たちを浪費した世代

ひとが殺された
俺にとってはどうでもいいこと、
殺したのが、
俺か、奴かは。[1]

マヤコフスキイ

マヤコフスキイの詩。マヤコフスキイの比喩的表現《イメジャリー》。マヤコフスキイの抒情的構成《コンポジション》。かつて、わたしはこうしたことについて一文をものした。素描を発表したこともある。[2]つねづね、モノグラフを書きたいとも思ってきた。このテーマがとりわけ誘惑的なのは、マヤコフスキイの言葉がかれ以前のロシアの詩に見られたどの言葉とも質的に異なっており、かれの詩の構造《ストローイ》がいくら起源面でのつながりを確かめたとしても根本的に独特で革命的なためである。けれども、リズムではなく詩人の死が主導的な要素《ドミナント》となったいま、あるいはまた（マヤコフスキイの詩のなかの言い回しに頼れば）「鋭い憂愁」が「鮮明で自覚された痛み」に取って替わられる[3]ことを望んでいないいま、マヤコフスキイの詩についてどのように書けばよいというのだろうか！　われわれのあるときの会合で、マヤコフスキイは、ふだんのように、自作の最新・最後の詩《ポスレードニェ》を朗読した。かれが与えてくれるにちがいないもの――詩人の創造力――とどうしても比較したくなったわたしは、「すばらしい。けれどもマヤコフスキイのよりも劣るな」と言ったものだ。だがいまや、創造力は抹殺され、比類なき詩聯《スタンザ》はもはやくらべるべき対象がなく、「マヤコフスキイの最新・最後《ポスレードニエ》の詩」という言葉は不意に悲劇的な意味をおびてしまった。不在を嘆き悲しむあまり、不在者が見えなくなっている。いまは、失われた者について書くよりも、むしろ喪失や失ってしまった側の者たちについて書くほうが、つらくとも容易である。

失ってしまった側の者たちとは、われわれの世代のことである。およそ、いま三〇歳から四五歳くらいまでの者たちだ。顔を欠いた粘土ではもはやなく、すでにかたちをおびてはいるが、まだ硬直化してはおらず、まだ体験し変身することができ、まだ周囲を静態ではなく生成のなかで理解できる者たちとして、革命の時代に加わった者たちである。

すでに幾度も書かれてきたように、この世代の初恋の詩人はアレクサンドル・ブロークであった。ヴェリミール・フレブニコフは、新しい叙事詩、何十年もの沈滞期のあとの最初の真に叙事的な創作をわれわれに提供してくれた。かれの短い詩でさえ、叙事詩の断章のような印象をもたらすのであり、フレブニコフはなんなくそうした断章を縫い合わせて長篇物語詩をつくりあげていた。フレブニコフは、この反叙事詩的な時代にもかかわらず叙事詩的であり、その点に、かれが広範な需要者に無縁であることの謎解きのひとつがある。ほかの詩人たちは、フレブニコフから汲みとり、この「言葉の大洋」[4]をいくつもの抒情的流れに注ぎわけることによって、フレブニコフの詩を読者に近づけようとしていた。フレブニコフとは対照的に、マヤコフスキイは世代の抒情的雰囲気《スチヒーヤ》を体現している。「広い叙事詩的カンヴァス」〔5〕はマヤコフスキイには根本的に無縁であり、受け入れがたい。かれが「革命の血まみれのイリアス」や「凶年のオデュッセイア」を企図しているときですら〔『一五〇〇〇〇〇〇〇』一九一九―二〇〕、叙事詩に代わってあらわれるのは、巨大な射程の英雄的抒情詩――『声をかぎりに』――でしかない。象徴主義《シンボリズム》の詩が終焉を迎えつつあるとともに、敵対し合っている二つの潮流――アクメイズムと未来派《フトゥリズム》――のいずれが心をつかむのかがまだ不明な時期があった。フレブニコフとマヤコフスキイは、同時代の言語芸術にライトモティーフを提供した。グミリョフの名が記しているのは、ロシアの新しい詩の補助線――特徴的なオーバートーン――でしかない。フレブニコフとマヤコフスキイにとって「創造の祖国は、言葉の神々の風が吹いてくる未来」〔フレブニコフ『スヴォヤシ』一九一九〕であるのにたいして、エセーニンは過去への抒情的な振り返りであり、エセーニンの詩や詩行には世代の疲労が見られる。

これらの名が、一九一〇年以降の新しい詩を決定づけている。アセーエフやセリヴィンスキイの詩がいかに輝いていようとも、それは反射光であり、かれらの詩は時代を決めているのではなく反映しているのであって、その光度は派生的である。パステルナークの詩集、あるいはことによるとマンデリシタームの詩集もすばらしいのだが、それらは室内的な詩であり、そこからは新たな創造の炎は燃えたたないであろうし、これらの言葉は世代の心を動かすことも消耗させることもできず、現在を突き破っていない〔1〕。

グミリョフ（一八八六―一九二一）の銃殺、ブローク（一八八〇―一九二一）の長い精神的苦悩、耐えがたい身体的苦痛、最期、フレブニコフ（一八八五―一九二二）の過酷な困窮状態と非人間的な苦しみのなかでの死、エセーニン（一八九五―一九二五）とマヤコフスキイ（一八九三―一九三〇）のよくよく考えたうえでの自殺。このように二〇世紀の二〇年のあいだに、齢三〇から四〇にして、世代の鼓舞者たちが命を落としたのであった。かれらのそれぞれには、破滅の運命を負っているとの意識があり、その意識は長くつづき鮮明であったがために耐えがたいものであった。殺されたり自殺した者たちだけでなく、病床にしばりつけられたブロークやフレブニコフも、まさに不慮の死をとげたのであった。ザミャーチンの回想を引こう。「これはわれわれみんなが悪いのだ。……我慢ができず、ゴーリキイに電話したことを覚えている。ブロークが亡くなりました。このことにたいしてわれわれみんなはけっして許されません、と」[6]。V・シクロフスキイは〔『Zoo、あるいは愛についてではない書簡、あるいは第三のエロイーズ』一九二三のなかで〕、フレブニコフを偲んでこう述べている。「きみのことや、われわれが殺そうとしている他の人びとのことでも、われわれを許してくれ……。国家は人びとの不慮の死に責任を持たないし、キリストの時代にも国家はアラム語を理解できず、そもそも人間の言葉をまったく理解できなかった。キリストの両手に釘を打ちつけたローマの兵士たちは、釘にくらべれば罪は軽い。にもかかわらず、十字架に磔にされる者たちは痛くてたまらないのだ[2]」。

詩人としてのブロークは人間ブロークよりもかなりまえに黙りこみ、亡くなったが、年下の者たちは死すら詩の源にしていた（「どこで死のうと、ぼくはうたいながら死ぬのだ」〔『これについて』一九二三〕）。フレブニコフには自分が死につつあることがわかっていた。かれは生きながらにして腐敗しつつあり、悪臭がただよわないよう花を頼みながらも、最期まで書いた。エセーニンは自殺の前日に、迫りくる死に関するみごとな詩を書いた。詩は、マヤコフスキイの遺言の手紙にも挿入されており、この手紙のどの行にも職業的作家が存在している。死のまだ二夜まえは合間に文学の日常の業務について事務的な会話を交わしていたにもかかわらず、手紙では「どうか、いいかげんな噂は流さないでください、故人はそうしたことをひどく嫌っていたのだ」と書いている〔一九三〇年四月一二日に書かれた手紙〕。これは、マヤコフスキイがずっと以前から要求していたことである。「詩人は時を急かせるべきなのだ」〔『いかに詩をつくるか』一九二六〕。かくして、すでにマヤコフスキイは、死直前の自分の詩行を明後日の読者の眼で見ている。この手紙のすべてのモティーフと、マヤコフスキイの死そのものは、かれの詩ときわめて密に絡みあっており、手紙も死も、詩のコンテクストのなかでしか読むことができない。

マヤコフスキイの詩的創造は、『社会の趣味への平手打ち』〔一九一二〕所収の最初の詩から、最後の詩にいたるまで、単一のものであって分けられない。単一のテーマの弁証法的展開なのである。象徴体系《シンボリカ》の並はずれた単一性。あるとき暗示として投げだされた象徴は、さらに展開していき、べつの短縮遠近法《ラクルス》で呈示されていく。ときおり詩人はこの連関をじかに詩のなかで強調しており、以前の作品を参照させている（たとえば、長詩『これについて』では『人間』〔一九一六―一七〕、『人間』では先立つ時期の長詩〔『ズボンをはいた雲』一九一五、『背骨のフルート』一九一六〕を）。当初はユーモラスに意味づけられていたイメージが、のちにはそういった動機付けなしに与えられていたり、あるいは逆に、情熱的に繰り広げられていたモティーフがパロディ的な様相のなかで繰り返されていたりする。これは、つい最近までの信念にたいする冒瀆などではなく、単一の象徴体系の二つの面――中世演劇におけるような喜劇的な面と悲劇的な面――なのである。単一の目的志向が象徴を支配している。「新しい神話を世界中に雷のごとく轟かせよう」〔『一五〇〇〇〇〇〇』〕。

マヤコフスキイの神話体系《ミソロジー》？

かれの最初の詩集は『ぼく』〔一九一三〕と名づけられている。ヴラジーミル・マヤコフスキイは、かれの最初の戯曲の主人公であるだけでなく、[7]この悲劇の題名でもあり〔『ヴラジーミル・マヤコフスキイ（悲劇）』一九一三〕、さらには最新の著作集の題名でもある。「愛する自分自身に」〔同名のタイトル『愛する自分自身に』一九一六〕詩を作者は捧げてもいる。マヤコフスキイは長詩『人間』に取りくんでいたときにこう語っていた。「ただ人間、人間一般を表現してみたい、ただしアンドレーエフ〔ロシアの作家。一八七一―一九一九〕が描くような抽象的人物ではなく、両手を動かし、シチー〔キャベツスープ〕を食べ、直接に感じているほんもののイヴァンである」。しかし、マヤコフスキイが直接に感じることができたのは、自分自身だけである。トロツキイがマヤコフスキイ論（詩人に言わせれば、聡明な論文である）のなかでつぎのように述べているのは、正鵠を得ている。「かれは、人間を高めようと、人間をマヤコフスキイにまで昇級させる。ギリシア人が神人同型論者《アントロポモルフィスト》であって、素朴にも自己を自然力になぞらえたのとおなじように、わが詩人マヤコモルフィストも革命の広場や通り、戦場に自己を住まわせる」。マヤコフスキイの長詩において一億五〇〇〇万の集団が主人公になっている場合ですら、この集団は単一の集合的なイヴァン、民話に出てくる勇士と化しており、それが詩人の自我のなじみの外貌をおびている。長詩の草稿では、この自我がさらにあからさまに自己主張をしている(3)。

そもそも、詩人の自我は経験的現実に尽きるものでもなければ、それに収まるものでもない。マヤコフスキイは、みずからの「無数の魂」〔『戦争と世界』一九一五―一六〕のひとつとなって、われわれのまえを通過していく。マヤコフスキイの筋肉を身につけるために、「永遠の叛乱の不屈の霊」〔『ミステリヤ・ブッフ』初版、一九一八〕、名も父称も持たぬ無責任な幽霊〔同上〕、「未来からきたただの人間」〔『ミステリヤ・ブッフ』第二版、一九二〇―二一〕がやってきた。「そしてぼくは感じる――ぼくはぼくにとって小さすぎると。だれかがぼくのなかから懸命に飛びだそうとしている」〔『ズボンをはいた雲』〕。おかれた限界の窮屈さゆえの消耗感や、不動の枠を乗り越えんとする意欲は、マヤコフスキイがたえず変奏を重ねていくモティーフである。世界のどんなねぐらも、詩人とかれの欲望の気ままな一群〔「愛する自分自身に」〕を収容することはできない。「この世の檻に追い込まれたぼくは、日々の軛を引きずっている」〔『人間』〕。「呪わしい大地が枷をはめた」〔同上〕。「自分自身の都市で枷をはめられた囚われ人」ピョートル大帝の悲しみ〔『最後のペテルブルグ物語』一九一六〕。「県知事が定めた地帯から」〔『一五〇〇〇〇〇〇〇』〕這い出てくる県たちの巨体〔「トゥーラ県にアストラハン県、大きな図体がつぎつぎと……動きだした」〔『一五〇〇〇〇〇〇〇』〕〕。封鎖網(8)は、マヤコフスキイの詩では世界監獄と化しており、それを「日没の虹色の隙間のかなたに向かう」宇宙的突風が破壊する〔『一五〇〇〇〇〇〇〇』〕。詩人の革命的アピールは、「耐えがたくて窮屈に感じていたり」〔『ミステリヤ・ブッフ』第二版〕、「正午の締め輪に締めつけられて泣いていた」〔『ヴラジーミル・マヤコフスキイ（悲劇）』〕すべての人びとに向けられている。詩人の自我――それは、禁断の未来へとがたごと音を立てて向かう破城槌である。それは、未来の具体化、存在の十全さに向かい、「最後の境界を超えて投げだされた」意志である〔『一五〇〇〇〇〇〇〇』〕。「きたるべき日々から喜びを掘りだす必要がある」〔『セルゲイ・エセーニンに』一九二六〕。

改変された未来へと向かう創造的衝動に対置されているのは、不変の現在を安定させたがること、因循姑息ながらくたで現在をおおうこと、生を窒息させ窮屈で硬直した紋切型へと変えることである。こうした不可抗力的社会環境《スチヒーヤ》を、ロシア語ではブイト〔byt〕と呼んでいる。興味深いことに、ロシア語やロシア文学ではこの言葉やそれから派生した言葉が重要な役割を果たしており、ロシア語からズイリャン語[9]にすら入っている一方、ヨーロッパの言語には相応する名称が存在しない。たぶん、ヨーロッパの大衆の意識のなかでは、生の安定した形式や規範に、こうした安定した形式を排除するかのようなものはなにひとつ対置されていないからであろう。因循姑息な社会生活基盤にたいする個人の叛乱は、そのような社会生活基盤の存在を前提としているのである。ブイトの真のアンチテーゼは、ブイトの参加者にとって直接にはっきりと感じられるような、諸規範の地すべりなのである。ロシアでは、基盤が流動的であるとのこうした感覚は、歴史的推論としてではなく直接的体験として、昔から知られている。すでにチャアダーエフ〔一七九四―一八五六。ロシアの哲学者〕の時代のロシアで、「死せる停滞[10]」状況には脆弱さや不安定さの感覚が絡みあっている。「すべては……如何なる痕跡すらとどめることなく過ぎ去って行くのです。われわれは自分の家の中に住んでいながら、あたかも露営しているかのようです。家族の中にありながら異邦人のごとく、そして町の中に在人でいながら流浪の民のようなものです〔11〕」。あるいは、マヤコフスキイではつぎのようにうたわれている。

……法
概念
信仰
首都の花崗岩の山
太陽そのものの不動のニンジン色
すべてはやや流れ
ややたなびき
ややうすまってきたかのようだ。

〔『ミステリヤ・ブッフ』第二版〕

だが、これらの転移、詩人の「部屋の」こうした「雨漏り」——これらすべては、「魂の先端でのみかろうじて聞こえる息吹きのようなもの」でしかない〔『一五〇〇〇〇〇〇〇』〕。静態は支配しつづけている。これは詩人の当初からの敵であり、このテーマに詩人は倦むことなく立ち返っている。「少しの動きもないブイト」〔『愛』一九二六〕。「すべてはこのように昔ながらに数百年このような状態にあるのだ。ブイトの雌馬は鞭打たれもせず、動きもしなかった」〔『これについて』〕。

「脂肪はブイトの隙間を満たし、固まっていく、静かに幅広く」〔『ブイトの安定化』一九二七〕、「小沼はブイトのへどろに満ち、日々の青浮草でおおわれた」〔『日程にのせろ』一九二六〕。「黴におおわれた、とっても古めかしいブイト」〔『愛』〕。「巨大なブイトがどんな隙間にもはいりこむ」〔『屑についてではなく屑片についての詩……』一九二八〕、「ぺちゃくちゃおしゃべりをしているブイトに歌わせろ」〔『日程にのせろ』〕、「ブイトの問題を議事日程にのせろ」〔同上〕。

　秋に
　　　冬に
　　　　　春に
　　　　　　　夏に
昼に
　　眠っているあいだに
ぼくは受け入れない
　　ぼくは憎む、これら
すべてを。
　　ぼくたちのなかに
　　　死んだ奴隷によってたたきこまれた
すべてを。

ぼくたちの
　赤旗の列にさえ
　　くだらぬものの群れのように
ブイトとなって沈殿しようとし
　　沈殿している
すべてを。

〔『これについて』〕

長詩『これについて』だけは、ブイトとの詩人の必死の格闘がむきだしになっており、ブイトは擬人化されておらず、死んだようなブイトのなかに直接に言葉の猛攻でもって詩人は自身を叩きこみ、ブイトは返礼に「すべてのライフル銃、すべての砲台、あらゆるモーゼル銃、ブラウニング銃から発射して」叛乱者を処刑している。他のマヤコフスキイの作品では、ブイトは擬人化されてはいるが、それは、作者の注釈によれば、生きた人間ではなく、生命を付与された傾向である。[12]長詩『人間』におけるこの敵の定義はあまりに一般的である。「万事の支配者にして、ぼくのライバル、ぼくの打ち勝ちがたい敵」。敵を具体化し、局限することはできるし、それをたとえばウィルソンと名指し、シカゴに住まわせたり、民話のような誇張の言葉で肖像を描くことはできる。だが、ただちに「小さな注」〔『一五〇〇〇〇〇〇〇』〕がつづく。「絵描きどもはウィルソン、ロイド＝ジョージ、クレマンソーらを描くとき――長い口髭をつけたり、つけなかったりしているが――、無駄である。こいつらみんなはおなじものである」〔同上〕。敵は全世界的なイメージなのであり、自然力や人びと、形而上学的実体は、敵のたまたまの外貌＝仮面でしかない。「かれらを率いるのは相変わらず、禿げて風采のあがらぬ、地球カンカン踊り主任振付師だ。思想のかたちをとったり、悪魔の類だったり、雲のかなたで神のように光る」〔『人間』〕。もしわれわれがマヤコフスキイの神話体系を思弁哲学の言語に訳すことになったならば、こうした敵意に正確に一致しているのは、「自我」と「非我」の二律背反ということになろう。これ以上ふさわしい敵の名は見つけられない。

詩人の創作上の自我が実際の自我によってすっぽり包まれてはいないのとおなじように、実際の自我も創作上の自我によって完全に包まれてはいない。

アパートの蜘蛛の巣がからまった知人たちの顔なき行列において、

ひとりの知人のなかに
　認めた
　　――双子のように似ている――
自分自身を――
　まさにぼく
　自身。
〔『これについて』〕

この忌まわしい分身、ブイトの自我は、フレブニコフが発明者に対置させている欲張り金儲け主義者である。[13] この自我の情熱《パトス》は、安定と境界分けにある。「部屋もわたしのもの、家もわたしのもの――壁にかかった肖像もわたしのもの」〔『日程にのせろ』〕。揺るぎない世界秩序――宇宙のアパートたるブイト――の亡霊が、詩人を苦しめる。「聞こえていない。宇宙は眠っている」〔『ズボンをはいた雲』〕。

革命はゆるがす、帝国の
　身体を、
人間の群れは牧夫たちを取り換える、
けれども、おまえ、
戴冠せぬまま心を支配している者、
貴様にはいかなる叛乱も触れてはいない！
〔『人間』〕

この耐えがたい力に対置されるべきは、まだ名を持たぬ未曾有の蜂起である。「革命はツァーリからツァーリの称号を奪うだろう。革命はパン屋に群衆のひもじさを投げつけるだろう。けれどもおまえにどんな名をわたしは与えよう」〔『一五〇〇〇〇〇〇〇』〕。階級闘争用語は、因習的ななぞらえやおおよその象徴化にすぎないのであって、もろもろのレベルのひとつであり、pars pro toto〔全体に代わる部分〕である。「非在の戦いにおける事態の激変《ペリペティア》を眼にしていた」〔同上〕詩人は、なじみの用語集を新たに意味づけていく。『一五〇〇〇〇〇〇〇』の草稿には、つぎのような特徴的な定義が見られる。「ブルジョアであることとは、資本を有し、金貨を浪費することではない。これは若者たちの喉を踏みつけた死者たちの踵《かかと》であり、これは脂肪のかたまりでふさがれた口なのである。プロレタリアであることとは、汚れた者や、ゼンマイを巻く者であることを意味しない。プロレタリアであることとは、地下室の泥土を爆破した未来を愛することなのである――信じてほしい」。

マヤコフスキイの詩が革命のテーマと当初から一体化していることは、何度も指摘されていた。だが、マヤコフスキイの創作におけるモティーフ間のもうひとつの不可分性――革命と、詩人の（不慮の）死の不可分性――は、注目されないままである。これにたいするほのめかしは、すでに『ヴラジーミル・マヤコフスキイ（悲劇）』にあるが、その後、この結合の必然性は「幻覚にいたるほどにまで明らかに」なっていく（『これについて』）。殉難の軍隊や命運の尽きた志願兵たちに、容赦などあるはずがない！（『あらゆるものに』一九一六）詩人とは、きたるべき真に世界的な復活のための贖罪的犠牲者なのである（『戦争と世界』のテーマ）。革命のイバラの冠をつけて或る年がやってくれば、「きみらのためにぼくはこの魂をつかみだし、踏みにじって大きくしよう！――そして血まみれの魂を旗としてささげよう」（『ズボンをはいた雲』のテーマ）。革命期の詩では、おなじことが過去時制で語られている。革命に動員された詩人は、「みずからの詩の喉元に」立ちふさがった（これはマヤコフスキイ存命中に印刷された最後の詩からの行である『声をかぎりに』一九二八―三〇）。間近な最期をはっきりと意識して書かれた、あとの世代の仲間たちに向けられたメッセージである）。長詩『これについて』では、詩人はブイトに滅ぼされている。「殺戮はおわった。……クレムリンで詩人の破片が小さな赤旗となって風になびいているばかり」。このモティーフは、明らかに『ズボンをはいた雲』のイメージ群を反復している。

詩人は貪欲な耳で未来をとらえようとするが、かれは約束の地に入れない定めにある。マヤコフスキイの作品のとりわけ充実した頁の多くには、未来の想像図がある。「いかなるブイトもない」(『飛ぶプロレタリアート』)。「一日は、アンデルセンの童話が子犬たちのように這いずりまわったようにうち開かれた」(『戦争と世界』)。「わかりっこない――それが空気、花、それとも小鳥であるのか！　歌いもし、馥郁と香りもし、色とりどりのものを一挙に」(同上)。「ぼくらをアベルと呼べ、あるいはカインと呼べ。たいした違いなどない。未来が訪れたのだ」(『一五〇〇〇〇〇〇〇』)。マヤコフスキイにとっては、未来は弁証法的ジンテーゼである。すべての矛盾の止揚は、カインとチェッカーをするキリストのおどけたイメージや、愛につらぬかれた宇宙をめぐる神話、「コミューンとは、役人どもは消え、たくさんの詩と歌があらわれるであろう場所のことである」とのテーゼ(『プロレタリア詩人たちへのメッセージ』一九二六)などに、表現されている。詩と実務的建設が融合せず対立している現状、「デリケートな性質のもの――つまり労働者の組織における詩人の地位」(『詩についての財務監督官との会話』一九二六)は、マヤコフスキイにとって切迫した問題のひとつである。「かれは話していた。文学が独自の一角を占めることなど誰に必要なのか。文学はすべての新聞に毎日、各頁にあらわれるようになるか、それとも文学はまったく必要ないかであろう、と。デザートのように差しだされる文学など、どうとでもなれ」(ドミトリイ・レーベジェフの回想)。

詩のくだらなさや死滅をめぐるおしゃべりに、マヤコフスキイはつねにアイロニカルだった（実際こうした話はばかげたものであるが芸術の革命化には有益である、といったところであろう）。マヤコフスキイは、真剣に時間をかけて準備していたが結局書き終えなかった長詩『第五インターナショナル』〔八部構成の予定のうちの第一部と第二部は一九二二年に発表〕において、未来の芸術に関する問題を鋭く提起するつもりであった。企図されていた筋はこうである。革命の第一段階――世界的な社会革命――は完遂された。人類は退屈している。ブイトは無傷で残った。世界的震撼のあらたな幕――新しい生活体制、新しい芸術、新しい科学のために第五インターナショナルが差し向けている「精神の革命」――が必要だ。この長詩の導入部は、詩の美しさを廃止し、数学公式の簡潔さや精密さ、議論の余地なき論理を詩に導入せよとの指令である。論理学の問題を見本にした詩的構成の例が示されている。この詩的綱領や、詩で詩に抗しようとのこうした唱道に、わたしが首をかしげると、マヤコフスキイはにやっと笑った。「で、きみは、ぼくの論理学の問題の解決はザーウミ〔超意味言語〕的解決であることに気づかなかったのかい？」

合理的なものと非合理的なものの二律背反にあてられているのは、すばらしい小詩『帰郷』である。これは、双方の要素の融合や、非合理的なものの独特な合理化をめぐる夢である。

ぼくは自分を、
　幸せをつくりだす
　　ソヴィエト

工場と感じている。
ぼくは望まない、
　勤めの辛さのあと、
ぼくが草地の花のように
　むしりとられるのを
……
ぼくは望む、
　専門家としての超過手当分として
心臓が愛を
　受け取ることを。
ぼくは望む、
　仕事の終わりに
　　工場委員会が
ぼくの唇に
　　錠をかけることを。
ぼくは望む、
　剣と
　　ペンが同一視されることを。

鋳鉄といっしょに
　鋼鉄加工といっしょに
詩の仕事についても
　　政治局を代表して
スターリンが
　　　報告をおこなうことを。
「これこれ、
　　　しかじか……
　　労働者の巣窟から
われわれは
　　　頂上に達した。
共和国
　　連邦では
詩の理解力は
戦前の基準より
　高くなった……」と。

非合理的なるものの肯定というモティーフは、マヤコフスキイにおいてさまざまなかたちをとっている。そうしたイメージのいずれも、かれの創作のなかに繰り返し浮上している。星（「星が輝くとすれば、それはだれかに必要だということなのか！」（『聞け！』一九一四））。春の無鉄砲（「パンに関しても平和に関しても明白なのだ。けれども春に関するこの主要問題は、なにがなんでも調整する必要がある」（『春の問題』一九二三））。「冬を夏に、水をワインに」（変える心臓――『人間』）（「これはぼくが心臓を旗のように持ちあげたのだ、二〇世紀の未曾有の奇跡」（同上））。そして、敵の応答（「もし心がすべてなら、なんになろう、たいせつなお金よ、わしがおまえを掻き集めたのは？　どうして堂々と歌うのか？　だれが権利を与えたのか？　だれが日々に七月ぶるよう命じたのか？　空を電線に閉じこめよ！　大地を撚り合わせて街路にしろ！」（同上））。だが、マヤコフスキイの主たる非合理的テーマは、愛である。愛をあえて忘れてしまった者たちに厳しく復讐し、人びとや仕事を雨あられと降らすテーマが、残るすべてのテーマを押しのけている（『これについて』））。詩とおなじように、このテーマも今日の生活と不可分であると同時に非融合的であり、「勤め、収入、その他のあいだに」ちりばめられている（『ぼくは愛する』一九二二））。愛はブイトに押しつぶされている。

全能なるおまえは両手を考えだし、
各人が頭を持つように
つくった――
どうして思いつかなかったのだ。

苦しみなしに
キスがどんどんできるようにと?!

〔『ズボンをはいた雲』〕

非合理的なるものを抹消すべきか？　マヤコフスキイは仮借なき諷刺的絵図を描いている。一方では、眠くなるような啓示の退屈さ——すなわち協同組合の効用、酒ゆえの害、ベルドニコフの政治教程、[14]「空っぽの場所は穴と呼ばれる」——であり、他方では、惑星的規模の向こう見ずなよた者〔詩『典型』〕。弁証法的二律背反の諷刺的尖鋭化。

生産の合理化、技術の向上、計画的建設は、こうした建設の結果、「ほんものの地上の愛を、未来の少し見開かれた目がはねかける」〔『最初の鉱石を獲得したクルスクの労働者諸君へのヴラジーミル・マヤコフスキイの一時的記念碑』一九二三〕ならば歓迎であり、こうした建設が今日に貪欲にしがみつくことになれば受け入れられない。このような目的のもとでは、壮大な技術は「もっとも世界的な規模での完璧きわまりない地方的偏狭さやデマの装置」と化していく〔『ぼくのアメリカ発見』〕。このような全地球的規模の地方的偏狭さは、マヤコフスキイの『南京虫』では一九七〇年の生活に浸透している——激情も、エネルギーの過剰蓄積も、夢想もない、合理的な制度である。世界的規模の社会革命はなしとげられたが、精神の革命はまだ先のことである。この戯曲は、マヤコフスキイの初期の諷刺詩で「なんのためにか、どこからかはわからないままに、ペルーに群がり集まっていた」憂鬱な裁判官たちの精神的継承者たちに反対する、小声の諷刺的時評である〔『裁判官賛歌』一九一五〕。『南京虫』のこうした人びとには、ザミャーチンの『われら』

と似ている点が少なくないが、マヤコフスキイにあっては、こうしたユートピア的な合理的共同生活のアンチテーゼ――分別のない勝手気まま、アルコール、管理なき個人的な幸福などのための叛乱――も容赦なく嘲笑されているのにたいして、ザミャーチンはこの叛乱を理想化している。辛酸の山々、革命の幾段もの高原の彼方には「地上のほんものの楽園」〔『ミステリヤ・ブッフ』第二版〕、すべての矛盾の唯一可能な解決があるとのマヤコフスキイの信念は、不屈である。ブイトとは、きたるべきジンテーゼの代用品にすぎないのであって、それは矛盾を除去せず、ぼかすだけである。弁証法を妥協や対立項の機械的和解にすりかえることを、詩人は斥ける。マヤコフスキイの容赦せぬ冷笑の的になっているのは、協調主義者〔『ミステリヤ・ブッフ』〔第二版〕〕と、アギトカ[15]でスケッチされている一致主義的役人たちの華やかな勢揃い、そしてそのあとにつづいて、調和管理局長官のポベドノシコフ〔『風呂』〔一九二九―三〇〕〕。未来への道の障害物――これが、こうした「人工人間たち」の活動の本質である〔『人工人間たち』一九二六〕。「時間の機械《タイムマシン》」は必然的にかれらを唾とともに吐きだすことであろう〔『風呂』〕。

　全世界的な「すばらしい生活」という唯一本質的な問題を個人的幸福というでっちあげにすりかえるのは、犯罪的な手品である。喜ぶのはまだ早い！〔『喜ぶのはまだ早い』一九一八〕。『南京虫』の最初の数場面のテーマは、生活のなかでの戦闘的気分や、前線に向けての整列、塹壕のメタファーなどからくる消耗状態である。「装備完了――塹壕だと。今は一九一九年じゃないぜ。人びとは自分のために生きたいのだ」。家庭建設。「もはやこの瞬間にはバラの花が咲き、馥郁と香ることだろう」。「同志の闘争に満ちた道程のかがやかしき結末」。美の奉仕者オレーグ・バヤンはつぎのように公式化している。「われわれは階級的矛盾やその他の矛盾を調整し一致させるのに成功したのであって、そこ、いわば水滴のなかに、マルクス主義的に武装された眼でもって、平民のあいだで社会主義と名づけられている人類の未来の幸福を認めずにはいられない」（以前は――抒情的に――うたわれていた。「やわらかなベッドのなかにかれはいて、ナイトテーブルの掌にフルーツとワイン」〔『あらゆるものに』〕と）。休息と快適さのこうした追求者たちにたいする際限なき憎しみは、マヤコフスキイの研磨されたどの行にもある。かれらに『南京虫』で答えているのは、組立工である――「みんなで引っ越そう、みんなで一挙に。ただし、おれたちはこの塹壕から白旗をかかげて這いずりだしたりはしないぞ」。『これについて』では、おなじテーマが内面的なドラマのかたちで展開されている。マヤコフスキイは、救済者たる愛が到来するのを祈っている――「ぼくの苦しみを没収してみろ、無効にしてみろ」。そしてマヤコフスキイ当人がつぎのように答えている。

やめろ。
　いらない、
　　言葉も
　　　願いごとも。
なんになろう
　おまえ

　　ひとりが
　　　うまくいったとしても?!
ぼくは待つ
　愛をなくした地上が
　　　みんな一緒になるのを
　世界
　　　じゅうの
　　　　人間の茂みとなるように。
七年間ぼくは立ちつくしている——
　　　それを待つのに
二〇〇〇年でも
　　　釘づけされて立っていることだろう。
橋のうえで
　　　軽蔑や、
　　　　嘲笑の幾年間
地上の愛を償う者として
ぼくは立ちつくすべきであり
　みんなのために立ちつくしている——

みんなに代わり報いを受け、
みんなのために泣きわめくのだ

しかし、マヤコフスキイはしかと承知している。四たび若返っても、四たび老けねばならぬことを〔『これについて』〕。これは、四倍にされただけの拷問であって、日々のくだらぬことや時期尚早の人間の勝利記念日にたいする増大された恐怖であることを。いずれにせよ、かれは存在の絶対的完璧さが世界的に開示されるまで生き永らえることはできないし、いずれにせよ、最終的決算は避けられない。「ぼくは自分、地上の分を生き尽くすことができなかったし、地上で自分のものを好きにならなかった」〔同上〕。かれの運命とは、喜びを知らずに終わる贖罪的な死なのである。

みんなのために――弾丸があり
みんなのために――ナイフがある。
だけど、ぼくにはいつ?
ぼくにはいったいどっちを？
〔同上〕

この問いには、マヤコフスキイによって確たる回答が与えられている。
ロシア未来主義者たちは、「古典作家の将軍ども」〔『喜ぶのはまだ早い』〕から懸命に遠ざかろうとしているにもかかわらず、やはりかれらもロシアの文学的伝統と密接不可分の関係にある。マヤコフスキイの勇壮な戦術的スローガン「だがなぜプーシキンは攻撃されないのか」〔同上〕が、おなじプーシキンにたいするエレジー的呼びかけ――「まもなくぼくは死にます、口がきけなくなります。死後にはぼくたちはほぼ隣に立つべきです」〔『記念祭の唄』一九二四〕に取ってかわられているのも、偶然ではない。ヴェルシーロフ〔ドストエフスキイ『未成年』の登場人物〕のユートピアを繰り返している、未来についてのマヤコフスキイの夢、人神[16]への賛歌、「一三番目の使徒」の無神論[17]、神にたいする倫理的嫌悪――これらすべては、おきまりの公式的無神論によりもロシア文学の昨日のほうに、はるかに近い。個人の不死へのマヤコフスキイの信仰も、ヤロスラフスキイ[18]のカテキズムとは無関係である。肉体的に死んでいる者が未来に復活するというマヤコフスキイの見方は、哲学者フョードロフ[19]の唯物論的神秘主義に似かよっている。

一九二〇年の春、わたしは経済封鎖されていたモスクワにもどった。ヨーロッパの新しい本や、西欧の学問の動きに関する情報などをたずさえて、帰ってきた。マヤコフスキイには、一般相対性理論や当時それをめぐって広がっていた議論についてのわたしの支離滅裂な話を、何度か繰り返させられた。エネルギーの解放、時間をめぐる問題、光線を追い越す速度は時間上の逆進ではないのか――こうしたことに、マヤコフスキイは魅せられていた。わたしは、かれがこれほど関心を持ち夢中になっている様子をめったに見たことがなかった。「で、きみは思わないのかい、こんなふうにして不死が勝ち取られるのであろうと」と、突然質問してきた。わたしはあっけにとられてかれを見つめ、不信の念のようなものをもらした。すると、マヤコフスキイは、かれを身近に知っていた者たちみんなにたぶんなじみの、ひとを惹きつけてやまぬ強情さを発揮して、頬骨をぴくぴくさせた。「死はなくなるだろうと、ぼくはすっかり確信しているんだ。死者は復活させられるだろう。ぼくは、アインシュタインの本をかみくだいてくれる物理学者を見つけるつもりだ。ぼくが理解できずにおわるなんてありえないのだから。ぼくはこの物理学者に研究手当を払うだろう」。わたしはその瞬間、まったく別のマヤコフスキイを知った。死にたいする勝利の要求が、かれを支配していたのである。このすぐあと、かれは、自分が長詩『第四インターナショナル』(のちに『第五インターナショナル』と改題)を準備しており、そこでこの件を全面的にとりあげるつもりだ、と語った。「アインシュタインもこのインターナショナルのメンバーになるだろう。これは『一五〇〇〇〇〇〇』よりもはるかに重要なものとなるだろう」。当時のマヤコフスキイは、挨拶の電報をアインシュタインに——未来の芸術から未来の科学にむけて——打つ計画を、吹聴していた。われわれの会話のなかでこうしたテーマに触れたのは、これっきりであった。『第五インターナショナル』は未完におわった。だが、長詩『これについて』のエピローグはこうなっている。「見える、細部にいたるまではっきりと見える。……腐敗物や塵芥には近づけない——人間復活の工房が何世紀も光り輝いて聳えたっている」。

……宛ての請願書
(同志化学者、……にご自身の名を記されるようお願いいたします!)

〔『これについて』〕

わたしにとってはなんの疑いもないのだが、これはマヤコフスキイにとって文学作品のなかの小見出しなどではけっしてない。これは三〇世紀の、額の広い物静かな化学者に向けられた、十分に動機のあるほんものの請願なのである。

復活させよ。
　せめて、
　　ぼくが
　　　詩人として
きみを待っていて、
　日々のくだらぬことを投げ捨てたことだけからしても。
ぼくを復活させせよ
　せめてこれだけからしても。
復活させせよ——
　ぼくはぼくの分を生きとおしたいのだ！

『南京虫』では、喜劇的な文脈で、おなじ未来の「人間復活研究所」が出てくる。このモティーフは、マヤコフスキイの後期の作品ではますます執拗になってくる。戯曲『風呂』のテーマは、「優秀な者たちを選んで未来の世紀に移住させる全権を持った燐光の女が、未来から時間の機械であらわれる」――「最初の信号でわれわれは、老いぼれた時間を引き裂いて前方へ突進します。……飛んでいく時間が、がらくたで重くなったバラストや、不信心で空っぽになったバラストを履き落とし切りさいてくれます」。またもや、信じることが復活の担保である。未来の人びとは、自分たちの前方にあるものだけでなく過去も改変しなくてはならない。「時間の垣根を蹴破ろう。……われわれが書いたように、世界は水曜も、過去も、いまも、つねも、明日も、今後何世紀も、このままだろう」(『一五〇〇〇〇〇〇〇』)。レーニンの思い出にあてた詩では、マヤコフスキイは、暗号化してはいるがやはりおなじことについてうたっている。

死もかれに
　　触れることだけは
　　　　あえてしまい、
未来を見積もって
　　立っているのだ!
若者たちは
　　死についての詩聯に
　　　　注意を向けているが
心には聞こえている――不死が。

〔『連邦諸都市をめぐって』一九二七〕

マヤコフスキイの初期作品では、個人の身体的な不死は、科学的実験に反して実現されている。「学生諸君！　ぼくたちが知り学んでいることすべては戯言なのだ！　物理学や化学、天文学などくだらない」（『人間』）。この頃、科学は、マヤコフスキイにとっては、平方根を毎秒求める無為な技術であり、一昨年夏の化石化した残骸の非人間的な蒐集であった（『学者賛歌』一九一五）。そして、諷刺詩『学者賛歌』が真の熱狂的な賛歌となるのは、「アインシュタインの未来主義的頭脳」、未来の物理学や化学のなかに、人間復活の奇蹟の手段を見てとったときである。「丸太を浮送するようにぼくらを、ぼくらの誕生を投げ出していた、流れにそってもがき泳ぐために投げ出していた、人間的時間のヴォルガ――このヴォルガが、いまではぼくたちに従っている。ぼくは時間を止めたり、どんな方向へも、どんな速さでも疾走させらせる。人びとは日々から這い出ることができるだろう、乗客が路面電車やバスから降りるように。……きみは悲しみの長ったらしいだらだらした歳月を舞い上がらせ、首を両肩のあいだに引っ込めることができるのであり、きみの頭上では、傷つけも痛めもせずに一分に一〇〇回も太陽の弾丸が通過していくことだろう、黒い日々にとどめをさしながら」（『風呂』）（これはマヤコフスキイにおけるもっともフレブニコフ的な言葉である）。

しかし、不死への道がいかなるものであれ、マヤコフスキイの詩的神話体系における不死のイメージは変わらないままにある。かれにとって、具現化、肉体ぬきの復活はない――不死はあの世のものたりえないのであって、それは大地と絶ちがたい。「ぼくは心のための男さ。でも、からだのない人たちの心はどこにある?!……地球を見つめている。……からだのないやつらの一群。

それはなんというわびしさを、発散させる！」（『人間』）。「ぼくらはここ地球で暮らしたいのです、モミの木、家、馬、草よりも高くも低くもないところで」（『ミステリヤ・ブッフ』〔初版〕）。「このぼくは、全力、全精神をあげて、この人生、この世界を、信じてきた、信じている」（『これについて』）。永遠に地上的なものが、マヤコフスキイの夢なのである。こうした地上のテーマは、超世界的な肉体なき抽象化のすべてに画然と対置されており、それはマヤコフスキイやフレブニコフの詩では凝縮した生理的肉体化となって与えられている（肉体ではなく肉ですらある）。その限界的表現が、獣やその動物的賢明さにたいする心からの崇拝である。

「葬られていた骨が塚から立ち上がり、肉におおわれる」（『戦争と世界』）——これは、民話詩《ブリバク》の前置き《ロチカ》の図式を芸術化したものにとどまらない。現在の人びとを復活させる未来——これは、詩的手法にとどまるものではなく、また二つの物語レベルの一風変わった絡みあいの動機付けにとどまるものでもない。これは、マヤコフスキイがもっとも大事にしまってある神話なのである。

奇蹟を生みだすすばらしい未来にたいする変わらぬ愛に、マヤコフスキイは子どもへの憎しみをむすびつけている。このことは、一見したところ、狂信的な未来信仰と共存しがたい。しかし実際にはそうではない。父親憎悪、「エディプス・コンプレックス」という執拗なモティーフは、ドストエフスキイにおいては、祖先崇拝、伝統尊重などと両立しており、まったくおなじようにマヤコフスキイの精神世界でも、世界のきたるべき改変への抽象的な信心には、今日を継続する具体的な明日の悪循環にたいする憎悪（「カレンダーはカレンダー以外の何ものでもない！」〔『十月（革命）一九一七—二六』一九二六〕）、現在のブイトを幾度となく再生産していく「雛鶏たちのけちくさい愛」〔『これについて』〕にたいする消えることのない敵意が、当然のように伴っている。マヤコフスキイは、古きものとの未完の議論では「集団の幼児たち」〔『コムソモリスカヤ』一九二三〕の創造的使命を抽象的に考慮することができたが、部屋にほんものの幼児が駆けこんできたときは、顔をしかめていた。具体的な子どものなかには、マヤコフスキイは未来に関する自分の神話を見ていない。具体的な子どもは、かれにとって、多くの顔を持つ敵の新たな末裔でしかない。だからこそ、マニーロフ〔ゴーゴリ『死せる魂』の登場人物。人の好い空想家で実践力を欠いている〕的なアリスティデス〔古代アテネの政治家、将軍。？—前四六七頃〕やテミストクレス〔古代アテネの政治家、将軍。前五二七？—前四六〇？〕が、マヤコフスキイのすばらしい映画シナリオ『ご機嫌いかが』の子どもの姿をしたグロテスクのなかに、しかるべき後継者を見いだしているのである[4]。一方、かれの若かりしときの詩『ぼく自身について二言三言』は、「ぼくは、子どもたちが死んでいくのを見るのが好きだ」との詩行ではじまっている。ここでは、幼児殺害が宇宙的テーマにまで高められている——「太陽よ！　わが父よ！　せめてあなただけでも慈悲をかけ、苦しめないでくれ！　これはあなたが流したわたしの血が地上の道を流れているのだ」〔『ぼく自身について二言三言』一九一三〕。『戦争と世界』では、おなじく太陽に囲まれて、「幼児コンプレックス」が古くからあると同時に個人的でもあるモティーフとなって貫かれている。

　いいですか——
太陽は最初の光を放ったが、

まだ知らない、
働きおえて、
どこへいくかを――
それは、ぼく、
マヤコフスキイです、
偶像の台座に
斬首された幼子を
捧げにいったのは。

幼児殺害のテーマと自殺のテーマの結びつきは、疑いようがない。これらは、現在から継承者を奪い、「老いぼれた時間を引き裂く」(『風呂』)ための相異なる方法である。

時間の克服が可能であり、時間の連続的歩みに勝利をおさめるとの信念には、マヤコフスキイの詩人観がむすびついている。詩は、存在という既成の建物にとっての機械的な上部構造ではなく(マヤコフスキイとフォルマリストたちとの緊密なつながりは偶然ではない)、ほんものの詩人は「ブイトに寄食しておらず、面をうつむけてはいない」(『作家アレクセイ・マクシモヴィチ・ゴーリキイ宛ての作家ヴラジーミル・ヴラジミロヴィチ・マヤコフスキイの手紙』一九二六)。「非力な詩人は足踏みをして、ことが通り過ぎるのを待ってから、それを再現する。強力な詩人は前方へと駆けすぎて、悟った時間を牽引する」(『いかに詩をつくるか』)。時間を追い越したり急き立てる詩人は、マヤコフスキイがつねに抱いていた詩人像である。マヤコフスキイ自身の真の姿もこうだったのではなかろうか。革命を（日付まで含めて）明確に予言していたフレブニコフとマヤコフスキイは、特殊な例であろう、ただし、きわめて重要な。現代ほど、作家の運命がかくも容赦なく開けっ広げに当人の言葉のなかにあらわれているようなことは、一度もなかったのではないか、と思われる。作家は生をまえもって知ろうとやっきになっており、自分の作品のなかにそれを認める。詩というものが説明不可能な原初の力で詩人に吹きこまれていることは、妖術師ブロークにとってもマルクス主義者マヤコフスキイにとっても自明であった。「この基本的なリズムのうなりがどこからくるのかは、わからない」（同上）。このリズムがどこに存在するのかさえ、わからない。「ぼくのそと、それとも僕のなかだけ、たぶんぼくのなか」（同上）。詩人は自身の詩は避けえないものであると感じ、同時代人たちは詩人の人生が偶然ではないことを感じている。詩人の著書はシナリオであり、それにそって詩人は自分の人生の映画を演じているとの感覚を抱いていない者など、はたして今日存在するのだろうか。主役のほかに、ほかの役柄までも指定されている。ただし、こうした役柄の演者たちは、結末の詳細まであらかじめ決められている筋が要求する程度に応じて、進行過程の最中に募集される。

　未来主義的なテーマや芸術左翼《レフ》戦線のテーマにまったく無縁な、自殺のモティーフは、マヤコフスキイの創作では——ブイトとのしょせん勝ち目のない闘いで無分別な者たち（楽長『楽長についての数言』一九一五）、ふたつの接吻を持つ男（『ヴラジーミル・マヤコフスキイ（悲劇）』）が縊死する初期作品から、若い女性の自殺を告げる新聞のニュースが詩人を恐怖に導くシナリオ『ご機嫌いかが』にいたるまで——繰り返し見られる。ピストル自殺をした共産主義青年同盟員《コムソモール》について語ったあと、マヤコフスキイは付け加えている。「ぼくになんと似ていることか！　恐ろしい」〔『これについて』〕。マヤコフスキイはさまざまな自殺をすべて自分に当てはめている。「喜ぶがいい！　自分で自分を処刑するだろう」〔『戦争と世界』〕。「機関車の車輪がぼくの首を抱くだろう」〔『ヴラジーミル・マヤコフスキイ（悲劇）』〕。「運河まで駆けていき、頭を水のおとがいに突っ込みたい」〔『背骨のフルート』〕。「心臓は射撃へと突進し、のどはかみそりに夢中になる」〔『人間』〕。「水へと招き、屋根の斜面へと導く」〔同上〕。「薬剤師さん、連れていってください、痛みなしに魂を広びろとしたところへ」〔同上〕。

　マヤコフスキイの詩的自伝の概要（こう言ってよければ、文学《リト》モンタージュ）は、つぎのようになろう——詩人の魂のなかで、今日の世代の未曾有の痛みが育まれる。詩人の詩がブイトの要塞への憎しみに満ちており、また言葉のなかに「きたるべき幾世紀の文字」〔『作家アレクセイ・マクシモヴィチ・ゴーリキイ宛ての作家ヴラジーミル・ヴラジミロヴィチ・マヤコフスキイの手紙』〕が秘められているのは、そのせいではなかろうか。しかし、「財務監督官よ、正直言って、詩人には言葉はひどく高くつくものなのだ」〔『詩についての財務監督官との会話』〕。当初のマヤコフスキイ像はこうだ——「家々の槍の上に魂を一切れ一切れと残しながら、ぼくは街を出ていくのだ」〔『ヴラジーミル・マヤコフスキイ（悲劇）』〕。一歩ごとに、ブイトとの決闘に出口がないとの意識がますます鋭くなっていく。殉教の烙印が押される。早期の勝利を得る手立てはない。詩人とは、宿命の「今日のはみだし者」〔『これについて』〕なのである。

ママ！……

姉さんたち、リューダとオーリャに言ってください、

この子はもはや身をおくべきところがない、と。

（『ズボンをはいた雲』）

このモティーフは文学性を失っていく。まず、詩から散文に移っている。「身をおくべきところがない」（『これについて』の余白におけるト書き）。次いで、散文から生活へ。「ママ、姉さんたち、同志諸君、すみませんが――これは手段ではないのです（ほかのひとたちには忠告しません）、でもぼくには出口がありません」（マヤコフスキイの『遺書』〔一九三〇〕）。

かれはずっと以前から覚悟ができていた。早くも一五年前に、詩集のプロローグでこう書いていた。

ますますひんぱんに思う、

自分の最期は銃弾で

けりをつけたほうがよいのでは、と。

今日ぼくは

万一に備えて

別れのコンサートを開く。

（『背骨のフルート』）

自殺のテーマは、あとになればなるほど、ますます執拗になっていく。それを扱っているものに、マヤコフスキイのとりわけ張りつめた長詩――『人間』と『これについて』――がある。いずれの作品も、詩人に勝利するブィトの不吉な歌になっている。ライトモティーフは、「愛の小舟はブィトにぶつかってこわれてしまった」（『遺書』のなかの詩句）である。『人間』は、マヤコフスキイの自殺の詳細な描写である。『これについて』では、このテーマが文学の外のものであることがすでに鮮明に感じられる。これはもはや事実の文学[20]である。『人間』のなかのさまざまなイメージが再び随所に見られるが、さらに不安げになっており、存在の諸段階がくっきりと描かれている。生活の恐怖の旋風のなかの「半死」と、「最後の死」――「魂のなかに鉛を！　悪寒がおこらないように！」（『これについて』）。自殺のテーマは、これ以上スケッチするのが不可能なまでに現実に近づいている（「たがいの痛みや不幸、侮辱をかぞえあげてもなんになろう」（『遺書』））――このテーマの進行を遅らせるためには、呪文が必要であり、暴露的アギトカが必要である。すでに『これについて』から、長い呪文のサイクルははじまっている。「ぼくは、自分自身が弾丸のせいで死ぬのを人びとが見て喜ぶようなことはさせない」。「ぼくは何年も疾駆しながら、生きぬいていきたいものだ」。サイクルの頂点はセルゲイ・エセーニンにささげた詩（『セルゲイ・エセーニンに』一九二六）である。エセーニンの自殺直前の詩が持つ効果を入念に麻痺させること――これが、マヤコフスキイの言葉によれば、エセーニンにささげた詩がめざしている目的である。しかしこれをいま読むと、それはエセーニンの詩の最後の数行[21]よりさらに死に近い。エセーニンのこれらの詩行は生と死のあいだに等号を引いているが、このときのマヤコフスキイにおいては、生を支持して、生は死よりもむずかしいからという論拠のみがあげられている。[22] これは、彼岸への不信心のみが弾丸の前で立ち止まらせるというマヤコフスキイの以前の詩（『これについて』）や、あるいはかれの『遺書』のなかの一句「お幸せに」とおなじような、生に関する眉唾物のプロパガンダである。

他方、マヤコフスキイの追悼文の書き手たちはわれ先にと繰り返している。「マヤコフスキイにはなにもかも期待することができた、ただしかれがみずから命を絶つこと以外は。ほかの誰にあったとしても、マヤコフスキイだけはそうではないように見えていた」（E・アダモヴィチ）。「この性向と自殺という考えを結合することは、まず不可能だ」（A・ルナチャルスキイ）。「かれの死は、革命にもっとも献身的であった詩人というかれの傾向全体と符合しない」（B・マルキン）。「かれの死はかれの全人生とあまりにも符合しないし、かれの創作全体によってまったく動機づけられていない」（『プラヴダ』社説）。「このような死は、われわれが知っているマヤコフスキイとはどうしても符合しない」（A・ハラトフ）。「これはかれに似合わない。われわれの誰もマヤコフスキイを知らなかったということなのだろうか」（M・コリツォフ）。「かれは、むろん、このような最期を予想するひとつの理由も与えていなかった」（ピョートル・ピリスキイ）、「理解できない。なにがかれに不足だったのか」（デミャン・ベードヌイ）。

ほんとうに、これらの文筆家はこぞって、「マヤコフスキイがつくったすべて」をかくも忘れ、あるいはかくも理解できないのであろうか。それとも、これらすべては実際には考えだされ作りだされたものでしかないとの一般的な確信が、これほど強いのであったろうか。文学に関する学は、詩から詩人の伝記への直接的、直線的な推論に抵抗している。しかしそうだとしても、芸術家の生活と芸術が必ず食い違っているとの結論をくだすべきではけっしてない。そのような反伝記主義は、卑俗きわまりない伝記主義の裏返しの陳腐な表現になろう。マヤコフスキイがかれの師フレブニコフの「真の禁欲者的生活、苦行」に感嘆していたことが（『フレブニコフが亡くなった』一九二二）、はたして忘れられているのであろうか。「フレブニコフの伝記は、かれの輝かしい言語構成にひとしい価値を持っている。かれの伝記は、詩人たちの模範であり、詩的作業への咎めなのである」（同上）。詩人の衣裳でさえ、家庭での妻との会話でさえ、詩的生産全体に規定されているべきである（『いかに詩をつくるか』）と書いたのは、マヤコフスキイなのである。マヤコフスキイは、伝記と詩の連帯が深層で重要な役割を果たしていることを、明確に理解していた。エセーニンの死は、遺言の詩が公にされたあとでは文学的事実となった、とマヤコフスキイは語っている。「この強力な詩が、まさに詩が、どれほど多くの迷える者たちを、縄やピストルの下に招きかねないか、ただちにあきらかになった」（同上）。伝記に着手したときにマヤコフスキイが記しているところによれば、詩人の生活の事実が興味深いのは「それが言葉に定着されている場合に限られる」（『ぼく自身』一九二二、二八）。しかし、マヤコフスキイの自殺が言葉に定着されていないと誰があえて断言するだろうか？　いいかげんなうわさを触れまわるな、とかれは死のまえに懇願していた。それなのに、詩人の「完全に個人的な」死をかれの文学的伝記から執拗に分けようとしている者たちは、意味深長に沈黙を守ることによって、個人に関するデマ、悪質なデマの雰囲気を生みだしている。

　周囲の者たちはマヤコフスキイの抒情的モノローグなど信じておらず、「にやにやしながら、名うてのスコモローフ〔放浪芸人〕の話を聞いていた」〔『これについて』〕――これが歴史的事実である。最初は、しゃれ男を気取った態度〔「魂を黄色いシャツにくるんで検査から逃れるときはすばらしい」〔『ズボンをはいた雲』〕〕、のちには、熱狂的な新聞記者のもったいぶった様子――こうした実生活の仮面舞踏会が、かれのほんとうの外貌とみなされていた。「すてきだ、断頭台の歯のなかに投げだされ、「ヴァン・ホーテンのココアをお飲みなさい！」と叫ぶのは」〔同上〕と、当時マヤコフスキイは書いていた。だが、詩人がスローガンを実現しようと、「二重の金ラベルを飲め！」〔モスセリプロム〔モスクワ農産物加工企業連合〕の広告、一九二三〕、「自分の幸せを考えている者はみな、ただちに割増金付き公債を買え！」〔『自分の幸せを考えている者はみな、ただちに割増金付き公債を買え！』一九二六〕などとありとあらゆる方法で歌い散らすと、聴衆や読者は広告を目にし、アジテーションを目にしていた一方、断頭台の歯は見落としていた。人間的絶望の限界や、詩人の苦しみ、半死よりも、割増金付き公債がもたらす幸福やモスセリプロムのおしゃぶりの上質さのほうが信じられやすくなった。長詩『これについて』は、何世紀にもわたる間断なき果てしのないうめきなのであるが、モスクワは涙を信じず〔通常は「泣いたとてどうにもならない」という意味で使われる〕、人びとはいつもの芸術的曲芸、最新の「華麗な愚行」〔『華麗な愚行』[23]一九一五〕に合わせてちょっと手を打ったり口笛を吹いたりしていたが、道化のツルコケモモの汁の代わりにほんものの血がどろりと流れると、わけがわからない！　これまでとちがう！

と当惑してしまった。

マヤコフスキイ自身、ときおり好んで誤解を助長していた（詩人の自己防衛！）。一九二七年の会話——

ヤコブソン——われわれにありうべき体験はすべて分配されてしまったようだね。われわれの世代が早めに使い果たされることは予言できたよ。それにしても、なんと速やかに徴候が増してきているることだろうか。たとえば、「いったいわれわれはなんなのだ、いったいわれわれはなんなのだ、ほんとうに若さを失ったのか！」といった調子のアセーエフの詩。シクロフスキイの自己埋葬！

マヤコフスキイ——じつにくだらない！　ぼくの場合はまだすべては前方にある。ぼくの最良のものは過去にあるとぼくが思うようなら、それで終わりだろうな。

そこで、わたしはマヤコフスキイに最近の詩を思い起こさせた。

ぼくは生まれた、
　　成長した、
　　　おしゃぶりで授乳されていた、——
生活を送った、
　　働いた、

老けてきた……
こうして人生は過ぎていくのだろう
アゾレス諸島が
通り過ぎたように

〔『深い場所での浅い哲学』一九二五〕

マヤコフスキイ――くだらない！　形式面からそう締めくくってるだけなんだよ！　比喩的表現にすぎない。こんなのならいくらだってつくれるよ。詩『帰郷』も当初はつぎのようにおわっていたんだ。

ぼくは自分の国に理解されたいが、
理解されないだろう――まあ、仕方がない。
祖国を迂回して通っていくことだろう
まるで夏に横殴りの雨が降るように。

ところがブリークが言ったんだ――「削除したほうがいい、トーンが合ってないよ」と。そこで、ぼくは削除したわけさ。

ロシアの未来主義者たちの文学的信条が宿す一本気なフォルマリズムは、かれらの詩を、フォルマリズムのアンチテーゼ――魂の「噛み砕かれていない叫び」(『それでもやはり』一九一四)、厚かましいまでの誠実さ――へと導かざるをえなかった。フォルマリズムは、抒情的モノローグを括弧のなかに入れ、詩的「自我」をペンネームでメーキャップした。そのペンネームが幻影であることが突然あばかれ、芸術の亡霊が、境界を曖昧にして、まるで――マヤコフスキイの大分まえのシナリオのごとく――狂った画家に映画のなかから略奪された娘のように、現実に侵入してくるとき、気味悪さも桁外れである。

マヤコフスキイの生涯の終焉近くには、かれの頌詩や諷刺詩が、かれのエレジーを社会からすっかり見えなくしてしまった。ちなみに、このエレジーをかれは抒情詩一般と同一視していた。西欧では、マヤコフスキイのこの中核の存在について思いもよらなかった。西欧が知っていたのは、「十月革命の鼓手」だけである。アギトカのこの勝利については、ほかの面からも説明がつく。芸術的には、詩『これについて』は、「過去の反復」(『これについて』)によって凝縮され、完璧なものになっていた。マヤコフスキイは、エレジー様式の道を一九二三年に完結させていた。かれの新聞用の詩は、新たな詩のための材料調達であり、新たな材料を加工したり、かつて試みられていないジャンルを練りあげるための、準備であり実験であった。こうした詩に関するわたしの懐疑的な意見にたいして、マヤコフスキイは、あとになればこれらの詩も理解できるようになるよ、と答えた。そして戯曲『南京虫』と『風呂』が登場したとき、この何年かのマヤコフスキイの詩が言葉やテーマにたいするいかに巨大な実験室的作業であったか、またはじめての試みでのこうした作業が演劇的散文の舞台でいかにみごとに利用されているか、どのような汲めども尽きぬ発展可能性が実験のなかにあるかが、実際に理解できたのであった。

さらには、社会との関わりという見地からすれば、マヤコフスキイの新聞詩は、とめどなき正面攻撃から、ひどく疲れる陣地戦への移行である。ブイトは、心臓を引き裂くような些事の群れでもって襲いかかってくる。これはもはや「ほんものの特徴的な顔をもったがらくた」〔『屑についてではなく屑片についての詩……』〕ではけっしてなく、「月並みで、小さな、ささいながらくた」〔同上〕である。その襲撃は、大げさな見解――「大まかに言って」〔『人工人間たち』〕とか、共産主義に関するテーゼや、抽象的な詩的手法――でくいとめることはできない。「この場合必要なのは敵軍を目にし、照準器を合わせることである」〔同上〕。必要なのは、戦がとるにたらなくなっていることを嘆かず、ブイトの「些事の群れ」〔『これについて』〕を「実務的些事」〔『なんのために闘ったのか』一九二七〕で攻撃することである。「未来への確かな一歩ともなりかねない些事ども」〔『ぼく自身』〕を記述するための手法の発明――このように、マヤコフスキイは詩人にたいする当面の社会的注文を理解している。

詩人の最期をひとつの意味でだけ解釈するのは、煽動家マヤコフスキイというひとつの面に還元できないのとまったくおなじように、陳腐であり曖昧である。

「調査の中間データが示しているところによれば、この自殺は純粋に個人的なレベルの動機によって引き起こされた」〔一九三〇年四月一五日付けの『プラヴダ』紙〕。これにたいしては、マヤコフスキイ自身が自伝のなかで答えていた――「共通のブイトに関する個人的な動機にもとづき」〔『ぼく自身』〕と。

「自分のささいな個人的気分に、偉業の利害を従属させてはならない」と、故人にクン・ベーラ〔一八八六―一九三九。ハンガリーの共産主義者、政治家〕がお説教をしている。だがマヤコフスキイはまえもって反論していた。

この個人的でもあり
　　ささいでもあり
　　　一度ならず
五度ならず歌われてきた
　　このテーマでは
ぼくは詩的なリスに化けて回転したが、
再びぼくは回転しようと思う。
このテーマは
　いまや
　　仏陀のもとでの祈りでもあり、
黒人のもとでも主人たちを狙ってナイフを研いでもいる。
もしも火星が
　そこでもせめてひとつの生き物でもいるならば、
その生き物も

いますぐ
　おなじことについて
　　ペンを軋ませるだろう。
　　　　　　　　　　　　　　　　（『これについて』）

時評風エッセイ《フェリエトン》の作家コリッツォフは、急いで解説してみせている。「マヤコフスキイには、自分の仕事やグループに関する気遣い、それに文学全般や政治に関する気遣いなどが山ほどあった。社会活動家であり革命家である詩人の消耗した精神状態を一時的にとらえた、たまたまそこにいたほかの誰かが、撃ったのだ。状況の一時的な積み重ねの結果である」。――またもや、マヤコフスキイのずっと以前の反駁が思い起こされる。

　害だ――夢想は。
　　夢想するのは無益であり、
勤めの退屈な仕事を請け負うことが必要なのだ。
だがよくあることだが――
　　生活は
　　　別の断面で立ち上がり
大いなるものは
　　戯言をとおして

〔『記念祭の唄』〕理解できる。

「われわれは、マヤコフスキイの無意味で正当化されない行為を非難する。おろかで、意気地のない死だ。われわれはかれの死去、かれの野蛮な最期に断固抗議しないわけにはいかない」。これらが公式の判決である（勤労者代表モスクワ市ソヴィエト、その他）。こうした弔辞を、すでに『南京虫』でマヤコフスキイはパロディ化していた。

〔青年――〕「ゾーヤ・ベリョスキナがピストル自殺した！」〔……〕「ああ、彼女はこれで細胞でこっぴどく怒鳴られるぞ」

〔未来の世界コミューンの教授――〕「自殺とはなんのことかな？……あなたは自分をピストルで撃ったのかね？……」〔……〕「……不注意のせいで？」

〔ゾーヤ――〕「いいえ、恋愛のためです」

〔教授――〕「くだらない……恋愛ならば、橋を架け、子どもを産む必要があるのに……ああ、あなたは……そう、そう、いいことを思いついた」

総じて、現実は、気味が悪いほど誠実にマヤコフスキイのパロディ的詩行を反復している。『風呂』の主な喜劇的人物ポベドノシコフは、ルナチャルスキイの特徴をかなり身につけている役柄であるが、大風呂敷を広げる。「わたしはボートに乗ってる時間などないいんだ。それはいろんな秘書たちにとってのくだらん慰みだよ。航行せよ、わがゴンドラ！　わたしが持っているのはゴンドラではなく、国家汽船なのだ」。ルナチャルスキイは、この喜劇の分身を忠実になぞりながら、マヤコフスキイの追悼集会で、砕けた愛の小舟をめぐるマヤコフスキイの遺書の詩が「哀れにひびいている」ことを、急いで解説しようとしている。「かれがわが国の荒れ狂う海を航行していたのは愛の小舟ではなく――かれは大きな社会的汽船の船長であったことを、われわれは知っている」。マヤコフスキイの「狭く個人的な」悲劇から区別しようとの努力は、ときとして意識的パロディじみている。新聞は、「自分の例に従わないようにとの故人の忠告をしかと肝に銘じることを、ソヴィエト社会に請け合います」というオレホヴォ＝ズエヴォ市の作家たちの決議を掲載している。

奇妙なことに、「偶然的、個人的」等々の定義づけにこのたび頼っているのは、通常は厳格な決定論を唱えたり、社会学的説明を要求している者たちにほかならない。大数の法則〔ある試行を何回も行えば、確率は一定値に近づくという法則〕が作動し、数年のあいだにロシア詩の精華が一掃されてしまったいま、個人的エピソードなどについてどうして語れようか。

マヤコフスキイの長詩のなかでは、各国が未来の人間のもとに最良の賜物を持ってやってくるとき、ロシアは詩を持ってくる。「この声の力ほど、歌のなかでひびくよう組み合わさっているものはあったろうか！」（『戦争と世界』）。西欧は、ロシアの芸術に歓喜している。聖像画《イコン》や映画、古典バレエと新たな演劇的探求、昨日の小説と今日の音楽に。しかし、ことによると、ロシアの芸術のなかでもっともすばらしいもの、すなわち詩は、まだ真の輸出対象になっていないのかもしれない。詩は、翻訳の不運を克服するには、あまりにも親密かつ不可分にロシア語とむすびついている。ロシア詩には、一九世紀初頭と二〇世紀初頭という二つの鮮やかな開花期があった。最初も、エピローグとなったのは大詩人たちの数多くの夭逝だった。以下の数字を感じとるには、シラーやホフマン、ハイネ、とりわけゲーテが三〇代で舞台から去っていたとしたらその遺産はどれほど損なわれていただろうかを、想像してみるだけで十分であろう。三一歳でルイレーエフは処刑された。三六歳でバーチュシコフは発狂する。ヴェネヴィチノフは二二歳、デリヴィクは三二歳で死に、グリボエドフは三四歳、プーシキンは三七歳、レルモントフは二六歳で殺された。かれらの死は自殺の一形式として幾度か特徴づけられてきた。ブイトとの自分の闘争を、マヤコフスキイ自身、プーシキンやレルモントフの決闘になぞらえていた。双方の時代の社会がこれらの夭折に示した反応の点でも、似かよっている。突然の深い喪失感、ロシアの精神生活に重苦しくのしかかる不運という不気味さが、再び溢れでている。しかし、当時もいまも、別のモティーフのほうが声高に執拗にひびいている。

非業の死をとげた者たちにたいする愚鈍で不謹慎きわまる、西欧には理解しがたい冒瀆。キキン某は、マルトゥイノフ――卑劣漢で臆病者のレルモントフを殺害した人物――が逮捕されたことを、嘆き悲しんだ。ニコライ一世はおなじ詩人にたいして、教会葬で「犬には犬の死（野たれ死に）を」と弔った。一方、新聞『舵』〔ベルリンで亡命組織が中心になって出していた日刊紙〕では、追悼文の代わりに選り抜きの罵言が連ねられ、こう締めくくられている。「マヤコフスキイの全人生からいやな臭いが漂っていた。悲劇的な最期はそれを正当化できるのだろうか？」（オフロシモフ）。しかし、キキンやオフロシモフなどの輩とは何者なのか？　ロシア文化史上では詩人たちの真新しい墓の上に排泄したと記されるだけの、半可通の取るに足らぬ連中である。罵倒や虚偽の汚水を亡き詩人に浴びせるのが、詩にかかわりのあるホダセヴィチであるときは、比較にならぬほど悲惨だ。かれなら事の軽重は心得ているはずだ――ロシアの偉大な詩人のひとりを中傷で罵っていることがわかっているはずだ。わずか一五年かそこらの歩み、すなわち「馬の一生」しかマヤコフスキイには与えられなかった〔ホダセヴィチ「デコルテを着た馬」一九二七〕とホダセヴィチが毒づくとき、それは天に向かって唾を吐くようなものであり、それは気味悪い冗談であり、自分の世代の悲劇的バランスシートにたいする嘲笑でしかないのだ。マヤコフスキイのバランスシートは「ぼくは人生に貸し借り無し」〔『遺書』〕であるのにたいして、ホダセヴィチのみすぼらしいちっぽけな運命は、「もっとも恐ろしい減価償却、心と魂の減価償却」〔『詩についての財務監督官との会話』〕なのである。

「もっとも恐ろしい減価償却、心と魂の減価償却」は、亡命者レヴィンソン[24]のようなタイプの輩どもに関して書かれたものである。しかし、プーシキンの時代の伝統を、モスクワ版アンドレイ・レヴィンソンたちも反復しており、いまや詩人の生きた顔を規範的な聖者伝ふうの顔かたちに変えようと懸命である。だが以前はといえば……。以前のことについては、自殺の数日まえまでに文学の夕べの報告でマヤコフスキイ自身がこう述べている。「わたしは、たくさんの難癖をつけられ、あることないことたくさんの罪ゆえに弾劾されている――悪口を耳にしないために、どこかへ逃れて二年ほど滞在できればと、ときおり思う！」〔『創作活動二〇周年記念の夕における講演』一九三〇年三月二五日〕。逝去をふちどっているこうした中傷も、まえもって正確にマヤコフスキイは描写していた。

悪口雑言の
　イエロー・プレスよ、つぎつぎと舞いあがれ！
ゴシップを耳に吹きこめ！
　中傷し、かみつけ！
それでなくともぼくは恋の病の不具者。
きみたちのために汚水用手桶は残しておけ。
ぼくはきみたちのじゃまはしない。
　侮辱するのはなんのため？
ぼくは詩にすぎない
　ぼくは魂にすぎない。
だが下から声――
　ちがう！
　　きさまはわれらが百年来の敵なのだ。
もうひとりそんな奴がいた――
　　　　　　　驃騎兵だ！〔決闘で殺されたレルモントフを指している〕

火薬を嗅げ
　ピストルの弾よ。
シャツのボタンをはずせ！
　おじけづくな！
　　　　　　　　　　　　〔『これについて』〕

これは、マヤコフスキイの最期とかれの昨日との「不一致」というテーマをいま一度示すものである。

　誰が戦争の首謀者か、誰が詩人の死に責任があるのかといったようなことは、社会評論家たちにうってつけの問題である。アマチュア私立探偵たる伝記作家たちは、自殺の直接の動機の確かめに力を注ぐことだろう。「ろくでなしのダンテス」〔プーシキンの決闘相手──『記念祭の唄』〕や「勇ましいマルトゥイノフ少佐」〔レルモントフの決闘相手〕、詩人殺しのさまざまな群れに、さらに誰かが引きいれられることだろう。ことの根本を探ろうとする者たちは、もしロシアに憤りを感じているならば、ロシアにおける詩的仕事の危険性を、的確な引用や歴史上の例でもって容易に根拠づけるであろう。もしかれらが今日のロシアにのみ憤りを感じていたとしても、しかるべきテーゼに重みのある証拠をそえることはやはりむずかしいことではなかろう。しかしわたしが思うに、いちばん正しいのはスロヴァキアの若き詩人ラツォ・ノヴォメスキーである。「ほんとうに諸君は、これは彼の地だけのことと思っているのか？　これは今日の世界的なことなのである」とかれは言った。これは、詩人にとって致命的ともいえる重苦しい空気不足をめぐる、残念ながら自明の理にまでなってしまっている決まり文句にたいする返しとして、述べたものである。女性の手にキスをする国もあれば、「手にキスをします」と言うだけの国もある。マルクス主義の理論にレーニン主義の実践で応える国や、勇者の狂気、信仰の火刑、詩人のゴルゴタの丘が比喩的表現にとどまらぬ国もある。マヤコフスキイの死に寄せたチェコ人スタニスラフ・ネイマンとポーランド人スロニムスキの詩では、偶然性のモティーフが、死ではなく残った詩人たちの存在と一体化している。

結局、ロシアの特性は、偉大な詩人たちが今日悲劇的に死滅してしまったことよりも、むしろかれらがつい最近までまだ存在していたことにある。わたしの思うに、西欧のおもな国々においては象徴主義の創始者たちのあと、偉大な詩はなかった。

しかし、事実のあまりにも明白な痛ましさから身を守らんがために因果律の問題によってバリケードを築こうとの誘惑にいかにかられようとも、問題は理由ではなく結果にある。

蒸気機関車をつくるだけではだめだ――
車輪を回転させ、去っていってしまったではないか。
もし歌が駅にとどろきわたらないなら、
交流電気はなんのためだ?

〔『芸術の軍隊への指令』一九一八〕

これは、芸術の軍隊に関するマヤコフスキイの指令のなかの一節である。われわれはいわゆる再建期に生きているのであり、たぶん、まだありとあらゆる蒸気機関車や学問的仮説を少なからずつくるのであろう。しかしわれわれの世代には、歌なき建設のつらい偉業があらかじめ定められている。そして、もしまもなく新しい歌がひびきはじめたとしても、それは別の世代の歌であり、別の時間曲線で示されることだろう。そもそも、ひびきはじめそうな様子もない。今世紀のロシア詩の歴史はもう一度、一九世紀の歴史を剽窃し超えていくように思われる。「運命の四〇年代が近づいた」〔一八四〇年代のロシアでは散文が中心的ジャンルになった〕。長々と延びる詩的昏睡状態の歳月。

世代の伝記と歴史の進行の相関関係は、気まぐれである。どの時代も、私有財産の独自の徴発目録を持っている。ベートーヴェンの難聴やセザンヌの乱視は、とつぜん歴史に役立った。世代の徴兵年齢も、歴史への兵役の期間も、さまざまである。歴史は、ある世代の青春の熱情や、また別の世代の成熟した剛毅さ、あるいはまた老年の知恵を動員する。役が演じおえられると、想念と心を昨日まで支配していた者は、舞台から歴史の裏庭へと去っていく——精神的金利生活者か養老院暮らしとなって、人目につかず自分の時代を送るために。しかしそうでない場合もある。われわれの世代は異常に早く登場した。「われわれだけがわれわれの時代の顔なのである、時代の角笛はわれわれによって吹かれるのだ」〔『社会の趣味への平手打ち』〕。マヤコフスキイもはっきりと意識していたように、いまなお、交替も、部分的補強すらもない。その間、声やパトスは枯渇し、放たれた情念——喜びや悲しみ、冷笑や歓喜——も使い果たされ、いまや、交替のない世代の痙攣は、個人的運命ではなくわれわれの時代の顔、歴史の窒息となってしまった。

われわれは、自分たちのもとに過去が残るには、あまりにも性急かつ貪欲に未来へと突進した。時代の結びつきが裂けてしまった。われわれはあまりにも未来に生き、未来を考え、未来を信じすぎていたのであり、もはやわれわれにはそれ自体で十分な価値のある現代的トピックがなく、われわれは現在の感覚を失ってしまっている。われわれは、社会や科学その他の大変動の立会人であり参加者であった。ブイトは立ち遅れている。初期マヤコフスキイのみごとな誇張法にしたがえば、「もう片方の足はまだ隣の街を駆けている」〔『ヴラジーミル・マヤコフスキイ（悲劇）』〕。われわれは、すでに父たちの思いがブイトと反目していたことを知っている。われわれは、父たちが風通しの悪い古いブイトを賃借りしていたさまを記した手厳しい文章を読んだことがある。しかし、まだ父たちには、ブイトが快適であり皆にとって義務的であるとの信頼の名残があった。子どもたちに残されたのは、ブイトのさらに履き古され、さらに疎ましいものとなったがらくたにたいする、むきだしの憎悪だけであった。そしていまや、「個人的生活を確保しようとする試みは、アイスクリームを温める実験のようなものである」。

未来、それもまたわれわれのものではない。数十年後にはわれわれは容赦なく呼ばれることだろう——過去一〇〇〇年の人間だと。われわれにあったのは、未来についてのわくわくさせるような歌だけであったが、突如この歌は今日のダイナミズムから文学史上の事実と化してしまった。歌い手たちが殺され、歌が博物館のなかに引きずりこまれ、昨日に留めピンで留められると、正真正銘の意味で無産者たる世代はますますすさみ、孤立し、寄る辺なきものとなりつつある。

一九三〇年五―六月

原注

（1）「室内的」といったにしても、技量を過小評価しているわけではけっしてない。たとえばバラトゥインスキイやインノケンチイ・アンネンスキイの詩も室内的であった。

（2）フレブニコフ自身は自分の死について自殺のイメージで物語っている。

なに？　ザンゲジが死んだだと！
しかも、剃刀で自殺。
なんという憂鬱なニュースだ！
なんという悲しい知らせだ！

短い書き置きを残している。
「剃刀よ、わが喉に！」
幅広の鉄のスゲが
かれの命の水を切り裂いた、かれはもういない……
新しい名よ
ほとばしりでよ
とんでいけ

（3）

世界の住居の空間へ
一〇〇〇年の
低い空よ
消えよ、青き空よ
これはぼくなのだ。
ぼくは、ぼくは、
ぼくは
ぼくは
ぼくは
ぼくは
地上の霊感に満ちた清掃夫……

（4）息子が犬を引いて出てくる。「ぼくのワンワンはしつけがいいんだ。自分がしたいときじゃなく、ぼくがしたいときに、おしっこをするんだよ」。母親が有頂天である。「うちのトトは、すばらしいでしょ。おませな男の子でしょ？」

訳注

〔1〕『戦争と世界』一九一五―一六。以下の箇所では、マヤコフスキイの作品からの引用は、注を挿入して〔『戦争と世界』一九一五―一六〕のように示すことにする。なお、既訳がある作品は、論旨に支障がない限り、小笠原豊樹訳にそっている。
〔2〕『チェコ詩について』（一九二三）の第三四節「……本論を離れ、マヤコフスキイの詩について」、および

「ヴラジーミル・マヤコフスキイ」（『Národní osvobození』一九二七年四月二六日）。フレブニコフ論となっている『最新ロシア詩』（一九二一）でも、随所でマヤコフスキイの詩が引かれている。

〔3〕『ヴラジーミル・イリイチ・レーニン』（一九二六）の冒頭部分に――「時がきた。はじめよう、レーニンの話を。ただし、悲しみがもはや消え去ったからではない。時はきた。鋭い憂愁が鮮明で自覚された痛みとなったからだ」――とある。

〔4〕フレブニコフの作品には、おびただしい数の独自の新造語が見られる。フレブニコフやマヤコフスキイとおなじく未来派詩人であったカメンスキイは、エッセイ『スラヴォシチ』（一九一四）のなかで、「フレブニコフの天才は、言葉の大洋の叛乱を止める岸辺がないほどで……」と記している。

〔5〕『いかに詩をつくるか』（一九二六）のなかでマヤコフスキイは、「非政治的芸術をめぐる作り話を打ち砕かねばならない。この古い作り話は、いまでは〈広い叙事詩的カンヴァス〉……をめぐるおしゃべりのオブラートに包まれて新たなかたちで生じてきている」と述べている。

〔6〕ザミャーチン『ブロークの思い出』（一九二四）では、この箇所の直前に、重病のブロークのため海外での治療を図ろうとするが、なかなか許可がでなかった経過が書かれている。

〔7〕Vladimir Majakovskij, Moskva-Leningrad, Gosudarstvennoe izdatel'stvo, 1928.〔『ヴラジーミル・マヤコフスキイ』モスクワ・レニングラード、国立出版所、一九二八年〕

〔8〕英・仏・日・米などによる武力干渉をともなう経済封鎖。

〔9〕コミ語の旧称。ロシアのコミ共和国およびペルミ地方に住むコミ人によって話されている。

〔10〕「われわれは過去も未来もなしに、完全な停滞の中にあって、この極めて狭い現在だけを生きているのです」（チャアダーエフ「哲学書簡」外川継男訳、『スラヴ研究』六、一九六二年、七六頁）。

〔11〕同上、七五頁。

〔12〕『風呂』は社会評論的作品であり、それゆえそこにあるのは、「生きた人間」ではなく、生命を付与された傾向である」(「『風呂』とはいったい何であり、それは誰を洗うのか」一九二九)。
〔13〕フレブニコフ『二人の日本人への手紙』一九一六年。
〔14〕A・ベルドニコフ、F・スヴェトロフが作成した教科書『政治教程コース』(一九二五)。
〔15〕アジテーションを目的とした文学作品、芸術作品。
〔16〕人間を神の位置に高めたもの。
〔17〕「機械とイギリスを称えるこのわたしは、おそらくはただ、ごく平凡な聖書のなかの一三人目の使徒にすぎませぬ」(マヤコフスキイ『ズボンをはいた雲』)。
〔18〕アレクサンドル・ボリソヴィチ・ヤロスラフスキイ(一八九六—一九二九)。「ビオ・コスミズム(生命・宇宙主義)の唱道者のひとりで、一九二二年には機関誌『不死』を発行。
〔19〕ニコライ・フョードロフ(一八二九—一九〇三)。精神と物質の分断に反対し、肉体の復活の可能性を強調した。
〔20〕一九二八年から二九年にかけて、トレチヤコフ、ブリークなどを中心に展開された文学運動。「虚構」を否定し、小説ではなく「ルポルタージュ」を重視した。このグループの雑誌『新レフ』は、当初マヤコフスキイが編集長をつとめていた。
〔21〕「……さようなら、わが友よ、握手もなしで、言葉もなしで/嘆かないで、悲しみに眉をひそめないで/死ぬなんてこの世で目新しいことではない/けれども、生きているのも、もちろんますます目新しくない」。
〔22〕「この人生で死ぬことはむずかしくない。人生をつくることははるかにむずかしい」。
〔23〕ブロークの戯曲『見世物小屋』(一九〇五)では、道化が「お助けを! ここに流すは、ツルコケモモの汁でござい!」と叫ぶ。

〔24〕 アンドレイ・ヤコヴレヴィチ・レヴィンソン（一八八七―一九三三）。演劇・美術批評家、バレエ研究者。一九二〇年からベルリン、二一年からパリに在住。ロシアからの亡命者の「右派」に属していた。

2　プーシキンの象徴体系における影像

かつてヴラジーミル・マヤコフスキイが述べたところによれば、真に新しい詩人、すなわち独創的な詩人の場合、その詩の形式は、詩人の基本的イントネーションが読者の意識のなかに浸透し読者をとらえてはじめて受容される。その後、このイントネーションは普及し、繰り返されていく。そして、詩人が深く根を下ろせば下ろすほど、また詩人の崇拝者や敵対者がその詩の響きに慣れれば慣れるほど、人びとはこうした独自の要素を詩人の作品から引き離すのが困難になっていく。これらの要素は、イントネーションがわれわれのことば〔řeč〕の基礎となっているのとおなじように、詩人の詩の本質的で不可譲の部分をなしているが、興味深いことに、この種の要素こそもっとも分析がむずかしい。たとえ詩の音のレベルから意味のレベルに移ったとしても、事情は変わらないであろう。詩的作品の多彩な象徴体系のなかには、それらを統合しむすびあわせている恒常的な要素が存在する。これらの要素は、詩人の無数の作品を統一する役目を担っており、作品に詩的個性の刻印を押している。また、多様で往々にして似かよっていない詩的モティーフの雑多な絡まり合いのなかに、詩人の個人的**神話体系**という統一性をもたらしている。すなわち、こうした要素が、プーシキンの詩をプーシキン的なものとし、マーハ〔チェコ・ロマン主義の代表的詩人。一八一〇—三六〕の詩をマーハ的なものとし、ボードレールの詩をボードレール的なものにしているのである。

作品は変化するもののそこには不可欠で切り離せない構成要素となっている一定の要素が存在しているという事実は、詩的作品のいかなる読者にも自明のことであり、読者のこうした直観は信頼に足る。研究の課題は、この直観にそいつつ、作品を内的、内在的に分析することにより、詩的作品のこうした恒常的な構成要素ないし定数を作品から直接に抽出することにある。また、可変的構成要素を問題にしている場合には、この弁証法的運動のなかにおける規則的で安定しているものを見定め、変異の基層を見いだすことが、課題となる。問題になっているのが詩的作品のリズムであれ、旋律であれ、あるいは意味論であれ、可変的、偶然的、随意的な要素は、作品の「不変要素《インヴァリアント》」と本質的に異なる。詩行ごとに変化し、そのようにして各詩行を色づけ個別化する詩的要素もあれば、個々の**詩行**をきわだたせるよりもその**詩的作品**全体ないし詩人の詩全体をきわだたせている別の要素もある。後者の要素は詩に慣性をもたらしている。詩が受容されたり、詩的作品が分解しないために欠かせない、理想的な旋律図式をつくりだしているのである。同様に、ばらばらな状態の象徴はなにも語れず、象徴体系全体と関連づけてはじめて十分に理解される。個々の詩に特有の可変的要素とならんで、一連の詩に、また往々にして詩人の創作全体に必ず見られる恒常的な神話体系も、作動しているのである。

演劇学者は、**役柄**（emploi）と**役**を区別する。役柄は（むろん、一定の演劇ジャンルや演劇様式の枠内においてであるが）恒常的であり、たとえば恋人役、陰謀家、説明役といったような役柄は、その戯曲で恋人が将校なのか詩人なのか、あるいは詩人が最後に自殺するのか無事結婚するのかといったことなどに依存しない。言語学ではわれわれは、文法的形態の**一般的意味**を、一定のコンテクストや状況に左右されるその都度の**個別的意味**と区別している。「něčeho se domáhat〔……を懇請する〕」という語結合では、生格〔属格〕が行為が向けられている対象を表わしているが、「něčeho se straniti〔……を避ける〕」では、おなじ格が行為がそこから離れる対象を表わしている。つまり、方向の意味を生格にもたらしているのは、この格が依存している動詞だけであって、格はそれ自体ではこうした意味を持っていない。すなわち、生格の一般的意味は方向の意味を含んでいない。もし二つの相対立する公式が有効であり、またよくあるように同時に有効であったとすれば、それは、いずれも実際には有効でないこと、あるいはより正確にいえば、双方とも不十分であることを表わしている。したがって、たとえば、神の存在の是認や革命の是認も、神の存在の否認や革命の否認も、プーシキンの作品に特徴的なものでないということになる。文法的形態の個々の意味やそれらの意味どうしの相互関係は、一般的意味の問題を立てずしては正しく理解できない。同様に、われわれが詩人の象徴体系をとらえようとするならば、まず第一に、この詩人の神話体系をつくりあげている恒常的象徴をあきらかにしなければならない。

むろん、詩的象徴を人為的に**隔離**させるべきではない。それどころか、われわれは、他の象徴との関係や、詩人の作品の体系全体との関係に立脚しなければならない。

当然のことながら、文学作品をそれが生じた状況の再現とみなしたり、未詳の状況を作品から導きだすような卑俗な**伝記主義**にも、作品と状況との結びつきを教条的に否定するような卑俗な**反伝記主義**にも、陥ってはならない。詩的言語の研究は、言葉〔slovo〕と状況との多様な絡まり合いや言葉と状況の相互の緊張と作用に関する現代言語学の重要な知見から、得るところも大であろう。われわれは作品を状況から一義的に導きだそうとはしないものの、同時にまた、詩的作品を分析するにあたっては、作品と状況とのあいだの反復される重要な一致、とりわけ詩人の一連の作品における一定の共通点とこれらの作品の創作に共通する場所や時間とのあいだの規則的な結びつきを、見落とすべきではない。あるいはまた、諸作品の起源にあるおなじような伝記的前提条件も無視すべきでない。状況とは、ことばの構成要素なのである。詩的機能は、ことばにおけるほかのどの構成要素とも同様に、状況を改変するのであり、ときには状況を効果的な表現手段として前面に押しだしたり、またときには反対にそれを抑制したりもする。だが、状況が作品内で肯定的に解されているか否定的に解されているかにかかわらず、作品が状況に無関心であることはけっしてない。

むろん、拙論の記述があきらかにすべきプーシキンの神話体系が、**全面的に**この詩人に

のみ特有の財産である、と考えるべきではない。ただし、プーシキンの創作が同時代のロシアの詩とどの程度一致しているか、またもちろん同時代の詩一般や、全体としてのロシア詩なるものとどの程度一致しているかということは、もはや別の問題である。比較言語学がわれわれに雄弁に語っているところによれば、実り多き比較は体系的記述を必須の前提としている。

拙論で提示できるのは、ささやかな一報告、すなわちプーシキンの象徴体系を記述するためのひとつの貢献にすぎない。拙論は、プーシキンの詩のもっとも顕著なイメージのひとつ——影像のイメージ——とそれが詩人の創作のなかで持つ意味を扱っている。(1)

プーシキンの独創的な韻文は、叙事詩であれ詩劇であれ、原則として、題名が、**主人公**を示している。あるいはまた、プロットや作品全体の特徴にかかわっている場合は、行動場所を示している。以下を参照されたい。一方では、『ルスランとリュドミラ』、『コーカサスの虜』、『盗賊の兄弟』、『新郎』、『ヌーリン伯爵』、『アンジェロ』、『エヴゲニイ・オネーギン』、『ボリス・ゴドゥノフ』、『吝嗇の騎士』、『モーツァルトとサリエリ』、他方では『ポルタヴァ』、『コロムナの家』、『バフチサライの泉』。プーシキン自身の言う「第一の人物」は、集団の場合もありうる。コーカサスの人びとと一異邦人、かれらの劇的葛藤に関する詩が、この一個人にちなんで『コーカサスの虜』と名づけられ、よりのちの、ジプシーたちと一異邦人、かれらの葛藤に関する詩が『ジプシーたち』と名づけられているのも、けっして偶然ではない。これらの詩のそれぞれでは、重心の位置が異なっているのである。主人公の表示が、作品が属している詩的ジャンルの指示と抱き合

わせになっていることもある——『預言者オレーグの歌』、『サルタン王とその息子、ほまれ高い、たくましい勇士グヴィドン・サルタノヴィチ公と、まことに美しい白鳥の王女の話《スカースカ》』、『死んだ王女と七人の勇士の話《スカースカ》』、『漁師と魚の話《スカースカ》』、『坊主とその下男バルダの話《スカースカ》』、『王ボリスとグリシカ・オトレピエフの喜劇』(劇『ボリス・ゴドゥノフ』の原題)。

しかし、プーシキンの傑出した三つの詩的作品では、題名は生きた人間ではなく**彫像**、彫刻を指しており、いずれの場合も形容辞が彫像の素材を表わしている——悲劇『石の客』、物語詩『青銅の騎士』、おとぎ話《スカースカ》『金のにわとりの話』。悲劇の主人公は、ある文学史家が指摘しているところによれば、「のらくらの遊び人」ドン・ファンである。[2] だが、実際にはまったくそうではない。なぜなら、題名が、主人公は騎士団長の彫像であると宣言しているからである。またある文学史家は、「物語詩の主な登場人物エヴゲニイ」について語っている。[3] しかし詩人は、ファルコネ(フランスの彫刻家。一七一六—九一)作のピョートル大帝記念碑を、主人公として指示している。同様の反論は、プーシキンの最後のおとぎ話に関するもっともすぐれた研究にたいしても提起することができる[4]——ダドン王は中心人物ではなく、金製のにわとりが筋の運び役になっているのである。

しかし、これら三作品の類似点は主人公の特殊な性格だけにとどまるものではない。これらの作品における彫像の役割も似かよっている。プロット上の核も実質的におなじである。[1]

一、**ある男が疲れ果て、おとなしくなっており、静止を渇望している。そして、こうしたモティーフが女性にたいする欲情と絡みあっている。**ドン・ファンはドーニャ・アンナに「疲れ果てた良心」と自身の再生について同時に語る〔『石の客』〕。

あなたに恋したときから、わたしは美徳を愛しています。
そしてはじめて謙虚な思いで、美徳にたいして
震える膝を折るようになりました。

エヴゲニイは、『青銅の騎士』の草稿で詩人が明確に強調しているところによれば、「ドン・ファンではない」。たしかに、かれがおとなしくなるまえにいかなる叛乱もなかった。とはいえ、大団円をまえにしてのエヴゲニイの夢は、ドン・ファンの願望のような熱烈なロマンティシズムこそ欠いてはいるものの、基本的におなじである。疲れ果てたエヴゲニイは、幸せな怠け者たちの魅惑的で安らかな生活や、パラーシャ〔エヴゲニイが愛する女性〕との障害を超えた出会いを、夢見ている。

ダドン王は、「わかい頃から恐ろしい男だった……とはいえ老いが近づくと……骨休め、やすらぎがほしくなった」。ちょうどそのころ、かれはシェマーハの女王に「魅惑され、恍惚としている」〔『金のにわとりの話』〕。

二、**影像、より正確には、影像と不可分にむすびついている生ける存在は、愛する女性にたいする超自然的な卓越した力を有している。**生ける存在との結びつきが、影像を偶像あるいは——現代ロシア民族学の用語を用いるならば——レカンに変えている。すなわち、純粋に「外面的表

象」とみなされている影像が、霊魂あるいは悪魔のようなものの具体化であるオンゴンとなっている[5]。影像とこのような生ける存在との結びつき方は、一様ではない。たとえば、石の客〔騎士団長〕の巨大な力は、影像にしてはじめて可能な特徴となっている。

ここではかれはなんという巨人として示されていることか
なんて肩だ！　ヘラクレスみたいだ！……
故人当人は小さく、弱々しかったのに。
……
ピンでとめられたとんぼみたいだった……

〔『石の客』〕

『青銅の騎士』では影像のこうした特性は、表象されているピョートル大帝――プーシキンによれば「奇跡をおこなう者・巨人」――の巨大な力とむすびついている。

しかしながら、おとぎ話〔『金のにわとりの話』〕では、これとは逆に、小像――「尖塔のにわとり」――は、「ピンでとめられたとんぼ」にかなり似ている。フレーザーの用語を用いるならば、**模倣呪術**〔類似の原理にもとづく呪術〕が**感染呪術**〔接触の原理にもとづく呪術〕に取って替わられている。換言すれば、表象が表象されている対象にたいして持つ関係に代わって、所有物〔金のにわとり〕が金のにわとりの所有者〔年老いた宦官〕にたいして持つ関係が、前面に出ている。もっとも、類似にたいするほのめかしのようなものも物語のなかにあり、占星術師が鳥、とりわけ白鳥にたとえられてはいる。[6]

しかし、これらすべてのバリエーションに関係なく、**妖術**は力を保っている。いずれの場合も、女性にたいする「オンゴン」の力には破壊的なものがある。いずれの場合も、生は、無能なはずの死者の手中に握られている――「未亡人は棺にも忠実であるべきです」とドーニャ・アンナは語る。『青銅の騎士』の序では、「一〇〇年が過ぎた」と強調されており、一世紀がピョートル大帝の生とパラーシャの生を分かっているのである。となると、少なくともドーニャ・アンナの場合は過去が騎士団長に属していたのにたいして（『石の客』）、ピョートルにとってパラーシャが、またパラーシャにとってピョートルがなんの関係があったろうか（『青銅の騎士』）。ダドンは宦官に、「なんのためにおまえに乙女が必要なのか？」と分別よくたずねているが、宦官は、シェマーハの女王を手に入れたいとの非常識な主張をゆずらない（『金のにわとりの話』）。

三、**失敗におわった叛乱のあと、男は、奇蹟的に動きだした影像の干渉によって死んでしまい、女性は消えていく。**ドン・ファンには、ドーニャ・アンナが、騎士団長である死んだ夫の墓の上の影像に支配されていることが、眼に見えている。彼女を「死せる幸福者」から引き離そうとする（「……その冷たい大理石は、彼女の天使のような息づかいで暖められている」）。「大理石の夫」は、ドン・ファンの冒瀆的な提案に従って、ドーニャ・アンナとドン・ファンの逢引の見張りに立たねばならない。彼女は、この求愛者に好意をいだいており、たちまちにかれのものとなるところであったが、そこへ突然、騎士団長の重々しい足音が聞こえてくる。台座から離れた甦った影像が、ドン・ファンの手を「石の右手で」「重く」握り締める。ドーニャ・アンナは姿を消す。男は死ぬ。

エヴゲニイは、ペテルブルグのすさまじい洪水のときに許嫁のパラーシャを失う。われわれは彼女の最期についてはなにひとつ知らない。答えなき狂おしい問いが立てられるだけである。

……それともすべてのわれわれの生活も、むなしい夢のように、地上にたいする天の嘲笑にすぎないのか？

さらに先には、「いったいこれはなんなのだ……」とある。突然狂ってしまったエヴゲニイは、真の犯人は都市の番人、有名な青銅の騎士、ピョートル大帝であることを見抜く。

……その人の運命的な意志によって
海のほとりに都市が建てられた

かれは彫像を威嚇する――「いいだろう、奇蹟の建設者よ！……覚えていろよ！……」。甦った彫像は台座から降り、エヴゲニイを追いかける。青銅の騎士の「重い足音」は、騎士団長の右手の「重い握手」や歩みの重い音に相応している。エヴゲニイは死んでいく。
金のにわとりは、「忠実な番人」としてダドン王に仕えている。にわとりの謎めいた持ち主である、宦官の占星術師は、シェマーハの女王にたいするばかげた野望をあきらめようとしない。激昂した王は、罰として占星術師を殺す。金のにわとりは棒から飛びたち、ダドンを追いかけていく。その飛翔の「軽やかな音」は、青銅の騎士の「重くひびく駆けてくる音」を思い起こさせると同時に、軽やかにもしている。ダドンは死んでいく（「女王は不意に姿を消し、まるで元からいなかったよう」）。

プーシキンは、「わたしは三度もおなじ夢を見た」と、ほかの主人公、偽ジミートリイの言葉をくりかえすこともできたろう（『ボリス・ゴドゥノフ』）。御しがたい向こう見ずを罰せんがために、死人は影像にいわば化けている。騎士団長は自分の記念碑に、ピョートルは青銅の騎士に、占星術師は金のにわとりに。ゴドゥノフの問い――「……死人が棺桶から出てきたなどということを、おまえはいつか聞いたことがあるか？」――は、またもや肯定的な答えを得ている。しかしながら皇帝ボリスをめぐる悲劇では、殺されたジミートリイの亡霊は生きた人間――僭称者――に化けている。この事実は、一方では、より合理的な正当化を与え、他方では、復讐者の位置の曖昧さを強めている。かれは皇子であると同時に「名もなき放浪者」でもあるとみなされているだけでなく、死せるジミートリイを自分が体現しているとみずから主張し（「雷帝の亡霊がわたしを息子にした」）、また同時にジミートリイを消そうともしている（「わたしは、死人のものである恋人を、死人と分かち合いたくはない」）。しかるに、死人に嫉妬するライバルのこうした役割は、まぎれもなく『石の客』のドン・ファンに相応している。

劇でも叙事詩でもおとぎ話でも、甦った彫像のイメージが、**硬直した者たち**という逆のイメージを呼び起こしている。問題になっているのが、硬直した者たちと彫像との単純な比較であれ、偶然のエピソードであれ、苦悩や死であれ、変わりはない。この場合、生と死んでいる不動の状態との境界が、意図的に拭い去られている。劇の最初でドン・ファアンは、北の女性たちを軽蔑的に思い起こしている。

あの女たちと付き合うのはよくない。
あの女たちには生命というものがなく、蠟人形でしかない。

対照させることにより、ドン・ファアンは情熱的な生の礼讃などではなく、死にゆく哀れなイネザ〔元愛人のひとり〕の生き生きとした魅力の礼讃へと移っていく〔「かわいそうなイネザ！　あれはもういない！　どんなにか愛していたことか！」〕。劇は、屈服したドン・ファアンがドーニャ・アンナにねだる「冷たいキス」〔「一度の冷たい穏やかな」〕から、そのまま騎士団長の右手の重い握手へと移ることによっておわる。さらには、当初のプーシキンのバージョンでは、モーツァルトのオペラ〔『ドン・ジョヴァンニ』〕の場合とおなじように、「冷たい握手」についてははっきりと語られていたのだが、のちに詩人はこのあまりに明々白々な〔現代の映画用語で表わすならば〕「オーバーラップ」手法をやめている。[7] 静止を渇望する主人公は、彫像の冷たさと不動へと向かわざるをえない。

「ごろごろしながら、統治しろ！」は、『金のにわとりの話』でモットーのようにひびいている。〔『青銅の騎士』では〕ピョートルの影像が蘇生するよりまえに、エヴゲニイはいわば無用物になっている。

それでもこれでもなく。この世の住人でもなく、
死んだ幻でもなくて……

青銅の騎士にはじめて出会ったとき、エヴゲニイは影像のようにこわばり、洪水がかれを連れてきた大理石のライオン像に「大理石に縛りつけられたかのように」一体化するが、一方ライオンは「生きているかのように四本足で立っている」。

死せる身体の硬直ぶりは、熱烈なラブシーンを背景にしたときくっきりと浮かびあがる。カルロスの死体のそばでのドン・ファンとラウラ〔元愛人のひとり〕（「止まるのだ……死人の面前だぞ！……」）。(8)

シェマーハの女王をまえにして、近くに横たわる二人の息子の死を忘れているダドン王。(9)

破壊的な影像をめぐるこれら三つの作品は、いくつかの二次的ディテールにおいてもたがいに似かよっており、たとえば、それらのおのおのは、舞台が首都であるという事実を、さまざまな手段で執拗に強調している。戯曲の冒頭でドン・ファンは告げる。

……ああ、ついに
われらはマドリッドの市の門まで来たな！……
……ただ、
国王陛下にさえ出会わなければよいのだが。

『青銅の騎士』は、首都である「ピョートルの首都」の賛歌からはじまっており、『金のにわとりの話』は、首都で進行しているという事実を絶えず想起させている（「首都全体が見ている前で」）。

ここでわれわれがとりあげているのは完全に独創的なテーマというわけではない、との反論があるかもしれない――『金のにわとりの話』は実際にはアーヴィングの『アルハンブラ物語』を発展させたものであり、『石の客』は伝統的な伝説の変奏であり、モリエールの『ドン・ジュアン』とモーツァルトのリブレット『ドン・ジョヴァンニ』から多くのディテールを借用していると――。しかしながら実際には、プーシキンの作品と外国のモデルを比較してみると、プーシキンの神話が**独創的なもの**であることは歴然としている。外国のモデルのなかからプーシキンは、当人の構想と一致する要素だけを選びとっており、構想にもとるものはすべて独自に改変している。われわれは、プーシキンの詩的作品の題名が重要であることをすでに指摘しておいた。すなわち、ドン・ジュアン伝説のいくつかの伝統的な題名から『石の客』という題名を選んだのは、けっして偶然ではないのである。騎士団長、ドーニャ・アンナ、ドン・ファアンからなる三角関係も、プーシキンの発案である。さらには、ドン・ファアンが彫像に押しつけている番人という役割や、大団円近くにドン・ファンが従順になるさまを導入したり、モリエールの戯曲やモーツァルトのリブレットの場合のような罰の公正さよりも、むしろ彫像の干渉やドン・ファンの死の不可避性を強調している。『金のにわとりの話』では、プーシキンはアーヴィングの物語とその題名に故意に変更をくわえている。〔シェマーハの女王が登場する直前の場面に〕王の死せる息子たちという形象を導入し〔「おお、子どもたち！　……悲しや！　わしもこれまでじゃ」〕、そうすることによってシェマーハの女王にたいするダドンの情欲をいっそう鮮明にしている。占星術師が宦官であることによって、女王にたいする占星術師の野望の不合理性が強調されており、いちばん肝心なことに、プーシキンは物語にまったく別の大団円――彫像の干渉と王の死――をもたらしている。アーヴィングの物語では、占星術師が君主に青銅のにわとりについて語っているものの、君主のためにつくったのは「青銅の騎士」である。プーシキンは一八三三年にアーヴィングの物語を読んでおり、それを詩形式に改変しようとする最初の試みが、エヴゲニイに関するペテルブルグ物語の初期の草稿のなかに含まれている。青銅の騎士という人物はこの詩的物語〔『青銅の騎士』〕の主人公となっていたのであり、一年後にようやく書かれた物語〔『金のにわとりの話』〕には、鋳造のにわとりしか残されていない。ファルコネ作の彫像に関するプーシキンの記述を触発したミツキェヴィチ〔一九世紀ポーランドの代表的詩人。一七九八―一八五五〕の詩『ピョートル大帝の記念碑』では、アーヴィングの場合のような「騎士」ではなく、「青銅の王」という語結合になっている。ときとして、プーシキンの創作のひとつにとって出発点となっている他人の作品が、かれの関連作品のもうひとつを生みだす刺激にもなっていることがある。たとえば、ドン・ファンが騎士団長の彫像に話しかけるシーンを、プーシキンは基本的にはモリエールから借用していたが、スナガレルの発言「Ce serait être fou que d'aller parler à une statue[10]（彫像と話すなど狂気の沙汰でしょう）」は、プーシキンに、青銅の騎士と狂ったエヴゲニイとの会話のきっかけを与えた可能性がある。

村の秋は、詩人が証言しているところによれば、かれが創作活動にもっとも集中できた時期であった。三度にわたり——一八三〇年、一八三三年、一八三四年——秋にプーシキンはニジェゴロドの領地ボルジノに引きこもっている。プーシキンは、友人のプレトニョフにボルジノから手紙を書いている。「この村はなんと魅力的なことか！ 想像してみてくれ。ステップにステップだ、隣人などひとりもいない。……家にいて思いつくままにいくら書こうとも、誰にも邪魔されはしない[11]」。『石の客』は、最初のボルジノの秋の豊かな収穫のひとつであり、『青銅の騎士』は、二度目の秋のもっともすぐれた作品であった。また、『金のにわとりの話』は、実りのもっとも乏しかった最後のボルジノの秋の唯一の成果となった。こうしたボルジノ滞在は、詩人の人生においてまことに例外的な位置を占めている。それらにあたる時期、すなわち一八二九年春のナタリヤ・ゴンチャロヴァへのプロポーズにはじまる時期は、プーシキンの生活と文学活動におけるまったく特別な段階であり、**破壊的彫像の神話**はこの時期にのみ属している。

これよりまえの、デカブリストの処刑（一八二六年七月）とプーシキンの流刑地からの帰還（一八二六年八月）にはじまる時期には、詩人の叙事的作品で恐怖の源になっているのは、さまざまな生物たちの気味の悪い一団である（タチヤーナの夢のなかに出てくる『エヴゲニイ・オネーギン』

一八二六〕)。

化物どもが車座にすわっている。
犬づらに角をはやしたのもいれば
雄鶏のような頭のものもいる。
山羊髭《やぎひげ》の魔女がいる。
威張り屋の乙に澄ました骸骨がいる。
尻尾の生えた侏儒《こびと》もいれば
半分鶴で半分猫のやつもいる。

まだまだ凄い　まだまだ奇怪なやつもいる。
蜘蛛の背に馬乗りになったえび　鵞鳥の頸の
上でくるくる回ってる
赤い帽子の髑髏《されこうべ》。
……

あるいは、横死の苦悩に歪んだ人間の顔(一八二七年の詩人の一連のスケッチだけでなく断章『なんとすばらしい夜だろう!』にも出てくる処刑された者たち、さらには一八二八年のバラード『溺死人』

のなかの溺死人)。一八二八年末に書かれた『ポルタヴァ』では、これらの二つのモティーフが、処刑された父の狼の頭について、狂ったマリヤが語る混乱したことばのなかで、絡まっている[12]。

怪物の恐怖から彫像の恐怖へと移行する境目にあるのは『ヴァシリエフスキイ島の一軒家』であり、プーシキンが一八二八年末と一八二九年初頭に仲間うちで語り、詩人の知人V・P・チトフが書きとめ、公にしたものである。これは、狡猾な悪魔の陰謀についての物語で、この悪魔は、語り手の言葉によれば、「騎士団長の彫像が夕食にドン・ファンのところにやってくるときのような、大理石的な落ち着きをもって」主人公の家に入ってきたかと思うと、いわくありげな御者に変身したりもする。そして、ある男が、ちょうどダドンが占星術師を打つのとおなじように、かれを鞭打つと、骨の音が**ひびきわたる**。御者が振りむく――ここでホダセヴィチは、青銅の騎士の似たような頭の動きを思いださせている[13]――、とそこにあらわれるのは顔ではなく骸骨である。『石の客』より二カ月まえにボルジノで完成されたプーシキンのグロテスクな作品『葬儀屋』では、恐ろしい死体に関するぞっとするような古めかしい幻想的光景が嘲笑されており、ドン・ファンと石の客との絡みあいのプロット軸がこっけいなかたちで先取りされている[14]。

しかしながら、破壊的な彫像に関する神話だけでなく、**彫像のテーマ**そのものさえも、二〇年代のプーシキンの作品にはちょうど一八二九年末まで見られない。一八二八年の詩『俗衆』(一八三六年に『詩人と群衆』へと改題)、一八二七年の抒情詩『……のような国をだれが知ろう』の草稿、またさらにまえの一八二五年のこっけいな詩『皇帝は眉をひそめながら』と『ボリス・ゴドゥノフ』などにおける、まったく二次的でエピソード的な若干の重要でない言及は、例外であるが。

〔『ボリス・ゴドゥノフ』の〕司令官ムニーシェク家における舞踏会のシーンでは、貴婦人たちのおしゃべりが描かれており、それが現実と鋭い対照をなしている。僭称者については「やはり皇帝の血筋は争えない」と述べられ、情熱的な狂おしい執着ぶりにプーシキンが魅惑されたマリーナについては「……大理石のニンフです。生命なき眼や口」と語られている。このようにしてここには、生きた人間とその死せる表象との通常の対立があらわれているわけであるが、この対立は、対立の第二項が第一項に隠喩的に適用されている一方で、そのような適用が現実にあきらかにもとっているがために、複雑になっている。

一八二九年九月には、プーシキンはコーカサスからもどる道すがらモスクワに立ち寄っている。コーカサスではトルコ戦役とエルズルム占領を目撃していた。コーカサスへの出発まえにかれはナタリヤ・ゴンチャロヴァに求婚したが、彼女の母から生返事を受けとっており、モスクワに着いたのちも冷遇される。プーシキンが好感を持たれなかった理由は、とりわけ敬神の欠如と皇帝アレクサンドルへの攻撃にあった[15]。そして、歓迎されなかったプーシキンが、アレクサンドルに抗する痛烈な一連の詩的攻撃を八行詩『征服者の胸像によせて』で締めくくったのは、まさにモスクワ滞在時（一八二九年九月二一日）であった。この詩ではかれは、トルヴァルセン〔デンマークの彫刻家。一七七〇頃―一八四四〕が彫刻した皇帝の胸像を当の皇帝と比較することによって、亡き皇帝にたいする猛烈に否定的な態度を、主張しているかのようである〔「むなしくもここには誤りが見える。芸術の手は口元の大理石には微笑みを、額の冷たい光沢には怒りを添えている。この顔が二枚舌であるのもごもっとも。まさにそうだったのがこの支配者《ヴラステリン》。矛盾せる感情など普段のこと、面貌も生活も道化役者《アルレキン》」〕。たまたまおなじ時期にデリヴィク〔親友で、ロシアの詩人、ジャーナリスト。一七九八―一八三一〕に捧げた四行詩『青銅のスフィンクスの流刑のときに』を別にするならば、これは彫刻のテーマを伴った一八二〇年代のプーシキンの**最初の**詩であり、当初からそれは**ペテルブルグ帝国**のテーマと徴候的にむすびついている。ここでは、彫像にたいする碑銘の古典的な形式が、寸鉄詩《エピグラム》的な内容と組み合わされている。この形式が持つ伝統的な高揚した調子は、のちになってはじめてプーシキンにあらわれるものである。

故郷では詩人はまったく歓迎されなかった。皇帝ニコライは、作者が刊行を心待ちにしていた『ボリス・ゴドゥノフ』の出版を禁止することを認め、全ロシア憲兵長官のベンケンドルフ将軍を通じて、詩人を無断旅行の廉で叱責した。プーシキンは移動の自由を奪われた。かれの文学活動にたいしてありとあらゆる邪魔が入った。かれは、包囲網がせばまってくるのをひしひしと感じていた。自分の立場について、一八三〇年三月二四日にベンケンドルフに宛てて手紙を出している。「わたくしの立場ははなはだ不安定であり、予見することも避けることもできない不幸の前夜にいるかのような気持ちが絶えることがありません」と。かれは、ますますの**降伏**をしきりに要求されていたのであった。

――これは、詩人の漸次的降伏であって、よく言われているような、再生とか方向転換ではない。若い頃の情熱的な詩で、革命の「血の盃でわれわれが一体化する」ことを夢見ていたプーシキンは、解放への道に関する自分の見解を変えることもできた。その実現可能性への信念を失い、解放への闘いを時期尚早の、またしたがって絶望的な譫妄であると宣することもできた。すっかり異なった社会政治的、哲学的枠のなかで自由を夢見、想像することができるときも、人生で幾度かあった。疲弊と失望のゆえに、あるいはまたこれ以上の闘いや「他国」への逃亡が不可能であるがゆえに、さらにはおそらく、なによりもまず時の抑圧的状況に従わずして創作活動が不可能であるがゆえに——抑圧者たちに降伏し巧みに媚びさえ売ることもできた。実際、自分の態度が偽善的仮面をかぶったものであることを本人が一度ならず認めており（「わたしは賢明になった、わたしは猫をかぶっている」）、この地の文学的伝統はこのような偽善の教訓的見本をかれにさしだしていた——。しかしかれは、**牢獄は牢獄である**ことをけっして忘れはしなかったし、実際、隠してもいなかった。俺を殺せるのかとの将軍の問いに「なにを使ってでありますか？　この太鼓を使ってでありますか？」と答えた鼓手に関する、ロシアの有名な一口話がある。皇帝へのプーシキンの帰依もこれと似たようなものであった。いわゆる「ラジシチェフの罪」のなにが詩人を当惑させたのか？　それは手段の不十分さであり、それゆえにラジシチェフ〔ロシアの貴族、思想家。一七四九—一八〇二〕の闘いは「狂人の行為」となってしまっていた。「小官吏、いささかの権力も、いささかの支えもない人間が、全秩序、専制、エカチェリーナに抗してあえて武器をとったのである」。おなじような理由で、プーシキンはデカブリストたちの蜂起も非難している。かれの降伏声明にはつぎのようにある——「わたしの政治的および宗教的な思考形式がいかなるものであれ、わたしはそれを自分自身のために守っているのであり、公認の秩序や要求に無分別に対立させるつもりはない[16]」。専制に利するものとして知られているカラムジン〔ロシアの貴族、小説家、詩人、歴史家、評論家。一七六六―一八二六〕の歴史論を、非難した「若きジャコバン主義者たち」に反対して、プーシキンはただひとつの論拠のみ提示している――「カラムジンはロシアにおいて出版したのであり、……君主はカラムジンに可能な限りの慎みと中庸の義務を課そうとしたのだ」。

詩人は、このようなたてまえの降伏に完全に支配されていたわけではなかった。体制からより大きな独立性を得る方法をさがしているかと思えば、合法性と戦闘的反対の境界線上で果敢に均衡をとったりも、あるいは皇帝の検閲を引喩《アリュージョン》や隠れた意味、寓意などの巧みな組み合わせでもって欺こうとしたりもしている。しかし、こうしたすべての揺れや逸脱は、詩人の苦しい降伏という事実に疑いをはさむものではなく、往々にして三〇年代のプーシキンの場合、木立も自由も忘れて歌にのみ慰みを見いだしている「頭上の囚われのまひわ」〔「木立も自由も忘れて、頭上の囚われのまひわは、実をついばみ、水をはねかけ、生き生きと歌に興じている」（一八三六）〕というイメージのほうが、情熱的な鷲が自由に関して見たかつての誇らしげな夢（詩『囚われ人』一八二二）よりも近い。プーシキンの運命的な結婚がこうした投降者的気分に完全に対応していることは、詩人の手紙が完全に証明しており、炯眼の同時代人たちも気づいていた。たとえば作家ヴェネリンは一八三〇年五月二八日付けの手紙にこう書いている。「時が訪れる……巣が恋しくなり、この恋しさがもっ

——とも誇らしい人間をこの法にたいして平身低頭させる。プーシキンはその例であり証拠である」。

一八二九年末近く、プーシキンは流刑後はじめてツァールスコエ・セロー〔皇帝村〕を訪れたが、そこではあらゆるものが詩人にリツェイ〔2〕での青春時代を思い起こさせ、とりわけ皇帝の豪華な庭園と有名な記念碑はペテルブルグの君主制の英雄的な時代のイメージを呼び起こした。

　はっきりと目のまえに見える、
過去の日々の誇らしげな痕跡が。
いまなお偉大な女性に満たされて、
彼女の愛する庭園には棲みついている、宮殿や門、
柱、塔、神像、
エカチェリーナの勇者たちの
大理石の名誉も、青銅の称賛も。
英雄たちの幻が座している
かれらに捧げられた円柱のそばで。

このように、ツァールスコエ・セローを訪れたあと、プーシキンは、一五年まえにリツェイの試

験のために書かれた自分の青年時代の『ツァールスコエ・セローの思い出』を、おなじ韻律、おなじ詩聯構成、おなじ題名を用いて修正しており、まったくおなじように「ツァールスコエ・セローの美しい庭園、偉大な女性の王笏」や、彼女の誉れ高き従者たち、勝利を祝した記念碑に敬意を表わしている。リツェイのミューズについての形式ばった荘重な詩は、まもなく情熱的な頌詩『自由』（一八一七）に場所を譲り、「偉大な女性」もまもなく若きプーシキンからまったく別の評価を受けた。「しかしいずれ歴史は、彼女の治世が風習に与えた影響を評価し、やさしさと寛容の仮面の下の専制政治の残酷な行動をあばき、代官どもに抑圧されていた民衆は、彼女の愛人たちに着服された国有財産や、経済学での重大な過ち、法の面での凡庸さ、時代の哲学者たちとの交際における嫌悪すべき気取りなどを、あきらかにするだろう――そうなれば、夢中になっていたヴォルテールの声は、ロシアの呪いから彼女の光栄ある思い出を守れないであろう」（一八二二）。

それがいまや、詩人は「偉大な女性」の情熱的な称賛にたちもどっているが、ただし、大国の歴史上の輝かしい一章のくどいまでの追従的な喚起にとどまってはいない。同時に、詩人はみずからの若き日の思い違いや、「達しがたい夢」のために虚しく浪費してしまった精神的価値を、悔悟の念をもって思い起こしている。この未完の詩の草稿に書かれている日付け――一二月一四日、サンクト・ペテルブルグ、デカブリスト蜂起記念日――は、いかなる「達しがたい夢」やいかなる「放蕩息子たち」が念頭におかれているかを雄弁に物語っている。翌年春（一八三〇年四月五日）、プーシキンは、将来の義母への手紙のなかで、陰鬱で苦しい気分を思いだしながら、事実上、前記の詩の断章の内容を要約している。「わたしの若かりしときの迷妄が浮かんできました。迷妄はそれだけでもあまりにつらかったのに、中傷がさらに輪をかけました。不幸にも、迷妄にまつわる噂は広まってしまいました。あなたは噂を信じたかもしれません。わたしはそれについて愚痴をこぼしたりはあえてしませんでしたが、絶望に陥りました」。おなじころ、かれは皇帝の代理人ベンケンドルフに書いている。「ゴンチャロヴァ夫人は、陛下の不興を買うような不運に陥りかねぬ男に娘を嫁にやることを恐れております。……わたくしの幸福は、わたくしがそれでなくとも心からの限りない忠誠と感謝を捧げておりますお方の、ご親切なお言葉にひとえにかかっております」（一八三〇年四月一六日）。

ロシア軍の勝利にたいする愛国主義的誇りを除けば、詩人のリツェイの思い出は、宮廷との和解へのごく当然な道であった。実際、すでに一八二五年一〇月には、リツェイの記念日に捧げた詩『一八二五年一〇月一九日』において、プーシキンの不倶戴天の敵であるアレクサンドル一世にたいし、つぎのような典型的な公式でもって「皇帝ばんざい」が宣せられている。

かれの加えた不当な迫害を許そう。
かれはパリを占領した。リツェイの礎をすえた。

プーシキンが人生最後のリツェイの記念日を祝うときにも、再びパリ占領、リツェイが皇帝から得た「皇帝の宮殿」、そして皇帝の庭園を思い起こしている〔『こんな頃があった――われらが若き祝日……』一八三六年一〇月一九日」。ツァールスコエ・セローの思い出は、ここの繁栄――エカチェリーナ時代と、栄誉ある戦勝だけでなく若いロシアの造形芸術のすばらしい成果でもあるエカチェリーナ記念碑――を称えるとき、おのずと頂点に達している。

一八三〇年四月の詩『貴人に』では、彫像とエカチェリーナ時代が独特なかたちでむすびつけられている。この詩は、プーシキンが帝室高官たちの支持にまわったかのように見え、かれは激しい非難を浴びた。

　不意にわたしは思いをはせる、エカチェリーナの時代に、
　書庫、偶像、絵画

奇妙な偶然により、彫像とエカチェリーナというテーマは、当時の詩人の私生活にも入りこんでいた。かれの結婚は、女帝の彫像しだいであった。かれの許嫁の母は、娘が潤沢な持参金を持つまでは結婚に同意したくなかった。しかしながら一家は零落していた。ナタリヤ・ゴンチャロヴァの祖父は、彼女のために巨大な青銅のエカチェリーナ像を売ろうとしていた。それは、かれの祖父が自分の工場のまえに女帝の記念碑を建立しようとして鋳造させたものであった。皇帝に売買の許しを得ることや売買そのものをめぐる気苦労が、プーシキンに降りかかっていた。しかし、彫像を金に換える問題は危険なまでに引き延ばされており、プーシキンの手紙は半ば冗談ぽく、半ば悲劇的に「青銅の祖母」に絶えず言及している。[17]「皇帝以外には、皇帝の亡きおばあ様だけが、

わたしたちを困難から引きだせることでしょう」と、ベンケンドルフに一八三〇年五月二九日に書いている。「工場の祖母はどんなものですか、もちろん青銅ですね？」と、かれは許嫁にたずねている。彼女への手紙のほとんどで「役に立たない祖母」にたちもどっている。「ほんとうに、わたしはこのことがわたしたちの結婚を遅らせるのではないかと危惧しています……」（七月三〇日）。「おじい様がわたしになんと書いてきたか、ご存知ですか……このせいでおばあ様の独居を妨げるべき理由はまったくありません。……わたしを笑わないでください、わたしは怒っています。わたしたちの結婚がわたしから逃げていくかのようです……」（一八三〇年九月三〇日）。「おじい様と青銅のおばあ様はどうしていますか。双方とも無事息災でしょうね？」（一〇月一一日〔この箇所あたりは、フランス語ではなくロシア語で書かれている〕）。

例に挙げたうちの最後の二通は、プーシキンが一八三〇年秋に籠っていたボルジノで書かれた。そのひとつでは、かれは青銅の女帝をめぐる思案から、自分の祖父に関する陰鬱な回想に移っている。祖父の世襲領地で暮らしていると、プーシキンには、エカチェリーナをめぐる追憶と降伏気分との結びつきが父祖伝来の伝統としてあらわれたにちがいなく、一八三〇年末の詩『わが系譜』で著者は、自分の反逆的家系の服従が祖父の幽閉からはじまることを強調している。祖父は、先祖フョードル・プーシキンがピョートル一世に反対してピョートルの命令で処刑されたのに似て、エカチェリーナの宮廷クーデターに抗議したのであった。

ツァールスコエ・セローの思い出は、プーシキンがボルジノで影像をテーマに書きはじめた詩で甦っている。一方では、一八三〇年一〇月一日の碑文四行詩『ツァールスコエ・セローの影像』、他方では、たぶん同月に書かれたであろう未完の三韻句法詩《テルツァ・リーマ》『人生の初めで覚えているのは学校』である。この詩の雰囲気のなかにはイタリア中世の息吹がいくらか感じられるものの、実際にはこれは前年の『ツァールスコエ・セローの思い出』の別版のようなものであり、そこでは元の版の基本的考えのすべてがやや別のレベルにおいてであるが展開されている。(18)

どちらの詩も、ただちに個人的思い出からはじまっている。どちらの場合も、思い出の中核となっているのは、学校とその若き学友たちの騒々しい集団である。主導的位置は威厳ある女性＝庇護者にあてがわれており（「偉大なる女性——威厳ある女性」）、それは一八二九年の詩ではエカチェリーナであるが、ボルジノの詩ではエカチェリーナの名は挙げられていない。双方の詩に共通するもうひとつの要素になっているのは、大理石の彫像や神像が棲みついている豪奢な庭園の薄明のなかでの瞑想的散策と、その際に生じる忘我感である（「わたしは物思いにふける——わたしはわれを忘れる」）。しかしながら『ツァールスコエ・セローの思い出』では、父の家の聖像画《イコン》は、思い違いや「つかのまの喜びの熱気」、「達しがたい夢」への不毛な執着と対照をなしており、この聖像画が学校も、庭園も、偉大な女性の思い出も、これらの庭園の神像も包みこんでいる。他方、ボルジノの詩では、まさに庭園や神が、学校や威厳ある女性の「忠告や叱責」と対照的に、主人公のぼんやりした夢や「世に知られない喜びの曖昧な飢え」といった概念とじかにむすびついている。

ほかの二つの絶妙な作品が

わたしを魔法のような美しさで招きよせた。
二つの悪魔を描いたものだ。
ひとつ（デルポイの偶像）の若き顔は
怒っており、恐ろしい誇りに満ち、
全身この世ならぬ力に息吹いていた。
もうひとつの、女性の姿をして、官能的で、
疑わしく嘘つきの最高手本——
魅惑的な悪魔——は嘘つきだが美しい。

これら二つの悪魔ほど注釈者たちを悩ませるプーシキン的イメージは、まずない。なんの根拠もなしにアポロンとディオニュソスのニーチェ的アンチテーゼをプーシキンに押しつけている、メレシコフスキイを思い起こすだけでも、十分であろう(19)。実際には、ここでは二つの悪魔のいかなる対立も問題になっておらず、また二つ目の悪魔はあきらかにヴィーナスなのである。エルマコフ［ロシアの心理学者、文芸学者。一八七五—一九四二］の卑俗フロイト主義などは、ひとつ目のイメージを父についての夢、二つ目を母についての夢とみなすに至っている(20)。詩人の青年時代の創作では、反抗や誇らしげな叛乱のイメージが、ヴィーナスにたいする喜ばしい崇拝のイメージと

緊密にむすびついており[21]、双方のイメージは、かれが青春の夢を断念するときの苦しい告白のなかでもおなじようにつなぎあわされている。緊密にむすびついた二つの悪魔イメージは、まさにこうした役割で、一八三〇年一〇月に書かれた詩『人生の初めで覚えているのは学校』にもあらわれている。それは、プーシキンが別れのエレジーで、自分の愛欲的な過去と、そして事実上、自分の愛の抒情詩全体を、葬ろうとしていた時期であった。

受け入れよ、はるかなる伴侶よ、
わたしの心の別れを
未亡人になった者として
……

〔『別れ』一八三〇年一〇月五日[22]〕

まさにこの月にプーシキンは、『エヴゲニイ・オネーギン』の最後の章、デカブリストの蜂起をめぐる最後の詩的記憶を焼却したのであり、その異端者火刑の日付けは徴候的である——一〇月一九日、すなわちプーシキンがつねづね敬虔の念を持って祝していたツァールスコエ・セローのリツェイの創設記念日であった。

すでに一八一八—一九年の草稿にあらわれている、いくつかの庭園に囲まれた古い偶像のイメージは、あきらかに、愛のテーマとむすびついていた。プリアポス〔ギリシア神話における牛飼い、庭園、果樹園の守護神〕にたいするこの修辞的呼びかけにはつぎのようにある。

庭園の強力な神よ——わたしはおまえのまえにひれふす……
おまえの醜い顔を、わたしは祈りながら据えた……
おまえがわがままな山羊や
小鳥をきゃしゃで未熟の実から遠ざけるためではなく、
陽気な村人たちが踊っているときにわたしが
野生のバラの冠でおまえを飾るためでもなく……(23)

ここで詩は中断されている。おなじ時期（一八一九）の『エレジー』の未完の断章『カグール記念碑によせて』も、似かよった構造の対照法的な導入部からのみ成っている。

勝利の不遜な（異本では、強力な）記念碑よ、
追憶が甦らせた、
おまえのおどすような大理石を
わたしは包む、敬意と憂いをいだきつつ。
わたしをいま奮い立たせているのは
ロシア人の勝利でも、スルターンでもなく（異本では、名誉でも、エカチェリーナへの

賜物でもなく〉
ドナウ川の向こうの巨人〔カグールで勝利したときの将軍P・A・ルミャンツェフ〕でも
ない……

このあとどうつづくはずだったのだろうか。アンネンコフがほのめかしているところによれば、それはリツェイ時代のある愛の物語に関するものであった。もしそうだとするならば[24]、この草稿は、詩人の象徴体系におけるツァールスコエ・セローの彫刻記念碑が両義的であることを告白しているものとなろう。二つの葛藤している考えのひとつは、のちに『ツァールスコエ・セローの思い出』で示され、もうひとつは詩『人生の初めで覚えているのは学校』で示されている。引用した『エレジー』の否定的な内容は、『ツァールスコエ・セローの思い出』では肯定的になっている[25]。語彙面での一致もある。ここにはおなじカグール記念碑のイメージがあらわれており、また双方の場合とも、甦った彫像に関する神話の最初の暗示がそれにむすびつけられている。一八一九年は「記憶が甦らせた大理石」であり、一八二九年は「かれらに捧げた柱のそばに英雄たちの幻がすわる」である。詩『人生の初めで覚えているのは学校』では、彫像たちという架空の存在、彫像の妖術と魅惑的欺瞞が、監視役の女性の秩序の手厳しさや冷静さ、正当性に対置されている。しかしながら、この詩は未完におわっており、一部取り換えられた。秩序の不屈の擁護者は、彫像そのもののなかに具象化されるとともに、反抗的なドン・ファン主義のなかのdas Menschliche, das Allzumenschliche〔人間的、あまりにも人間的な〕側面がその相手となっている。このようにして、一八三〇年一一月四日にボルジノで完成された『石の客』は始まったのである。

以下では、**破壊的彫像に関するプーシキン的神話の最初のバージョン**がつくられた伝記的背景を輪郭づけてみることにしよう。

ボルジノでのプーシキンの生活は、婚約者を恋しがる気持ちと疲れたような忍従ぶりにほぼつらぬかれていた。しかし、夢は脅威にさらされている。一方では、葬った過去がまだ生きつづけていて、詩人を圧迫している。他方では、ツァールスコエ・セローの記念碑や彫像をめぐる子どものころの思い出を否応なく呼び起こさせる断固たる皇帝の権力が、行動のすべてを見張っている（「わたしは、予見することも避けることもできない不幸の前夜に自分がいることを絶えず感じている」）。さらには、ばかげた障害が或る虚構から増大してきている――すなわち、詩人の幸せは「青銅の祖母」しだいになっている。結婚は不確かなものになっており（「わたしは扉を開けっぱなしにしている……ああ、幸せとはなんと忌まわしいものなことか！」）、これに加えて、「とてもかわいいひと」であるコレラ病が、周囲で猛威を振るっているために、詩人は許嫁やかれ本人が死ぬのではとの思いから離れられない。検疫所がかれを引きとめ、ボルジノに「岩で取り囲まれた島」のように閉じこめている。そしてプーシキンが『石の客』にとりくんでいるその頃、父がかれに、かれの許嫁はもうかれのものではないと書いてきている。プーシキンの戯曲におけるドン・ファンの性格はすでに一度ならず自伝的観点から解釈されてきているが、たぶん、まさに劇の格別に個人的な刻印のせいで作者はそれを出版する決心がつかなかったのであろう。ボルジノで書かれた最初の劇『吝嗇の騎士』のなかの自伝的要素が、詩人に英語からの訳であるかに装わせたのとおなじように。

死せるイネザに関するドン・ファンの抒情的回想がプーシキンの墓場詩〔墓場を舞台に死を題材にした悲壮で内省的な詩〕とむすびつけられたり、あるいはまた、名はあげられていない恋人（たち）[26]にたいする情熱的な詩的引喩《アリュージョン》と絡みあった、ゴンチャロヴァを恋しがる詩人の気持ちが、ドーニャ・アンナとラウラの対立を思い起こさせるのにたいして、プーシキンと許嫁のあいだにあった不合理なものすべては、それが彼女の家族の意志であれ、かれ自身の過去であれ、自然の力による障害物であれ、石の騎士団長の威力のなかに意味深長な等価物を見いだしている。しかし、結婚だけが詩人から離れようとしているわけではない。ときおり詩人自身も結婚を避けたがっているかのようでもある。かれは結婚を急ごうとしており、ゴンチャロヴァがあなただけを待っていますと書いてくると、「わたしが幸せなのは、あなたといっしょのときだけです」と返事を書いている。しかしながらそれとおなじ日に、彼女の手紙と関連してことわざ「起こるとすれば、なにも起こらないということだ」を引用しながら、友人に「君には想像がつくまいが、許嫁から逃げだして……じつに楽しいものだ」と書いている。プーシキンは、ボルジノからのすべての道を閉ざしているコレラをぼやきながらも、同時に「感染ほどよいものはなにも望んでいなかった」と認めている。かれは友人たちに秘められた思いを打ち明けている。「ぼくは熱が冷めてきており、妻帯者のわずらわしさや、独身生活の魅力について考えている」（一八三〇年八月三一日）。「ぼくは陶酔もなければ子どもじみた恍惚感もなく結婚する。未来は、ぼくにとってバラ色ではなく、厳しいその爪を見せている。ぼくはどんな不幸にも驚きやしない。それぐらいはぼくの家庭像のなかに入っている。どんな喜びも、ぼくには意外なものとなるだろう」（結婚の一週間まえの一八三一年二月一〇日）。ゴフマンの妥当な指摘によれば、かれは、あたかも人生全般に別れを告げるかのように、独身生活と別れようとしている。(27)迷信にとらわれたプーシキンは、かれ自身の妻がかれの破滅の原因となるであろうとのモスクワの女占い師の預言を思いだしている。騎士団長の訪れの恐怖が、警告の夢のように思える。(28)

ドン・ファンがドーニャ・アンナを口説きおとせたことは、詩人に逃亡のもうひとつの動機付けを与えている。このことは、これを、先に引用した許嫁の母宛ての詩人の手紙と対照させるだけでも十分に納得できよう。そこには、意外なことに、つぎのような発言が見られる。「わたしにとって神は、わたしが彼女のために死ぬ覚悟があることの証人です。しかし、彼女を、翌日には新しい夫を選ぶ自由のある輝かしい未亡人として残すために死ぬなんて――わたしにとってこの思いは地獄です」。

最初のボルジノの秋においては、詩人の創作は彫像のイメージに満ちている。ボルジノのスケッチにも、詩作品とおなじように、彫刻の描写がたえず見られる。未完の詩『秋』の続きにあたる草稿と関連しているものと思われる一八三〇年一〇月のエジプトの巨像のスケッチや、精魂込めて丹念に描かれた同年一一月の古典的な彫刻像。(29)プーシキンは、ボルジノで概略を書いた理論的覚書（『民衆演劇と劇『太守の妻マルファ』について』）でも、彫刻芸術の問題に触れている。疲れ果てた魂が、贖罪の偶像神や静止を与える者たちへと逃亡していくさまを描いている、ロバー

ト・サウジー〔イギリスのロマン派詩人。一七七四―一八四三〕の『ペナーテース賛歌』の冒頭部分を、詩人が翻訳したのが、遅くともこの時期に属していることは、十分にありうる。[30] プーシキンがボルジノからもどったあとは、彫刻のテーマは、『青銅の騎士』を書く二度目のボルジノの秋まで、三年間にわたり詩的創作から消える。

いかなる状況が、**破壊的彫像に関するプーシキンの神話のこの第二バージョン**の誕生に伴っていたのであろうか。

ボルジノに幽閉された孤独な新郎が送った荒れ狂う秋の思い出が、三年のちに世襲領地を再び訪れたことにより、甦ったのである。詩人を隷属させ、詩人の妻に言い寄っていた皇帝にたいして深まる恐怖。皇帝の横柄で煽動的な取り巻きや、都への嫌悪（「ネヴァの岸の奴隷状態」[31]）。さらに絶望的なのは将来の展望。旅先やボルジノから妻宛てに出された、恋い焦がれや嫉妬に満ちた手紙（「わたしはあなたなしでは気がふさぐ」、「あなたはどうしていますか」、「考えただけでも心が凍えます」、「ボルジノに近づいているとき、わたしははなはだ陰鬱な予感をいだいていました」、「皇帝にコケットぶりを発揮しないでください」、「これこそコケットリーの秘密のすべてだ。かいばおけがあれば豚があらわれるだろう」）。そして再び、恋い焦がれのテーマは逃亡のテーマとむすびついている。ボルジノへの旅を計画していた際に、プーシキンは親友に「ペテルブルグのぼくの生活は可もなく不可もない」とこぼしている（『青銅の騎士』ではプーシキンは、精神錯乱に陥ったエヴゲニィの不幸な人生を、おなじ言葉で描いている）。「ぼくには……暇や自由な独身生活がない」（一八三三年二月二五日付けのP・V・ナシチョキン〔友人、芸術後援者。一八〇一―五四〕宛ての手紙）。青銅の祖母は、ペテルブルグの詩人の生活に重荷を負わせ、かれを抑圧するだけで、詩人を財政上の苦境から救いだしはしない――売れるとの期待は裏切られつつある。この少しまえに読み、部分的に書き写していた、ペテルブルグに関するミツキェヴィチの諷刺詩（Ustep〔一節〕）では、鋭く批判的な帝都イメージが描かれている。(32) 第二の女帝は、「これらの奇跡を創造した最初の皇帝に」記念碑を建立した。しかしファルコネ作の記念碑の碑銘は、すでに二つの名の組み合わせ「ピョートル一世に――エカチェリーナ二世」を含んでいた。岩の上高く聳え立ち、洪水の波に囲まれた、ピョートルの影像のプーシキン的イメージは、リツェイ時代の『ツァールスコエ・セローの思い出』に描かれているチェスマの戦い〔一七七〇年にロシアとトルコがチェスマ湾で戦った〕の記念碑のイメージと共通する特徴を持っている。(33) 歴史関係の回想や連想は、『青銅の騎士』の当初のいくつかの異本のほうが、あとの版よりもはるかに明瞭にあらわれている。一方では、アレクサンドルの死後にピョートル記念碑の近くで展開され『ペテルブルグ物語』〔『青銅の騎士』の副題〕(34) の底流となっているデカブリストの名誉ある蜂起、そのことへの言及が、当初の草稿ではいっそう強調されている。というのも、草稿では洪水がアレクサンドル治世のエピローグとして直接描かれているからである（「まさにその年、皇帝の国家は最後の年であった」）。他方では、プガチョフの叛乱〔プガチョフを指導者とした一七七三―七五年の大規模な農民叛乱〕の直後にエカチェリーナ治世（「エカチェリーナは健在であった」）に起こった類似の洪水のイメージがある。この「恐ろしい時期」の歴史に、ちょうどこの頃プーシキンは真剣に取り組んでいた。さらには、当初のいくつかの草稿では、反抗的な貴族の鎮圧者というピョートルの役割は、生存中も死後も（「ピョートルの亡霊は、貴族たちのあいだにおどすように立っていた」)、この反抗的貴族の末裔にたいする青銅の皇帝の過酷な干渉を用意し動機づけている。詩へのその後の取り組みの過程では、プーシキンは副次的動機づけの足場を取り去り、そうすることによって破滅的影像の神話を偶然的な刺激から解き放とうとしている。

このペテルブルグ物語は、プーシキン的神話の最初のバージョン(『石の客』)とは画然と異なっている。若き奔放なドン・ファンの時期は、はるかかなたにある。最後の恋人にたいするドン・ファンの燃えるような欲情でさえ、もはや忘れ去られている。恋人の喪失やその相手の死にたいする恐怖が、先行する諸エピソードを押しのけている。当初は、結婚生活をめぐるプーシキン自身の物思いは、最初のボルジノの秋に書かれたがのちに廃棄された『エヴゲニィ・オネーギン』の第八章から、『青銅の騎士』へと受け継がれた(二度目の秋の作品は全体として、最初の秋の豊かな収穫とむすびついている)[35]。

ほかの日々、ほかの夢。
おまえたちはおとなしくなった、わが春の
高慢な夢たちよ……
いまや……
わたしの理想は主婦たる女性、
わたしの望みは——静止、

それに一壺のシチー、それもいちばん大きい。

『青銅の騎士』では、エヴゲニィはつぎのように夢みていた。

結婚、それがなにか？　どうしてしないことがあろうか？
ほんとうに結婚するのだ。わたしは建てる
つつましやかな隠れ家を
そこでパラーシャを安心させる。
寝床、二つの椅子、シチー壺
それもいちばん大きな。それ以上わたしになにが要ろう？

しかしプーシキンは、自分の主人公からこのきわめてつつましやかな夢をも奪った。かれは、これらの行を最終版で抹消したのである。『石の客』ではドン・ファンには個性が付与される一方、騎士団長は個性がなく、ほぼ匿名で示されていた。『青銅の騎士』ではちょうど逆になっている。影像の犠牲者——エヴゲニィ——はなんらの個性も持ち合わせていない。

……首都の市民
みなさんが無数に出会うような、

顔も知性も
ほかの兄弟と変わりない。

「みなとおなじように、かれは……」――は、詩のもうひとつの異本で強調して繰り返されている（「幸福は踏みならされた道にだけ存在する」と、プーシキンは自分の結婚について書いていた。「三〇年間人びとはふつうに結婚している――わたしは人びととおなじようにふるまい、たぶん、そのことを後悔しないだろう」）。他方では、市民の迫害者、青銅の騎士が導入され、ひじょうに具体的に描かれ輪郭づけられているがために――自由にさまざまに解釈することが可能であるにもかかわらず――、皇帝ニコライは詩の出版を認めなかった。最初の異本ではプーシキンは、エヴゲニイのイメージをまだこれほど貧弱にはしていなかった。実際、詩人はエヴゲニイを物語の主人公にし、陰鬱な沈黙のまま地上の偶像たちの脇を通り抜け（詩のなかではプーシキンは青銅のピョートルを偶像と名づけている）、秩序を拒む権利（「おまえにとっては法など存在しない」）を守っていた。最終版には、エヴゲニイの登場に当初伴っていた詩人の戦闘精神の跡形すら残っていない。

一八三四年八月末にはプーシキンは、アレクサンドル記念柱の開設式に立ち会うのが煩わしく、ペテルブルグをあとにした。かれはこのことを一一月二八日の日記に記しており、アレクサンドル一世記念碑へのかれの嫌悪は、似たような記念碑、すなわち一八一二年の戦争でのフランス軍にたいする勝利を称えてタルチノ〔カルーガ州ジュコフスキイ地区の村。ここで一八一二年にロシア軍がフランス軍を撃退した〕にS・P・ルミャンツェフ〔伯爵、政治家。タルチノ村の地主。一七五五―

一八三二」が建てた鷲付きの記念柱の無駄や無意味に関する苛立った（おなじ日記の数行下における）見解にあらわれている。[36] プーシキンはボルジノへ出発した。仕事に本腰を入れたかったのだが、インスピレーションは湧いてこず、「詩が頭に入ってこなかった」。零落した領地では、かれに経済的な心配事が降りかかり、妻にこう書いている――「わたしは……さびしい。さびしいときにはきみが恋しくてたまらない。きみが怖いとき、わたしに寄り添うように」。**破壊的影像に関する神話の第三バージョン**〔『金のにわとりの話』〕は、こうした気分や、ボルジノの思い出、アーヴィングの物語、おとぎ話の慣用表現《フォーミュラ》から誕生した。嘲笑的なグロテスクが、悲劇的なペテルブルグ物語を押しのけている。宦官の魔法使いがピョートル大帝に取って替わり、尖塔の上のにわとり――たぶんタルチノの戦いの記念柱の上の鷲か、アレクサンドル記念柱の上の天使を、アイロニカルにほのめかしているであろう――が、岩の上高くの巨大な騎士の位置を占めている。影像の犠牲者は年老いており、妻にたいする詩人の冗談めいた愚痴がおのずと頭に浮かんでくる――「年老い、頭も悪くなった！　きみの青春で甦りにいきます、わが天使よ」。ドン・ファンは英雄的に受けとめられていた。エヴゲニイは、批評家が正しく指摘しているように、実際に哀れであるが、けっしてこっけいではない。かれは「外面的には哀れであるにもかかわらず、悲劇的英雄へと成長しており、かれの死は軽蔑すべき哀れさではなく恐怖と憐憫を起こさせる」[37]。逆にダドンは、どうやらプーシキンが敵たちのいくつかの特徴を添えたらしきおかしな人物である。アフマトヴァは、ダドンにはアレクサンドルとニコライの戯画化された特徴が組み合わさっていると指摘している。[38]

『金のにわとりの話』は、プーシキンにおける破壊的影像のテーマを締めくくっている。注目すべきことに、プーシキンの詩作において、**三つの詩的ジャンル**がこのテーマといっしょに**消えている**――『石の客』はプーシキン原作の完成した詩劇のなかで最後のものであり、『青銅の騎士』はかれの最後の物語詩であり、『金のにわとりの話』は最後のおとぎ話である。なるほど、ボルジノで書かれたいくつかの劇のあとに『騎士の時代の数場面』が書かれ、また『青銅の騎士』のあとに別のペテルブルグ物語『スペードの女王』がつづいてはいる。しかし、これらは散文作品であり、プーシキンが正しくも指摘していたように、同一文学ジャンルでも散文的なものと詩的なもののあいだには「悪魔的な〔たいへんな〕違い」がある（一八二三年一一月四日付けのヴャゼムスキイ〔詩人。一七九二―一八三八〕宛ての手紙）。

彫刻のテーマは、破壊的影像に関する神話とともに、プーシキンの創作において目立たなくなり、しだいに消えていく。それが再びあらわれるのは、ようやく一八三六年になってのことで、彫刻家オルロフスキイに捧げた書簡詩『芸術家に』と、遊戯をする者たちの影像への碑銘となっている二つの四行詩においてである。影像をめぐるプーシキンの一連の詩的作品は、碑銘でもってはじまり、碑銘でもって締めくくられている。

われわれは、詩人の創作における影像のテーマの消滅そのものを問題にすることもできる。たとえば、さきに中篇『葬儀屋』が恐ろしい死骸たちの走馬灯的光景《ファンタスマゴリア》を締めくくっていたのと同様に、『金のにわとりの話』のパロディ的ニュアンスが影像の走馬灯的光景を締めくくっている。あるいはまた、『青銅の騎士』のあとで詩人の抒情詩の草案のなかにあらわれ、動く群衆のイメージとつねにむすびついている、倒された偶像のエピソード的イメージもある（一八三三年一二月九日——「一段一段、偶像たちが落ちていく……」。一八三四年九月?——「ぐらついた円柱から偶像たちが倒れる」）。さらには、アンドレイ・ベールイが、一八三四年五月二九日付けのプーシキンの妻宛ての手紙における「ひじょうに二義的で曖昧な箇所」と呼んだものも、挙げることもできよう。[39] 作家は、ピョートル大帝の歴史を扱った自作について語っている。「材料を集めている——それらをならべている——そして突然、青銅の記念碑を鋳出すだろう。それを都市のある端からべつの端へ、広場から広場へ、横町から横町へ引っ張って移すことなど不可能であろう」。ここで問題になっているのが、影像とは異なって、居場所に従属しない言語的記念碑であることは、疑いない。プーシキンは、ミツキェヴィチによって諷刺詩『ピョートル大帝記念碑』で再現されたこの従属状態——「Siadł na bronzowym grzbiecie bucefała, i miejsca czekał, gdzieby wjechał konno〔悍馬の青銅の背にまたがり、馬でゆけるであろう場所をさがしていた〕」——を、ファルコネの騎士に関する有名な覚書のなかで果敢に強調していた。こうした注釈ではプーシキンは、ルバン〔作家、翻訳者、出版人。一七四二—九五〕の碑銘『ピョートル大帝の記念碑によせて』もパロディ化している。この一八世紀の詩人は、すばらしい記念碑を激賞し、ロードス島の巨像やピラミッドよりも称賛している。というのも、礎になっているのはほんものの岩、あるいは、ルバンの言葉によれば（「ひとの業ならぬ山」）、ひとの手によってつくられたのではなくペテルブルグに届けられた岩だからである。この形容辞「ひとの業ならぬ」をプーシキンは晩年の詩のひとつ〔『わたしは自分のために記念碑を建てた、ひとの業ならぬ記念碑を』一八三六〕で用いている。それは、詩的言葉で生みだした自分自身の記念碑を描写するためであるが、その不屈の頭はアレクサンドルの円柱を凌駕している！〔「それは皇帝アレクサンドルの記念柱よりも、なお高く屈することなくそびえ立つ」〕。かくして、*logos*「言葉」が *eidōlon*「偶像」と偶像崇拝に勝利をおさめている。

プーシキンが彫像のテーマにとりつかれていた時期は、かれの創作史上、詩人が消えゆく生、滅びゆく生、壊れた生というテーマ、とりわけ破滅のような独創的で斬新なテーマに強く惹かれていた時期と、完全に重なっている。プーシキンの発展におけるこのテーマの位置は、ブラゴイの著書『プーシキンの創作の社会学』がよく定義づけている。この著書は、詩的作品の多様性を社会的問題の面に還元するという過ちを犯しているとはいえ、有益な観察に富んでいる。ここでは、衰退のイメージ〔「下り坂のモティーフ」〕が、『青銅の騎士』における彫像に鋭く対置されている。

われわれは、彫像のイメージ、とりわけ破壊的彫像をめぐる神話を、プーシキンの創作と生活のコンテクストにおいて叙述してきた。しかしながら、われわれの関心をいちばん引いているのは、この詩的イメージと詩的神話の**内的構造**である。この問題は、ある種の芸術に属する作品を別種の芸術の作品——詩——に移すということに関係しているため、ますますもって興味深い。彫像や詩は、いやそもそもいかなる芸術作品も、一種の記号となっている。したがって、彫像をめぐる詩は、記号の記号、もしくは**イメージのイメージ**なのである。彫像をめぐる詩においては、記号（シグヌム〔signum〕）がテーマ、ないし意味される対象（シグナートゥム〔signatum〕）となっている。記号をテーマ構成要素に変換するのは、プーシキンお気に入りの形式的手法のひとつであり[40]、通常これには、あらゆる記号的世界の必須で本質的な基盤をなしている内的矛盾（アンチノミー〔antinomie〕）の裸出や強調が伴っている。プーシキンの中篇小説『エジプトの夜』では、プロの即興詩人が、指示されたテーマ――「詩人はその歌のために主題をみずから選ぶ。俗衆はかれの霊感を支配する権利を有せず」――による詩をつくる。この場合は、テーマが指示されていないということが、指示されたテーマとなっている。このようにして、この場合は瞭然たる矛盾となっている、言語表現の二つの必須の構成要素――テーマとその状況――のあいだの根本的相違が、強調されている。『石の客』ではドン・ファンは、自分は沈黙のうちに苦しんでいる、と語る。「それであなたは黙ってらっしゃるの？」と皮肉っぽくドーニャ・アンナは言い、そうすることによって、話者としての一人称と話の対象としての一人称のあいだの矛盾をあばいている。

「Pokoj bežit menja」と、プーシキンは詩『戦争』のなかで語っている――「静止がわたしを避けようとしている」、本来の意味では「（……から）逃げている」。まったく対立する語のこのような組み合わせは、bežat'〔走る〕という動詞を比喩的に用いていることによって可能となっている。これは、対立する二つの意味領域――静止と運動――の統合であり、こうしたことはプーシキンの象徴体系全般における基本的モティーフのひとつとなっている。運動と静止の対等視は、詩人の作品では、外面的な経験と本体〔noumenon〕のあいだの哲学的対立として与えられていたり（詩『運動』――「運動はない、と賢者は語った」）、彫像の素材とその意味面とのあいだの矛盾として与えられていたりする。彫像は――絵画とはちがって――、三次元という点でモデルときわめて接近しているため、非生物界をテーマとすることはまずない。彫刻で静物を表現したものでは、表象と表象されている対象とのあいだのきわだったアンチノミーを的確に伝えることは不可能であろう。こうしたアンチノミーを、どの芸術記号も含んでいたり除去したりしている。彫像の材料となっている**死せる不動の塊り**（マッス）と、彫像が表象している**可動的で生命を有する存在**との対立があってはじめて、十分な距離が生みだされてくる。『石の客』、『青銅の騎士』、『金のにわとりの話』のようなプーシキンの題名は、まさにこうしたきわめて重要な対立をとりあげているのであり、彫刻のまさにこうした基本的アンチノミーこそが詩においてもっとも実り多いかたちで獲得され利用されていたのである。「石膏におまえは思考力を与える」と、プーシキンは彫刻家に（『芸術家に』）語り、別の詩では、「カノーヴァ〔イタリアの彫刻家。一七五七―一八二二〕の彫刻が従順な大理石を甦らせた」国を呼び起こしている（『……のような国をだれが知ろう』）。これは伝統的なイメージである。「わたしをかれは石のなかで甦らせた」と、デルジャーヴィン〔ロシアの詩人。一七四三―一八一六〕は自分の胸像を彫った彫刻家について語っており、ダシコフ〔ロシアの外交官、文学者。一七八八―一八三九〕は彫像の碑銘で、「石に感情も生命もプラクシテレス〔紀元前四世紀のアテネの彫刻家〕の彫刻は与えた」（『ニオベ〔ギリシア神話に登場する女性〕の偶像によせて』）や「金属のなかで英雄は息づく」（『アレクサンドルの彫刻』）と、のべつ驚きを表明している。「神々しい青銅よ！　それは甦っているようだ」と、類似の碑銘のなかで

A・ベニトツキイ〔ロシアの作家。一七八〇―一八〇九〕は叫んでいる（『アレクサンドルの影像によせて』）。バラトゥインスキイ〔ロシアの詩人。一八〇〇―四四〕にとっては、彫刻の秘密は、芸術家が石のなかにニンフを見いだしている点にあった（『彫刻家』[41]）。牧歌詩『彫刻の発明』のなかでデリヴィクは奇蹟を告げている（「あなたを奇蹟へとわたしは呼び寄せる」）、「カリテス〔ギリシア神話の女神〕像よ！　生けるカリテスよ！　粘土製のカリテスよ！」――無定形の粘土が生ける像へと転化している。影像の意味論的側面あるいは記号の内的側面が、生命なき不動の物質、つまり記号の外的側面を取り去っている（「生けるカリテスよ！」）。しかし、記号の二重性は必須の前提条件であり、記号の内的二重性が取り去られるや否や、記号と対象との対立も消えざるをえなくなり、**記号は物化する**。影像の様式化された空間は、影像がおかれてきている現実空間と融合しているのであり、影像が本質的に時間外的なものであるにもかかわらず、表象されている状態に先行していたものやあとに続くはずのものに関する観念がおのずと生じてくる。影像は時間的連続のなかにおかれている[42]。

若者は三歩進み、身をかがめ、片手を膝に、
元気よくあて、もう片手で手ごろな小骨を持ち上げた。
すぐさま狙いをつけた……ほうり投げろ！　道をあけろ、物見高い者たち、
脇へ寄るんだ。ロシアの勇ましい遊戯を邪魔するでない。
（『小骨遊びをする影像に』）

	手紙	散文とスケッチ
		『ヴァシリエフスキイ島の一軒家』——騎士団長への言及
		ファルコネ作の記念碑上の馬の像
青銅の祖母について	ベンケンドルフ宛て（5月29日）	
	A・N・ゴンチャロフ宛て（6月7日）	
	ベンケンドルフ宛て（7月4日）	
	N・N・ゴンチャロヴァ宛て（7月20-30日）	
	N・N・ゴンチャロヴァ宛て（7月30日）	
	フォン＝フォーク宛て（8月9日）	
	A・N・ゴンチャロフ宛て（8月14日）	『その一発』——胸像への言及（10月14日）
	N・N・ゴンチャロヴァ宛て（9月30日）	
	N・N・ゴンチャロヴァ宛て（10月11日）	エジプトの巨像の絵（10月）
		古典的胸像の絵（11月）
	A・N・ゴンチャロフ宛て（2月24日）	論文『民衆演劇と劇『太守の妻マルファ』について』——彫刻芸術への言及
	ベンケンドルフ宛て（6月8日）	ヴォルテールの彫像の絵（3月10日）
	ヴォルコンスキイ宛て（2月18日）	草稿『タジタ』におけるプーシキンとミツキェヴィチの肖像
	「青銅のピョートル記念碑について」妻宛て（5月29日）	
		アレクサンドル柱とタルチノ柱に関する11月28日の日記のなかのメモ
	「自分の胸像について」妻宛て（5月14日）	月桂冠を身につけたプーシキンの自画像
		『大尉の娘』の終わりにおけるカグール記念碑への言及（10月）

プーシキンの作品における彫像

年	詩的作品
1814	『ツァールスコエ・セローの思い出』――記念碑についての詩聯
1815-17	――
1818-19	草稿『庭園の強力な神』
	草稿『カグール記念碑によせて』
1820-24	――
1825	『ボリス・ゴドゥノフ』――大理石のニンフへの言及
	『皇帝は眉をひそめながら』――ピョートル記念碑への言及
1826	――
1827	『……のような国をだれが知ろう』――カノーヴァへの言及
1828	『俗衆』――アポロン・ベリヴェジェルスキイへの言及
1829	『征服者の胸像によせて』（9月21日）
	『謎』――青銅のスフィンクスの流刑のときに（11月？）
	『ツァールスコエ・セローの思い出』（12月14日）
1830	『貴人に』――偶像への言及（4月23日）
（ボルジノ）	『ツァールスコエ・セローの彫像』（10月1日）
	『人生の初めで覚えているのは学校』（10月）
	『石の客』（11月4日完成）
1831	
1832	
1833	
（ボルジノ）	**『青銅の騎士』**（10月）
	草稿『耳の聞こえない群衆』――倒れゆく偶像たちについて（12月9日）
1834	
（ボルジノ）	『ヴェスヴィオ山が口を開けた』――倒れゆく偶像たちについて（9月？）
	『金のにわとりの話』（9月20日完成）
1835	――
1836	『芸術家に』（3月25日）
	『記念碑』――アレクサンドル柱への言及（8月21日）
	小骨遊び・スパイカ遊びをしている彫像について（10月）

フィレンツェのマーキュリーの彫像にたいするデリヴィクの碑銘「一瞬にして——走り去る！」を参照。

むろん、三次元の彫像のほうが、二次元のイメージよりも、現実空間に含めるには適切な前提を提供する。にもかかわらず、プーシキンの抒情詩〔『俗なる権力』一八三六〕はつぎのような証拠も提供してもいる。

大祝典が遂行され、
苦しみながら十字架のうえで神が死につつあったとき、
樹のそばで元気を与えながら
……二人の女性が立っていた、
……だがいまや聖十字架の下に
われわれは眼にしている——聖なる女性がいたところに
銃をもち軍帽をかぶった二人のいかつい哨兵たちがいる。

ここでは、ブリュロフ〔ロシアの画家。一七九九—一八五二〕の絵に描かれているキリスト十字架像〔とキリストを囲み祈る女性たち〕と、絵を警備している哨兵たちとの境界が、故意にぼかされている。

スバイカ遊び〔地上においた輪のなかに大釘を突き刺す遊び〕をする彫像に添えたプーシキンの

碑銘では、記号論的アンチノミーの詩的変形がいっそう浮き彫りになっている。もしこの影像の外面的、物質的側面のみを見るならば、この影像は生き生きとした活力の不動のシーンのように思われよう。しかしプーシキンの詩では、逆に、影像の素早い「行動」（「素早い遊び」）が、あとに予想される状態（「遊びのあとで休憩する」）の不動性に対置されている。

しかし、反対のケースを想像してみよう。観る者の眼のなかでは、影像の経験的不動性のほうが、影像が表象している運動よりも優勢になることはありえないのだろうか、と。「ここでは皆がわたしの胸像をつくるよう望んでいる」と、プーシキンは一八三六年五月一四日にモスクワから妻に書いていた。「しかしわたしは望まない。そんなことをすれば、わたしの黒人たる醜さが、**死せる不動性**にすっぽり包まれた不死のものとなるだろう」。**物質の硬化状態を克服する運動という考え**の「奇蹟」にたいして、逆の「奇蹟」——**運動という考えを克服する、物質の不動性**——がおかれている。「奇蹟だ！」と、プーシキンは壊れた壺を持つ乙女について、碑銘『ツァールスコエ・セローの影像』で書いている——「乙女は、永遠の流れを見おろしながら、永遠に悲しんで腰をおろしている」。記号の内的二重性が取り去られている。すなわち、影像の不動性が乙女の不動性として受けとめられ、記号と対象の対立が消え、不動性が現実の時間のなかに移され、永遠としてあらわれている。

われわれは影像の詩的変容の二つのタイプをあきらかにしたことになる。それらは**抒情詩**ではどのように実現されているのであろうか。主観性は、すべての抒情詩の基礎である。この場合、詩人の主観的構想が問題となる。すなわち、**動的存在を表象している不動の影像は、動く影像と**

解されているのか、あるいは不動の存在の彫像と解されているのか、という問題である。叙事詩〔『青銅の騎士』〕では、これらの変形の双方とも具象化され、プロットの一部となっている。

どこへお前は駆けてゆくのだ、傲慢な馬よ、
そしてどこにお前はそのひづめをとどめるのだ?

詩人の想念は、彫刻のモティーフを抒情的に現実化している。すなわち、このモティーフ――馬の疾駆――は、詩人の想像のなかで時間上に展開していき、このあとにつづくことに関する切迫した問題が浮かびあがってくる。青銅の馬は、この場合、動的なものとみなされており、この**動性からほんものの動きが生じてくる**――これは、彫刻のモティーフの**叙事的現実化**にほかならない。青銅の騎士は、地ぶるいする舗道のうえを轟音を立てて駆けていくのである。他方、荒れ狂う波のうえに手を延ばし立った騎士の**不動性**もまた、プロットの要素となっている。それは、野蛮な自然の「厚かましい狼藉」や、あらゆる叛乱をまえにしての、超人的な**静止**と青銅の武人の永遠に**克服不可能な力**の顕示である。二つのアンチテーゼ的モティーフは、ミツキェヴィチの詩『ピョートル大帝記念碑』のなかですでに抒情的に示されていた。一方では、「ピョートル大帝は馬を轡で御さなかった。鋳造された駿馬は全速力で駆けていく」、「ひと跳びで岩の端に飛び上がった……いまにも、崩れ落ち、砕け散りそう」。他方では、「だが時は過ぎても立ちつくしている」。二つのモティーフは、御影石の岩からほとばしり出ていて厳寒で凍った滝の隠喩的イメージのな

かで統一されている。二つのモティーフは、『青銅の騎士』の別のモデルである、ヴャゼムスキイの詩『ペテルブルグ』でも、おなじようなかたちでむすびつけられている。ファルコネ作のピョートルは、一方では、冷たい石の容貌で敵たちを撃退する不動で永遠の守護者であり、他方では、険しい岩から敵たちのうえに崩れ落ちんばかりである。(43) 影像の意味のなかに込められた生のイデーと、外形が示している持続性のイデーが、**持続している生命**というイメージのなかで融合している。

不完了アスペクト動詞は、『青銅の騎士』における純粋持続というこうしたイデーを伝えている。歴史上のピョートルか青銅のピョートルか、不動の影像か蘇生した影像かにかかわらず、ひとつの完了アスペクト動詞〔一回の具体的な行為の完了を示す〕も、叙述において使われていない――stojal〔立っていた〕、gljadel〔見つめていた〕、dumal〔思っていた〕、stoit〔立っている〕、sidel〔すわっていた〕、vozbyšalsja〔聳え立っていた〕、obraščalos'〔呼びかけていた〕、nesjotsja〔疾走している〕、skakal〔駆けていた〕。こうした不完了性は、周囲の出来事の完了し限定された性格と好対照をなしている。プーシキンにおいては、動詞の形態論的カテゴリー――アスペクト、時制、人称――が、総じて、もっとも効果的で劇的な手法のひとつになっている。しかし、この点は後日の課題としたい。

さきにも強調したように、記号の内的二重性の除去は、記号の世界と対象の世界との境界を拭い去ってしまう。亡きピョートルの「永遠の眠り」と青銅でできた分身の永遠の静止との同等視と、それと同時にある、ピョートルの遺体のはかなさとその影像の強固さのあいだの矛盾が、表象されている存在がかれの彫像や記念碑のなかで生き続けているという観念を生みだしている。ヴャゼムスキイの詩のなかでは、「これは、雄弁な銅のなかでいまなお生きているピョートル大帝。……かれは自分が創りだした都市にいまなお君臨している」と語られている。このようにして、彫像を脅すエヴゲニイにとっては、青銅の騎士は実際にペテルブルグの建設者であり、「奇蹟をつくりだす」という形容辞は狂人の口にのぼると完全にプーシキン的な曖昧さをおびてくる。「奇蹟をつくりだす」がピョートル大帝に用いられ、同時に、「奇蹟のようにつくりだされた」が彫像に用いられている。「奇蹟をつくりだすひと」——このようにプーシキンはピョートルを呼んでおり、「奇蹟の作品」——と、プーシキンは偶像たちについて語っている。

živoj という語は多義的である。それは「暮らしている」、「生きている」、「生き生きとしている」、「生という観念を含んでいる」、「生の印象を生みだす」などの意味を持っており、これらすべては、事実上、さまざまな意味論的関係でもってたがいにむすばれている同音異義語といってもよい。詩では、これらの同音異義語のそれぞれが、単一の一般的意味のなかの相互に独立した異種《ヴァリアント》——自立した等価的表現——となっている。すなわち、詩においては語の語源上の親縁関係が目立って前景化するのがふつうである以上、これは一般的意味の問題である。[3] また、詩ではそれぞれの語彙的意味に独立性が添えられうる以上、自立した異種の問題でもある。詩的象徴体系においては、青銅のなかや「人びとの心」のなかに生きている者は、隠喩的生命ではなく現実の生命を有している。このことは、デルジャーヴィンがピョートル記念碑への一語の碑銘——みごとな簡潔さ——「生きている［Živ］」で示している。プロットにたいする彫像の積極的介入のための地ならしをしている、『石の客』の重要な場面で、レポレッロ〔ドン・ファアンの御供〕がドン・ファアンに、騎士団長――レポレッロは墓の上の彫像を冗談半分にこう呼んでいる――はドン・ファアンの情事をいかに見るだろうか、とたずねる。ドン・ファアンは、騎士団長は死んで以来おとなしくなったと答える。レポレッロはこれを疑い、ドン・ファアンの注意を彫像に向けさせる。

あなたを彫像は見ており
怒っているようだ。

ここでは（いまのところ陽気な会話だが、あとに悲劇的結末をはらんでいる）、騎士団長の迫真力は、かれの人生と分離されており（故人は落ち着いた可能性があるし、そうでない可能性もある）、彫像の生は、かれの人生とまったくおなじように、いわば、騎士団長の全存在の一断片となっている。

ここではかれはなんという巨人として示されていることか！
……
故人当人は小さく、弱々しかったのに。
ここでは、爪先立ったとしても、手を鼻まで延ばすこともできないであろうに。

表象と表象されている対象を区別すると同時に同一視している状態を、これ以上徹底して表現することはおそらく不可能であろう。プーシキンは芸術記号の独自性をみごとに理解していたのであり、『石の客』に取り組んでいた折りにこう書いている——「われわれみんなは、美とは優美な自然の模倣であるとまだ繰り返している。……彩られた彫像が大理石だけの彫像や銅だけの彫像よりもわれわれに好まれないのは、いったいなぜなのであろうか」（『民衆演劇と劇『太守の妻マルファ』について』）。しかし、石の客と、ドン・ファンが偶然殺したドン・カルロスとのあいだの根本的な相違は、二つの同時的一致をかならず前提としている。すなわち、彫像の鼻がかれ自身の鼻であるのとまったくおなじように（「手を鼻まで延ばすこともできないであろうに」）、殺された人間の手は同程度に騎士団長の手でもある。そしてまさにこうした同一性が、あとに続く行動の理由になっているのである。あたかも騎士団長が彫像に具現化しているかのように。

　意味されている対象にたいする記号の関係、とりわけ表象されている対象にたいする表象の関係、それらの同時的な同一性と差異は、もっとも劇的な記号論的アンチノミーのひとつである。まさにこのアンチノミーこそが、聖像破壊をめぐる熾烈な闘いの理由となっているのである。[44] リアリズム芸術をめぐって絶えず甦ってくる議論は、まさにこのアンチノミーとむすびついており、このアンチノミーは詩的象徴体系で利用されてきている。

　滑稽な会話は、『石の客』のプロットを巧みに先取りしている中篇小説『葬儀屋』でも出発点となっている。これらの会話は、言語記号と現実対象との矛盾をしだいにあきらかにしていく。葬儀屋アドリアンは、「生きてる人間なら、買うお銭がなくったって……裸

足でも歩きますからね。ところが乞食の亡者となると、ただでも棺桶を持っていきますよ」と言う。われわれは、行為の文法的主体を登場人物と同一視するのに慣れている。「裸足で歩く生者」は、実際、そのような人物であるものの、「棺桶を持っていく亡者」の場合はそうではない。これらの二つの文の統語論面での平行性は、文法的意味と客観的関係との緊張をますます強めている。靴屋の似たような発話——「生きてる人間は靴なしでもすませるが、亡者となると棺桶なしでは生きていけない」——では、この矛盾は、主体である「亡者」と述語動詞の基本的意味「žit'〔生きている〕」の対立によって鋭くなっている。動詞 žit' はこの文では転義的意味を持っている——ここでは ne živjot「生きていけない」は「残っていない、存在していない」を意味している。顧客は行為主体であるが、アドリアンの顧客は死者である。職人たちが顧客たちの健康を祝して飲んでおり、そしてその場で葬儀屋も「死者たちの健康を祝して」飲むよう勧められるときには、言葉と現実の対立は極端に走っており、酔っぱらったアドリアンが死者たちを大盤ぶるまいに招き、死者たちがかれの招待を受けているときなどは、逆転してしまっている。また、ドン・フアンにたいするドーニャ・アンナの言葉、「わたしの夫は棺のなかでもあなたを苦しめていますか」では、夫は純粋に隠喩的な行為主体となっているが、のちにかれは現実の主体になる——「わたしは呼びかけに応えてあらわれた」。

影像は、**言説の客体**にも**行為の主体**にもなりうる。**影像と生ける存在との対決**は、つねに言説の出発点となっている。すなわち、この二つの系列が互いに浸透しあっている。生ける存在が彫像になぞらえられたり(『ボリス・ゴドゥノフ』や『ヴァシリエフスキイ島の一軒家』)、彫像が生ける存在になぞらえられている(「まさにそうだったのがこの支配者」(『征服者の胸像によせて』))。彫像は、その生命なき物質の否定によって、生ける存在と同一視されている(断章『……のような国をだれが知ろう』の語気の強いバリエーション――「カノーヴァの生ける彫刻刀。パロス(エーゲ海の中央に浮かぶ島)の大理石が甦った」[45])。詩『俗衆』における「おまえはベルヴェデーレ(宮殿。ウィーンにある館と庭園)の偶像を重さで価値づけるのか。……だがこの大理石は神なるぞ……」)。彫像は、生ける存在であるかのように描かれている(シクロフスキイの用語を用いるならば「異化されている」)。彫像に関する言説が同時に過去に関する言説、**追憶**であるのにたいして、彫像の不動状態の持続は、生ける存在のはかなさや短命に対置されている。それは、話題になっているのが客観的な喪失(一八一四年の『ツァールスコエ・セローの思い出』――「すべては消え去った。偉大な女性はいない」、一八三六年の書簡『芸術家に』――「物言わぬたくさんの像に囲まれていると歩くのも悲しくなってくる……デリヴィクが一緒じゃないから」)であろうと、主観的な喪失(詩『人生の初めで覚えているのは学校』――誠実に会話する「威厳ある女性」は、不動の彫像たちのもとへ密かに駆け去っていく若者にとって、あたかも消えていくかのようである)であろうと、変わりはない。したがって、前面に押しだされているのは、表象と表象されている対象との関係や、類似(模倣関係)ではなく、隣接(感染関係)――故人と彫像の関係、時間的ないし空間的連続性、故人の思い出にたいする彫像の献呈――である。表象は、記念の円柱、いわば、ただもっぱら換喩的な内容を伴った彫像に取り換えられうる(「英雄たちの幻はかれらに捧げられし柱のもとにすわる」(『ツァールスコエ・セローの思い出』〕）。詩的（叙事的あるいは劇的）行為の主体としての影像は、われわれが検討してきたすべての要素を含み、客体化している。持続している影像と消えゆく人間とのまさにこのような対置は、影像がひとを殺すという行為のなかに具体化されている。男が女性と静止に同時にあこがれるという内的アンチテーゼ（ドン・ファンの「冷たい接吻」は実際には撞着語法である）は、この行為における女性の役割を規定している。プーシキンの「破壊的影像に関する神話」が、かれの創作において、詩的行為における影像の介入の**唯一の**一貫した形式となっているのは、徴候的である。

影像――人間の運命の支配者――のイメージは、プーシキンの作品では**孤立したままにとどまっていない**。むしろ、かれの詩的神話学全体と不即不離の関係にある。ビツィリの研究（プーシキンに関する文献全体のなかでもっとも洞察に満ちたもののひとつ）では、プーシキンの詩の独自性をかたちづくっている原理とはその詩の**ダイナミズム**であることが強調されている。(46)

「わたしは、プーシキンほどほとばしる水のイメージをひんぱんに使うような詩人を知らない。かれの天球はつねに動いている……。対象の動的な性質を特徴づける大量の形容辞を指摘しておきたい。……かれの語彙では žizn'〔生〕や、それとおなじ語根の語が例外的な位置を占めている。……プーシキンにおいてはすべてが生気を与えられており……すべての対象が、運動、すなわち対象の発生あるいは対象に含まれている潜在的な成長とみなされている。……死せる自然はかれにとっては生命に満ちている。……いちばんかれを支配しているのは、速やかで勢いのある運動の観念である。……かれの愛好するイメージ・シンボルのひとつは、速やかで、同時に軽やかな滑り行く運動の代表者である船である。……「人生の道」としての道の紋切型のシンボルは、かれにあっては特別な深さと内容の豊かさを獲得している。……人生全体――宇宙的で、個人的で社会的な人生――は、連続した過程として受けとめられている……」

このようにして、プーシキンの象徴体系においては、静止、不動性はきわだったコントラストをなすモティーフであり、このモティーフは、**余儀なくされた**不動性としてあらわれるか――ここには「静止の責め苦に罰せられた」(『英雄』一八三〇) 囚人、奴隷、檻のなかの生ける存在(「自由のない水の」(『波よ、だれがおまえを止めたのか?』一八二三))、囚われの奔流など、さまざまに変形されたイメージが含められよう――、想像上の状態、超人間的、さらには超自然的な状態としての**自由な静止**のかたちであらわれている。[47] 詩人にとっては、時間は愛の歓喜の瞬間に停止する(『あずま屋によせる碑銘』一八一六?)。かれの日々の流れは束の間のまどろみのときに穏やかになり、空の青さを映す(一八三四年の抒情的草稿より)。幸せではなく自由な静止が詩人の夢想のなかにある(『ときが来た　友よ　ときが来た』一八三四?)。プーシキンは、おごそかで平穏な静止を絶妙の聖物(『美女』一八三二)とむすびつけ、「喜ばしい静止」や「なにものにもかき消されない永遠の眠り」、最後の休息の「おごそかな静止」(『N・S・ヴォルコンスキイへの墓碑銘』一八二八、『聖なる霊廟の前で』一八三一、『思いに沈んで　町のそとをさまよい』一八三六)も称賛している。人生は宇宙の運動の強力なあらわれであり、静止はこの生命の否定や、逸脱、異常にすぎないのにたいして、彫像にとっては、逆に、静止は自然で「無標の」状態であり、彫像の運動は規範からの逸脱である。神話創造にたいするプーシキンの才にとっては、「つねに積極性や運動を前提としつつ[48]」同時にみずからは動かない彫像は、超自然的で自由で創造的な静止の純粋な具現化となっている。実際、彫像は「あらゆる望みよりも高くにあり……」、「力と静止の夢を見て眠っている、さながら神々が深い空で眠っているかのように」(『吝嗇の騎士』)。

中世の騎士がこのように神々に言及するのは奇妙な感もあるが、これはプーシキンにきわめて特徴的なことである。かれにとって、「不動の考え」の力強さはあきらかに異教的連想を持っている。注目すべきことに、彫像はかれの詩においてはふつう**偶像**として描かれており、皇帝ニコライは『青銅の騎士』におけるこうした描き方にとりわけ憤慨した[49]。神を信じないプーシキンにせよ[50]、異端者ブロークにせよ、マヤコフスキイの反宗教的作品にせよ、ロシアの詩人たちは正教の慣習の世界で育っており、そのためかれらの創作には自分たちの意図にかかわらず**東方教会の象徴体系**がしみこんでいる。彫刻芸術を厳しく非難し、教会のなかに入れさせず、異教ないし悪魔(これら二つの概念は教会にとって同義であった)の悪行とみなしていた正教的伝統こそが、**偶像崇拝**や悪魔的力、魔法などと**彫像との**緊密な**連想**をプーシキンにいだかせたのであった。彫塑がロシア的世界観において異教といかに不可分にむすびついていたかを理解するには、彫刻に関するゴーゴリの考察を読むだけで十分である。「[彫刻は]確立された異教的世界とともに生まれたのであり、この世界を表現し――それとともに死んだ……。彫刻は、もっとも異教的な信仰とおなじく、キリスト教と仕切られていた」(『彫刻、絵画、音楽』一八三一)。ロシア的土壌では彫刻は、ペテルブルグ帝国特有のかたちで、非キリスト教的な、あるいは反キリスト教的ですらあるものの一切と連想によって緊密にむすびつけられていた[51]。詩『人生の初めで覚えているのは学校』における彫像の記述は、特徴的である——「絶妙の創造」、「魔法のような美しさ」、「悪魔たちのイメージ」、「この世ならぬ力」、「魅惑的悪魔」。『青銅の騎士』の異教的で悪魔的な輪郭は、メレシコフスキイ、ブリューソフ、ホダセヴィチ、ミルスキイのような解釈者たちにとって当然あきらかであった。

ドン・ファアンによる石の客の招待を、ボルジノ抒情詩における死せる恋人の亡霊にたいする詩人の呼び出しとむすびつけたり[52]、彫像を幽霊の仮面とのみみなし、幽霊はこの覆いなくしてはとてつもないたわごとのような印象を与えかねないとする学者たち[53]は、プーシキンの象徴体系における彫像の独自性のことを失念している。すなわち、蘇生した彫像は、幽霊とは反対に、妖術の用具となっているのであり、破壊をもたらすのであって、けっして女性の具現化などではないのである。

彫像に関するプーシキン的象徴体系は、今日までロシアの詩に影響を与えており、ロシアの詩はその創造者をたえず引き合いに出している。こうした例は二〇世紀の三人のすぐれた詩人の創作に見られる。詩『騎士団長の足音』で**アレクサンドル・ブローク**は、恋するドン・ファアン、悲劇的に消えゆくドーニャ・アンナ、「年老いた運命」の重い足音に関する、プーシキン的構想を発展させており、連作詩『都市』では、抑えこまれている夢と恐るべき活力とのあいだで揺れる金属製のピョートルの永遠の生を喚起させている(『ピョートル』、『集会』)。**ヴェリミール・フレブニコフ**の、さまざまな点でプーシキンとつながっている劇詩『マルキザ・デゼス』では、人び

とが石のようになり、影像と化す一方、事物が蘇生する。叙事詩『鶴』では少年が逃げていく、――『青銅の騎士』によってよく知られているネヴァを背景に――蘇生した鉄の管、機械、橋から発生して追跡してくる破壊的な怪物から。

生命は権力をゆずった
死体と事物の連合に。
おお、人間よ！　どんな狡猾な霊が
おまえにささやいたのだ、殺人者にして相談役よ。
生命の霊を事物のなかに注ぎ込め！
……師たちと預言者たちは
祈るよう教えた、打ち勝ちがたい運命について語りながら。

ペテルブルグのもうひとつの青銅の騎士――アレクサンドル三世の影像――の破滅的行為は、フレブニコフの詩『記念碑』で描かれている。しかし、蹄の響きは、かれを妖術の廉で弾劾する警察の干渉によって断ち切られ、「広場の捕虜はまたもや圧迫され窮屈である」。影像の堂々たる静止に関するプーシキン的神話に論争的に対置された、影像の無理強いされた不動性や、拘束するかのような不動性のモティーフは、**マヤコフスキイ**において並はずれた力を獲得している。かれの詩では、プーシキンへの呼びかけは影像のテーマと不可分になっている。古い芸術を革命の立場から攻撃する詩（『喜ぶのはまだ早い』）は、プーシキンを、アレクサンドル記念碑や、エカチェリーナを不滅のものとした彫刻家ラストレッリとむすびつけている。ブリューソフにたいするエピグラム（一九一六）（『ブリューソフの思い出に』）はつぎのような言葉でおわっている。

何か異存はあるのか
――プーシキンに。
かれの拳は
永遠に拘束されているのだ
侮辱に落ち着き払った青銅のなかに。

同年に書かれ、『青銅の騎士』のパロディとなっている『最後のペテルブルグ物語』は、つぎのような詩行でおわっている。「……そして誰ひとりピョートルの憂愁を知らぬ、自分の都市に閉じこめられた囚人のさびしさを」。生は、駆ける皇帝を無視する一方、皇帝は、逆に、荒れ騒ぐ生を怖がっている。同様に、マヤコフスキイがプーシキンに台座から降りるよう促す詩『記念祭の唄』では、彫像は人間の手を握りつぶさない。むしろ逆で、人間が彫像の手を握る（「強すぎましたか？　痛い？」）。抒情的モノローグは、彫像に具現化している死後の凝固した名誉にたいする嫌悪の表現で締めくくられている。青銅や大理石にたいするこうした攻撃は、プーシキンの『Exegi monumentum』とあきらかにつながっているマヤコフスキイの別れの詩『声を限りに』に、またあらわれる(54)。

感受性豊かな研究者であり、プーシキンと造形芸術に関する研究書を著しているA・エフロスが、原注29にあげた著書のなかで主張しているところによれば、詩人は、彫刻にたいして俗人の義務だけを果たし、オネーギンの戒め du comme il faut〔申し分ない上品さ〕がオネーギンに人生におけるしかるべき場所を見いだすよう強いたような程度においてのみ、彫刻に注意を払っていた。「形式の天才はかれを見捨てていた。たいていかれは彫塑作品のなかに文学的トピックのみ認めていた……」。しかしながら、われわれは、プーシキン的象徴体系が彫刻の問題にいかに鋭く浸透しているか、彫像の象徴体系がかれの創作や詩人の人生、育ってきた周囲の伝統にいかに深く根づいているか、この象徴体系がロシアの詩のその後の発展のなかにどれほど息づいているかを見てきた。では、事実にかくもあきらかにもとるこの専門家の結論は、いったいどのようにして可能となったのであろうか。ここでわれわれの研究の出発点にもどることにしよう。芸術作品から、そこにもっとも深く根づいている要素をとりだすことは、むずかしいのである。われわれは、『青銅の騎士』のなかにファルコネ作の彫像を感じとることを抑制している。われわれはそれを、詩人の超現実的な神話として体験している。いかなる庭にも育たない詩的作品の花に関するフランスの抒情詩人の警句をパラフレーズすることができよう〔4〕。プーシキンの詩の彫像は、いかなる彫刻美術館にも見いだせない。

原注

（1） プーシキンの詩の逐語訳が必要でない箇所では、抒情詩は Křička 訳、戯曲は Ficher 訳（*Vybrané spisy*, Melantrich, I a III）、『エヴゲニイ・オネーギン』は Jung 訳、民話は Táborský 訳を使用する。妻宛てのプーシキンの手紙は、M. Gofman と S. Lifar' が編集した *Pis'ma Puškina k N. N. Gončarovoj*, Pariž, 1936、一八三三年までのかれのほかの手紙は L. Modzalevskij 編のもの（I—III）、その後の手紙は V. Saitov 編（同書、III）のものを引用している〔本書では、作品の既訳がある場合は、『プーシキン全集』（河出書房新社）、金子幸彦『プーシキン詩集』岩波文庫、神西清訳『スペードの女王・ベールキン物語』岩波文庫を用いたが、論旨の関係で一部変更した箇所もある〕。

（2） D. Darskij, *Malen'kie tragedii Puškina*, Moskva, 1915, s. 53.

（3） B. Tomaševskij, "'Cygany' i 'Mednyj vsadnik' A. S. Puškina" ——双方の詩を収めた著書への前書き（A. S. Puškin, *Cygany, Mednyj vsadnik*, Leningrad, 1936, s. 6.）

（4） Anna Axmatova, "Poslednjaja skazka Puškina", *Zvezda*, 1933, 1, s. 175 i sl.

（5） D. Zelenin, *Kul't ongonov v Sibiri*, Moskva-Leningrad, 1936, s. 6 i sl. を参照。

（6） おそらく、占星術師にたいする金のにわとりの換喩的関係と、ピョートルや騎士団長にたいする記念碑の隠喩的関係とのあいだの違いこそが、研究者たちが『青の騎士』や『石の客』とこのおとぎ話の親縁関係を見いだすのを妨げていた。かれらは『青銅の騎士』と『石の客』の類似の個々の契機をことのついでに指摘するだけであった（V. Brjusov, *Moj Puškin*, Moskva, 1929, s. 87; V. Xodasevič, *Stat'i o russkoj poèzii*, Petrograd,1922, s. 94; W. Lednicki, *Jeździec miedziany*, Warszawa, n.d., s. 47 を参照）。ちなみに、『石の客』でとりあげられているのは墓碑であり、したがってこの場合は、類似にもとづく主たる連想に、隣接にもとづく連想が伴っている。プーシキンはこの連想に意識的に注目しており、その不合理性を想起させている。

ドン・ファン

おお、あなたの足元でいますぐ死にたいものだ、
あわれなわがなきがらをここに葬らせよ……
……あなたが軽やかな足か衣裳で
わが石に触れられるように……

ドーニャ・アンナ

あなたはどうかなさってますわ。

（7）A. S. Puškin, *Polnoe sobranie sočinenij*, Moskva-Leningrad, 1935, VII, s. 568 i sl. を参照。

（8）ドーニャ・アンナとのこのあとの場面もおなじように展開している――「ここ、この墓のまえで！　あっちへ行ってください」。

（9）詩『人生の初めで覚えているのは学校』（一〇〇頁を参照）でも、若者が影像をまえにして「麻痺」し、口がきけなくなる。

（10）プーシキンによるフランス語からの引用はそのままにしておく〔本書では、ロシアで刊行されているプーシキン著作集に通常添えられているロシア語訳から、日本語に訳すことにする。以下も同様〕。

（11）最初のボルジノの秋の特徴づけについては以下の文献を参照―― D. Blagoj, *Sociologija tvorčestva Puškina*, Moskva, 1929, s. 156 i sl.; A. Bém, *O Puškine*, Užhorod, 1937, s. 64 i sl.

（12）恐ろしい怪物たちには、詩『アンチャール』（一八二八）に出てくる、怪物のような死の樹も含められよう。

（13）Xodasevič, *Stat'i o russkoj poèzii*, s. 84.

(14) A. S. Puškin, *Sobranie sočinenij v 6 t.*, pod red. S. Vengerova, Sankt-Peterburg, 1907–1915, IV に所収の Iskoz-Dolinin の論文を参照。

(15) P・バルチェネフが記録しているS・N・ゴンチャロフの説明（*Russkij arxiv*, 1877, II, s. 98 i sl.）。そこには関係文献リストもある。

(16) A. S. Puškin, *Pis'ma*, Moskva- Leningrad, 1928, II, s. 8.

(17) Puškin, *Pis'ma*, 1928, II, s. 439 i sl.; 1935, III, s. 502 i sl. を参照。

(18) I. Annenskij, *Puškin i Carskoe selo*, Petrograd,1921, s.18.

(19) D. Merežkovskij, *Večnye sputniki*, 3-e izd., Sankt-Peterburg, 1906, s. 313.

(20) I. Ermakov, *Ėtjudy po psixologii tvorčestva A. S. Puškina*, Moskva, 1923, s. 169.

(21) 詩「V・V・エンゲリガルトに」を参照。そこでは、「……幸せな無法者、ピンダロスの怠惰な市民……ヴィーナスの敬虔な崇拝者と、喜びの支配者」とうたわれ、詩は天上と地上の皇帝に向けられている。

(22) 愛の抒情詩にプーシキンはもはやもどることはなかった。詩『わたしが抱くとき』（一八三一）では、抒情詩の「いわくありげな旋律」がはねつけられ、のろわれている。それどころか、最初のボルジノの秋の心おきない抒情詩の表現に虚偽の古い日付けを与えて（『別れ』を一八二九年、『呪文』と『はるかなる祖国の岸辺を求めて』を一八二八年）出版しなかったり、たんなる訳者のふりをしていた（詩『ジプシーたち』）。

(23) A. S. Puškin, *Sočinenija*, II, Sankt-Peterburg, 1905, primečanija s. 139 i sl.

(24) Puškin, *Sočinenija*, II, s. 31, primečanija s. 80 i sl. を参照。

(25) 一八二九年――「思い出にとまどい、甘き憂愁に満たされている」。一八一九年の『エレジー』における初期の異本の最初の行「思い出と憂愁に……思い出にとまどい」を参照。

(26) 『グルジアの丘の上に夜霧が横たわり』（一八二九年五月）、『わたしはあなたを愛していた』（一八二九年）、『あなたにとってわたしの名が何になろう』（一八三〇年一月五日）、『いや、わたしは安らぎを知らぬ喜びなどどうでもよい』（一八三〇年一月一九日）、『貴族幼年学校生徒、あるいは一五年』（一八三〇年一〇月七日）。プーシキンの告白を信じるならば、ゴンチャロヴァに捧げた詩『マドンナ』も、彼女から霊感を与えられたものではなかった（*Pis'ma* II, 1928, s. 397 を参照）。

(27) M. Gofman, S. Lifar', *Pis'ma Puškina k N. N. Gončarovoj*, 1936, s. 116 を参照。

(28) *Russkij arxiv*, 1912, čast' 3, s.300.

(29) A. Èfros, *Risunki poèta*, Moskva, s. 432 i sl., s. 438 i sl. を参照。

(30) Blagoj, *Sociologija*, s. 352 を参照。

(31) 詩人のこうした気分を、A. Belyj は自著 *Ritm kak dialektika i "Mednyj vsadnik"*, Moskva., 1929 のなかでみごとに理解している。

(32) J. Tretiak, *Mickiewicz i Puszkin*, Warszawa, 1906; Lednicki, *Jeździec*; M. Cjavlovskij, L. Modzalevskij, T. Zenger (red.), *Rukoju Puškina*, Leningrad, 1935, s. 535 i sl. を参照。

(33) **彼は目にしている。波に**囲まれ、苔むした固い**岩の上に、**記念碑が**聳え立っているのを……土台のまわりでは、**灰色の**大波**がざわめきながら、輝く泡のなかで収まっていた。

(34) G. Vernadskij, "'Mednyj vsadnik' v tvorčestve Puškina", *Slavia*, 2, 1923-1924, ss. 645-654; Blagoj, *Sociologija*, s. 263 i sl.; Belyj, *Ritm* を参照。しかし、嵐や記念碑をピョートルに組み合わせたり対置するのは、過酷な死刑法への言及とならんで、デカブリスト蜂起前のプーシキンの詩的イメージのなかに見られる——蜂起の二、三カ月前に書かれた『皇帝は眉をひそめながら』という、詩人のいささか謎めいた皮肉っぽい小唄は、このあとまもなく悲劇的解釈を得ることになる。おそらく、この解釈が詩人のその後の「悲しい物語」にたいする刺激の少なくともひとつをあたえたのだろう。このような結びつきが断片『恐ろしい時がやってこよう』と『呪い』のあいだに存在する可能性もある。恋人の死をめぐる詩の草稿（一八二三）のあとには、恋人の実際の死（一八二五）が生じ、その後——ボルジノで——彼女の死をめぐる詩（一八三〇）がつくられる。拙論 "Raskovannyj Puškin", *Lidové noviny*, 14. února 1937 を参照。

（35）Blagoj, *Sociologija*, s. 283 i sl., s. 347 i sl. を参照。

（36）*Puškin-1834 god*, Leningrad, 1934 所収の D. Jakubovič, "'Dnevnik' Puškina", s. 45 を参照。

（37）D. Mirskij, "Problema Puškina", *Literaturnoe nasledstvo*, 16–18, 1934, s. 103.

（38）A. Axmatova, "Poslednjaja skazka Puškina", s. 171 i sl.; A. S. Puškin, *Sočinenija* (red. B. V. Tomaševskij), Leningrad, 1935, s. 845 を参照。

（39）Belyj, *Ritm*, s. 71.

（40）とくに J. Tynjanov, *Arxaisty i novatory*, Leningrad, 1929, s. 241 i sl. を参照。

（41）Camille Mauclair, *Auguste Rodin, l'homme et l'œuvre*, Paris, 1918 を参照——「あるときロダンに言った。「この塊りのなかに像が存在していることをあなたは知っており、それをわれわれから隠している不純物一切を切りとっているだけだと思えるんですが」と。まさにそのような感じを作成中に味わっています、とかれは答えた（『オーギュスト・ロダン』チェコ語訳、プラハ、一九〇七年、四〇頁）。

（42）オーギュスト・ロダンは、彫刻家がいかにして時間を自分のものにしようとしているかを雄弁に証言している。「その作品のうち、ひとはすでに過ぎ去った部分をまだ見とめながらまたこれらからの部分をも発見するのです」（『芸術』チェコ語訳、プラハ、一九一八年、三七頁）〔ロダン『ロダンの言葉抄』高村光太郎訳、岩波文庫、一九六〇年、二二九頁〕。

（43）「勇敢な崖からかれら〔敵たち〕のうえに降りよう〔past〕と構えている」——ここにあるのは、動詞 'past' の二つの意味——1「倒れる」、2「攻撃する」の意図的な遊びである。

（44）O. Ostrogorskij, "Gnoseologičeskie osnovy vizantijskogo spora o sv. Ikonax", *Seminarium Kondakovianum*,

II, s. 47 を参照。

(45) Tomaševskij のすぐれた研究 "Iz Puškinskix rukopisej", *Literaturnoe nasledstvo*, 16–18, 1934, s. 311 を参照。

(46) P. Bicilli, "Poèzija Puškina", *Ètjudy po russkoj poèzii*, Praga, 1926, ss. 65–224、とりわけ ss. 129–145 を参照。

(47) M. Geršenzon, *Mudrost' Puškina*, Moskva, 1919, s. 141 i sl. を参照。

(48) ロダン、前掲書、三五頁。

(49) T. Zenger, "Nikolaj I—redaktor Puškina", *Literaturnoe nasledstvo*, 16–18, 1934, s. 522 を参照。

(50) Xodasevič の興味深い論文 "Koščunstva Puškina", *Sovremennye zapiski*, 19, 1924, ss. 405–413 を参照。E. Kislicina, "K voprosu ob otnošenii Puškina k religii", *Puškinskij sbornik pamjati professora Semena Afanas'eviča Vengerova*, Moskva-Petrograd, 1923, ss. 233-269 における広範な資料も参照。

(51) 影像を異教的なものとすることにもっとも激しく反対したのは、ロシアの古儀式派の伝統であり、注目すべきことに、『青銅の騎士』の初期草稿のひとつによればエヴゲニイの祖先は旧教徒の側に立ってピョートルと闘っていた。

(52) Bém, *O Puškine*, s. 80 を参照。

(53) M. Geršenzon, "Ten' Puškina", *Iskusstvo*, I, 1923, s. 137 を参照。

(54) 「くそくらえ、何十貫もの銅像、くそくらえ、大理石の粘液……」。

訳注

〔1〕参考までに、三作品の内容をごく手短に紹介しておくことにしたい。

『石の客』

騎士団長を殺した罪で国王から追放されていたドン・ファアンは、従者レポレッロを伴ってマドリッドにもどってくる。元愛人ラウラの部屋での宴。そこには、ラウラに心寄せる、騎士団長の弟ドン・カルロスもいたが、あとから来たドン・ファアンと決闘となり殺される。

修道士に扮したドン・ファアンは、自分がかつて殺害した騎士団長の石像のまえにやってくる。修道院にいる騎士団長の未亡人ドーニャ・アンナに近づくためである。墓参し祈りをささげる彼女をドン・ファアンは口説く。ドーニャ・アンナは夫を殺害した男だとは知らないで、逢引の約束をする。しかもドン・ファアンは、傍らの騎士団長の石像に見張り役を頼む。翌日彼女の家にやってきたドン・ファアンは、騎士団長殺しを自白。そこへ騎士団長の石像がやってきてドン・ファアンの手を握り、死へと導く。

『青銅の騎士』

ペテルブルグの貧しい官吏エヴゲニイにとって唯一の望みは、いとしいパラーシャと結婚して平和な家庭をいとなむことである。しかし、突然ネヴァ河が氾濫して、パラーシャの家は跡形もなく押し流されてしまう。半ば狂乱状態になったエヴゲニイはある日ふとネヴァ河畔に立つピョートル大帝の騎馬像をあおぎ、自分の不幸の原因がこのペテルブルグの建設者にあることをさとる。呪いのまなざしをこの像にそそぐと、青銅の騎士が蹄の音高く自分を追いかけてくる幻想におそわれ、発狂したまま息絶える。

『金のにわとりの話』

ダドン王は年老い、国が近隣国から攻撃されはじめ、星占いの宦官賢者に助けを求める。賢者は参上すると、袋から金のにわとりを出し、それを塔の上において見張りをさせるよう言う。ダドン王は、賢者にいずれどんな望みも叶えてやると約束する。

にわとりのおかげで平和な数年が過ぎた。だがあるとき、再びにわとりが騒ぎだし、ダドン王はにわとりが向いている方向に息子たちの軍勢を遣わすものの、消息不明。やがて自らが軍を率いて東へ向かい、絶世の美女シェマーハの女王に出会い、本国に連れて帰る。

そこに、金のにわとりを持ってきた賢者が訪れ、約束どおり自分の望みを叶えて欲しい、すなわちその女王を自分にくれ、と言う。王は激怒し、杖で賢者を殴って死なせてしまう。すると、塔の上からあの金のにわとりが舞い降りてきて、王を馬車から転落死させる。女王は不意に姿を消す。

〔2〕アレクサンドル一世が貴族の子弟のために一八一〇年にペテルブルグ近郊ツァールスコエ・セローに開設した中等・高等教育のための学校。プーシキンは一八一一年に入学し、一七年に卒業。

〔3〕「一般的意味」は、ヤコブソン特有の術語であり、すでに七一頁にも出たが、この用語について、山中桂一『ヤコブソンの言語科学2　かたちと意味』勁草書房、一九九五年、九七頁に、以下のような説明がある。

「簡単にいえば、それは多義性〔……〕の問題に対するひとつの解答であり、突き詰めてゆくと、一個の辞項に複数個の意味があるのでも、逆に一個の意味に一個の語形式が対応し、結果として同音語が複数個……生じているのでもなく、各辞項にはそれぞれひとつの内的に未分化な、すべてを取りまとめた意味があり、ふつう辞書の掲げているような多数の語義〔……〕は、その一部ないしすべてがその包括的意味の文脈的変容であるということを主張しているに等しい」。

〔4〕「たとえば私が、花！　と言う。すると〔……〕あらゆる花束の中には存在しない花、気持ちのよい、観念そのものである花が、音楽的に立ち昇るのである」（『マラルメ全集2』松室三郎訳、筑摩書房、一九八九年、二四二頁）。

3　言語の二つの面と失語症の二つのタイプ

I　言語学の問題としての失語症

もし失語症〔aphasia〕が、この用語自体が示唆しているように、言語障害であるならば〔ギリシア語 a-「無」phatos「ことば」〕、失語症の症候群のいかなる記述や分類も、言語のどの側面がこのようなさまざまな種類の障害において損なわれるのかという問題からはじめなければならない。こうした問題は、ヒューリングズ・ジャクソン(1)がはるか以前に取り組んだものであるが、言語のパターン化や機能化に詳しい専門の言語学者の参加なくしては、解決不可能である。

コミュニケーションにおけるあらゆる崩壊を的確に研究するためには、まず最初に、機能しなくなった個々のコミュニケーション様式の性質や構造を理解しなければならない。言語学は、言語のあらゆる面——使用している状態の言語、歴史的に一定の方向に変化していっている状態の言語(2)、発生期の状態の言語、崩壊中の言語——を取り扱う。

現在では、言語障害の研究に関係する言語学的問題を重視する精神病理学者たちもいて、[3] こうした問題のいくつかは、失語症に関する最近のすぐれた論文のなかで言及されてきている。[4] とはいえ、失語症研究に言語学者が貢献しうるという正当な主張は、たいていの場合、無視されたままである。たとえば、幼児の失語症に関する複雑で難解な問題を大きく扱っている或る新刊書では、さまざまな学問分野の連携が求められ、耳鼻咽喉科医、小児科医、聴覚学者、精神科医、教育者に協力が呼びかけられているが、言語科学は黙殺されている。あたかも、ことば〔speech〕の知覚における障害が言語とは何の関係もないかのごとくである。[5] 著者がノースウェスタン大学にある小児聴覚・失語症診療所の所長であるだけに、この欠落はいっそう嘆かわしい。この大学の言語学者たちのなかには、幼児言語に関してアメリカで群を抜いた専門家であるワーナー・F・レオポルドもいるのである。

言語学者も、失語症の共同研究への取り組みが遅れたことにたいして責任はある。さまざまな国の幼児が言語学的に詳細に観察されているのにたいし、それに匹敵するようなものは、失語症に関してはまったくなされていない。さまざまなタイプの失語症に関する多種多様な臨床データを、言語学の観点から再解釈し体系化する試みも、存在しなかった。だが実際には、一方では、構造言語学のめざましい進展が、言語の退行の研究にたいして有効な手段と方法を研究者に提供しており、他方では、失語症による言語パターンの崩壊は言語学者に言語の一般法則についての新たな洞察を提供しうるのである。こうした事実を目にすると、われわれはますますもって驚かざるをえない。

純粋に言語学的な基準を失語症的事象の解釈や分類に適用すれば、言語や言語障害に関する学問に十分に貢献することができよう。ただし、言語学者が心理学や神経学のデータを扱う際に、かれらが自身の伝統的な分野でおこなってきたのとおなじように、注意深く慎重であるのが前提である。まず第一に、言語学者は、失語症を扱う際の医療分野の専門用語や方策に慣れねばならない。次に、言語学者は、臨床の症例報告書を綿密な言語学的分析によって検証しなければならない。さらには、言語学者は、まったく異なる仕方で考えだされ仕上げられた既成の記録の再解釈に依拠するだけでなく、症例に直接アプローチするため失語症患者とみずから向き合わねばならない。

こうした問題に取り組んできた精神科医と言語学者がこの二〇年のあいだで驚くべき一致を見た、失語症現象のひとつのレベルがある。それは、音パターンの崩壊である[6]。この解体は、きわめて規則正しい時間的順序を示している。失語症による退行は、幼児による言語音の習得と鏡像関係にあることがわかってきている。つまり、子どもの発達と逆の順序になっているのである。さらに、幼児言語と失語症との比較によって、いくつかの**含容の法則**〔1〕を立てることができる。習得と喪失のこうした順序や一般的な含容の法則の探究は、音素パターンにとどまることはできず、文法体系にも拡張されねばならない。こうした方向では予備的な試みがわずかになされてきているにすぎず、この取り組みは継続に値する[7]。

II　言語の二重性

ことばにおいては、一定の言語的実体〔linguistic entities〕が**選択**されるとともに、それらがより複雑な言語単位へと**結合**されている。語彙レベルでは、これは一目瞭然である。話し手は語を選択し、それらを、自分が使う言語の統語体系に従って結合し文にする。文と文は結合され、発話〔utterance〕となる。ただし、話し手は、完全に自由に語を選択できるわけではけっしてない。話し手の選択は（実際に新造語を創造するようなまれなケースは除く）、話し手とその受け手が共有する語彙貯蔵庫からなされなければならない。通信技術者が発話事象〔speech event〕の本質にもっとも的確に迫りうるのは、最適な情報交換では話し手と聞き手が多かれ少なかれおなじ「既成の諸表象のファイリング・キャビネット」を自由に使える状態にあると仮定しているときである。すなわち、言語メッセージの発信者はこうした「予想された可能性」のうちのひとつを選び、受信者はそのおなじ「すでに予測され与えられている可能性」の集合体から同一の選択をすると仮定されている。[8] このように、発話事象が有効であるためには、共通の**コード**を参加者たちが使用することが必要となる。

「「pig と言ったのかい？　fig と言ったのかい？」と猫は言った。「pig と言ったのよ」とアリスは答えた」。[9] この一風変わった発話では、受信者の猫は、発信者がおこなった言語選択を把握しようとしている。猫とアリスが共有しているコード、すなわち口語英語では、閉鎖音〔p、t、k、 b、d、g など〕と継続音〔同音質で延ばせる f、v、s、z、m など〕との違いが――ほかの条件がおなじなら――メッセージの意味を変える可能性がある。アリスは閉鎖音〔中断性子音〕対継続音という弁別素性を用いて、この二つの対立項のうち継続音を退け閉鎖音を選んだのである。そしてこのおなじ発話行為において、アリスはこの決定を、同時にあらわれるほかの素性にむすびつけた。すなわち、/t/ の鋭音性〔acuteness〕や /b/ の弛み音性〔laxness〕にたいして、/p/ の重音性〔gravity〕と張り音性〔tenseness〕を用いている。こうして、これらすべての属性が結合され、弁別素性の束、いわゆる**音素**になった。[2] 音素 /p/ には、音素 /i/ と音素 /g/ が**あとにつづいている**。これら自体も、同時に発声される弁別素性の束となっている。したがって、同時的実体の**共起**〔concurrence〕と、継起的実体の**連鎖**〔concatenation〕が、われわれ話し手が言語の構成要素を結合させる際の二つの方法となっているのである。

/p/ や /f/ のような束も、/pig/ や /fig/ のような束の連続〔sequences〕も、これらを使う話し手が発明したわけではない。閉鎖音対継続音といった弁別素性も、音素 /p/ も、コンテクストの外ではあらわれない。閉鎖音という素性は、共起するほかの一定の素性との組み合わせであらわれ、これらの素性が /p/、/b/、/t/、/d/、/k/、/g/ のような音素へと結合される可能性は、当該の言語のコードによって限定されている。コードは、音素 /p/ とそれにつづく別の音素および・または先行する別の音素との可能な結合にも、限定を加えている。許容される音素連続の一部だけが、それぞれの言語の語彙ストックのなかで実際に利用される。音素の別の組み合わせが理論上可能なときでさえ、話し手は、原則として、語の使用者にすぎず、新語の創造者ではない。個々の語に遭遇すると、それらがコード化された単位であると予測する。nylon〔ナイロン〕という語〔word〕を理解するには、現代英語の語彙コードにおいてこの〔意味に関係なく音または文字の構成としてみた〕語〔vocable〕に割り当てられた意味を知る必要がある。

どの言語にも、**成句**と呼ばれるコード化された語群も存在する。how do you do〔はじめまして〕という慣用句の意味は、その語彙的構成要素の意味を合わせれば得られるものではない。全体は部分どうしの合計と等しくないのである。このように一語として機能している語群は、めずらしくはないものの、やはり周縁的なケースにすぎない。語群の圧倒的多数を理解するには、構成要素となっている語と、それらの結合の統語的規則に通じているだけで、十分である。こうした制限の範囲内で、われわれは自由に語を新しいコンテクストのなかに入れている。もちろん、この自由は相対的なものであり、通用している決まり文句が結合の選択にたいして及ぼす圧力には、相当なものがある。しかし、まったく新しいコンテクストをつくる自由も、それが生じる統計的確率は相対的に低いとはいえ、否定できない。

このようにして、言語単位の結合においては自由度に段階がある。弁別素性を結合して音素にするとなると、個々の話し手の自由度はゼロである。当該の言語で利用されうるすべての可能性を、コードがすでに定めている。音素を結合して語にする自由は、制限があって、新語をつくりだすという周縁的な状況に限られる。語から文をつくる際には、話し手はさほど制約されていない。そして最後に、文を結合させて発話にするときには、義務的な統語規則の働きは停止し、個々の話し手が新しいコンテクストを創造する自由が大幅に増す。ただし、無数のステレオタイプ化された発話も見過ごすべきではない。

どんな言語記号も、二つの配列様式を持っている。

一、**結合**。どんな記号も、それを構成している諸記号からなっている、および・または別の記号と結合したかたちでのみあらわれる。すなわち、どんな言語単位も、同時に、より単純な単位にとってのコンテクストとなっている、および・またはより複雑な言語単位のなかで自身のコンテクストを見いだす。そのため、実際に言語単位を群にまとめると、つねにそれらの単位はより上位の単位になっていく。結合とコンテクスト化〔contexture〕は、同じ操作の二面にほかならない。

二、**選択**。交替要素のあいだの選択は、ある交替要素を、ある点では等価であり他の点では異なる別の交替要素の代わりに用いることができることを前提にしている。実際、選択と代置は、同一の操作の二面である。

これら二つの操作が言語において果たす基本的役割について、フェルディナン・ド・ソシュールは明確に理解していた。しかしこのジュネーヴの言語学者は、結合の二つの変種――共起と連鎖――のうち後者、つまり時間的連続だけを認識していたにすぎない。ソシュールは、音素が共起的な弁別素性（*éléments différentiels des phonèmes*）のひとまとまりであることを自身で洞察していたにもかかわらず、言語の線状的性質という伝統的な考え――「二個の要素を一時に発音することをゆるさない」[10]――に屈服した。

われわれが結合と選択として記述した二つの配列様式の境界を定めるためにソシュールが述べ

ているところによれば、前者は「顕在している［in presentia］」、すなわち、それは実際の連鎖［series］のなかにともに存在している二つあるいはいくつかの項にもとづいている」のにたいして、後者は「陰在的記憶連鎖の要素として、潜在的に［in absentia］項をむすびつけている」[3]。言いかえると、選択（そしてそれに対応して代置）は、当該のメッセージのなかでなくコードのなかで連合された実体を扱うのにたいし、結合の場合は、実体はコードとメッセージの双方のなか、あるいは実際のメッセージのなかでのみ連合されている。受信者は、当該の発話（メッセージ）は、すべてのありうる構成部分の貯蔵庫（コード）から**選択**された構成部分（文、語、音素など）を**結合**したものであると気づく。コンテクストの構成要素は**近接**の状態にあるのにたいして、代置セットでは、記号は、類義語の等価性と反義語の共通核のあいだで変動するさまざまな度合の**類似性**によってつながれている。

　これら二つの操作は、それぞれの言語記号に、（チャールズ・サンダーズ・パースが導入した効果的な概念を利用するならば）二組の**解釈項**[4]を提供する[11]。すなわち、記号を解釈するのに役立つ二つの参照項があり、ひとつはコード、もうひとつはコンテクストである（コンテクストは、コード化されている場合とされていない場合とがある）。そして、どちらの仕方においても、記号は他の記号セットと関係している。前者の場合は**交替**［alternation］、後者の場合は**配列**［alignment］によってである。当該の表意的単位は、おなじコードのより明確な別の記号に置きかえることもでき、それによってその一般的意味があらわになる一方で、その記号のコンテクスト的意味はおなじ連続［sequence］のなかの別の記号との結びつきによって決定される。

どんなメッセージの構成要素も、内的関係によってコードと、外的関係によってメッセージと、必ずつながっている。言語はそのさまざまな面で、双方の関係様式を扱う。メッセージが交換されようと、あるいはまたコミュニケーションが発信者から受信者に一方的に進行しようと、メッセージ伝達を確実にするためには、いかなる発話事象の参加者たちのあいだにおいても或る種の近接性がなければならない。発信者と受信者という二人の個人が空間上、あるいはしばしば時間上分離していても、内的関係によって架橋される。発信者が用いる象徴と、受信者が知っており解釈する象徴には、一定の等価性がなければならない。こうした等価性がなければ、メッセージは無駄になる。受け手に届いたとしても、影響を与えはしない。

III　類似性障害

言語障害が言語単位の結合と選択にたいする個人の能力にさまざまな程度で影響を及ぼしうるのはあきらかであり、実際、これら二つの操作のうちいずれがおもに損傷を受けているのかという問題が、さまざまな形式の失語症を記述、分析、分類するにあたり多大な意義を持ちうることも、わかってきている。おそらく、この二分法のほうが、(言語交換の二つの機能である）言語メッセージのコード化とコード解読のいずれがとくに損なわれているかを示す、**表出的**〔emissive〕失語症と**受容的**〔receptive〕失語症という古典的な区別（本稿では論じない）よりも、いっそう効果的であろう。

ヘッドは、失語症の症例を一定のグループに分類しようと試み、それらのおのおのに「語と文《フレーズ》の扱いと理解におけるもっとも顕著な欠陥を表わすために選んだ名称」を当てた(p. 412)。[12] この方法に従うならば、われわれは、主たる欠如が選択と代置にあって結合とコンテクスト化は比較的安定しているか、あるいは逆に、主たる欠陥が結合とコンテクスト化にあって正常な選択と代置は比較的維持されているかによって、失語症の二つのタイプを区別できよう。これら二つの対立する失語症パターンの輪郭を描くにあたり、主としてゴルトシュタインのデータを利用することにしたい。

第一のタイプ(選択の欠如)の失語症患者にとっては、コンテクストが不可欠で決定的な要因になっている。ばらばらな語や文を提示されると、このような患者は難なく完成させることができる。この者のことばは、ひたすら刺激にたいする反応である。会話をつづけていくことは容易にできるが、対話の口火を切るのはむずかしい。この患者が現実あるいは想像上の発信者に応答することができるのは、当人がメッセージの受信者であるか、あるいはそのように想像している場合である。とりわけ困難なのは、モノローグのような閉じた言説を発することであり、あるいはこれを理解することさえむずかしい。患者は、その発話がコンテクストに依存していればいるほど、言語表現上の課題を処理しやすくなる。話し相手からの合図《キュー》にたいする反応でもなければ、実際の状況にたいする反応でもないときには、文を発することができないように感じてしまう。「雨が降る」という文は、実際に雨が降っているのを目にしないかぎり、発することができない。発話が言語的コンテクストか非言語的コンテクストのなかに深く埋めこまれていればいるほど、この種の患者が発話をうまく使いこなせる可能性は高くなる。

同様に、ある語がおなじ文のなかの別の（いくつかの）語に依存しており、統語的コンテクストを参照していればいるほど、その語は言語障害の影響を受けにくくなる。それゆえ、文法的な一致や支配に統語的に従属している語はより堅固であるのにたいして、文のなかの従属させる主たる行為者、すなわち主語は省かれがちである。出だしが患者にとってもっともむずかしいことからすれば、患者がまさに文パターンの土台である出発点で失敗するのはあきらかである。このタイプの言語障害では、文は、失語症患者当人が発した先行文や、現実のあるいは想像上の会話の相手から患者が受け取った先行文から提供されるべき、省略的な継続物とみなされている。キー・ワードが、脱落したり、抽象的で前方照応的な〔まえにすでに名指された事象を指す。代名詞など〕代用語で置きかえられることがある。[13] 特定の意味を持った名詞が、フロイトが注目したように、きわめて一般的な名詞に取りかえられる。たとえばフランス人の失語症患者における machin〔そいつ、あれ〕や chose〔もの〕。[14] ゴルトシュタインが観察した「記憶喪失失語症」のドイツの方言の例では（p. 246 以下）、Ding〔もの〕や Stückel〔断片〕があらゆる無生物名詞の代わりに使われ、コンテクストや状況から同定でき、それゆえに患者にとって余計なものに思われる動詞の代わりに überfahren〔遂行する〕が使われていた。

代名詞や代名詞的副詞のように本来コンテクストを参照することになっている語や、接続語や助動詞のような、コンテクストを構成するためにだけ役立っている語は、とりわけ保たれやすい。クヴェンゼルが記録しゴルトシュタインが引用している（p. 302）、ドイツ人患者の典型的な発話は、参考になろう。

“Ich bin doch hier unten, na wenn ich gewesen bin ich wees nicht, we das, nu wenn ich, ob das nun doch, noch, ja. Was Sie her, wenn ich, och ich weess nicht, we das hier war ja ...”

このように、枠組み、コミュニケーションのつなぎ目だけが、このタイプの重症の失語症では残されている。

言語理論では、中世初期以来、コンテクストのそとの語は意味を有していないと繰り返し主張されてきた。しかし、この言明の有効性は、失語症、あるいはより正確には失語症の一タイプに限られる。ここで問題にしている病理学的ケースでは、孤立した語は実際には blab〔くだらないおしゃべり〕でしかない。数多くのテストがあきらかにしているように、このような患者にとっては、二つの異なったコンテクストに同一語が二度あらわれるのは、たんなる同音異義語でしかない。音の異なる語のほうが同音異義語よりも多くの情報をもっている以上、このタイプの失語症患者のなかには、ある語のコンテクスト的変種を、当該の環境に合わせて種々の語に取りかえがちな者もいる。たとえば、ゴルトシュタインの患者は、「ナイフ」としか言わないことは一度もなく、その使用と周囲に応じて、ナイフを「鉛筆削り」、「りんごの皮むき」、「パンナイフ」、「ナイフとフォーク」などと呼んだ（p. 62）。このようにして、「ナイフ」という語は、単独で生じる**自由形式**から、**拘束形式**〔より大きな形式の一部としてしかあらわれない形式。playing の -ing など〕

に変えられていた。

「わたしにはすてきな部屋、玄関、寝室、台所があります」と、ゴルトシュタインの患者は言う。「大きな部屋もいくつかあって、奥の部屋にだけは独身者〔bachelors〕が住んでいます」と。もっと明示的な形式である unmarried people という語群を、bachelors の代わりに用いることも可能であったろうが、この普遍的な語を話し手は選んだ。bachelor とは何者かと再三たずねられても、患者は答えず、「あきらかに苦しんでいた」（p. 270）。a bachelor is an unmarried man とか an unmarried man is a bachelor のように答えるならば、それは等値叙述というものになるであろう、またしたがって代置セットを英語の語彙的コードから当該のメッセージのコンテクストへ投影したものとなるであろう。これらの等価の語は、文の二つの相関部分となっており、したがって近接性でむすばれる。患者は、bachelor apartments に関するいつもの会話のコンテクストに支えられているときは、適切な言葉 bachelor を選択することができたが、代置セット bachelor ＝ unmarried man を、文の話題として使用することはできなかった。自律的な選択と代置の能力が冒されていたのである。患者に求めても無駄であった等値文は、《bachelor》 means an unmarried man〔bachelor とは未婚の男性を意味する〕あるいは an unmarried man is called 《a bachelor》〔未婚の男性は bachelor と呼ばれる〕を唯一の情報として伝えるものである。

おなじような困難は、検査員が指し示したり手で操っている物の名を患者に問うたときにも生じる。代置に欠陥のある失語症患者は、検査員が指し示したり手で操っている身振りを、指し示されている物の名で補ったりはしないであろう。「これは鉛筆です（鉛筆と呼ばれています）」の代わりに、省略してその使用法について、すなわち「書くため」とだけ言い足すにすぎないであろう。類義的記号のうちのひとつ（たとえばbachelorという語や、鉛筆の指し示し）が存在するならば、（unmarried manという句やpencilという語のような）別の記号は余剰的となり、またしたがって余計なものとなる。失語症患者にとっては、双方の記号は相補分布の状態にある。[5] 一方が検査員によって言及されたならば、患者はその類義語を避けようとするであろう。I understand everything〔わたしはなんでもわかる〕やIch weiss es schon〔わたしはそれをもう知っている〕が、典型的な反応となろう。同様に、物の絵も、名称を抑えこんでしまうであろう。言語記号が絵画記号に取ってかわられるのである。方位磁針の絵がロットマーの患者のひとりに見せられたとき、その患者は、「はい、それは……。わたしにはそれが何に属しているかわかっていますが、専門的な言い方は思い出せないんです。……はい……方角……方角を示すため……磁石の針が北を指します[15]」と答えた。このような患者は、パースなら言うであろうように、**指標**や**類像**から、相応する言語**象徴**へと移ることができない[16]〔パースによる記号の三分類については本書二八四頁を参照〕。

　検査員が発した語のたんなる反復でさえも、患者には、むだに余剰的であるように思われ、受けた指示にもかかわらず、あとにつづけて反復することができない。ヘッドの患者は、no〔いいえ〕という語を反復するように言われると、No, I don't know how to do it〔いいえ、わたしはそれをどうしたらいいのかわかりません〕と答えた。患者は、自分の答え（「いいえ、わたしはそれをどうしたらいいのかわかりません」）のコンテクストで語をおのずと用いていながら、等値叙述のもっとも純粋な形式、すなわちa＝a、すなわちnoはnoであるという同語反復を発することができなかった。

言語科学にたいする記号論理学の重要な貢献のひとつに、**対象言語**と**メタ言語**の区別の強調がある。カルナップが述べているように、「いかなる対象言語について語るのにも、メタ言語が必要である」[17]。異なったこれら二つの言語レベルで、同一の言語ストックが使われることがある。たとえば、(対象言語としての)英語について(メタ言語としての)英語で話したり、英語の語や文を英語の類義語、迂言法、パラフレーズによって解釈することがある。言うまでもなく、論理学者たちが**メタ言語的**と呼んでいるこのような操作は、かれらの発明ではない。こうした操作は、けっして学問の領域に限られたものではなく、われわれの日常の言語活動の必須の部分でもあることが、わかっている。対話の参加者たちは、自分たちがおなじコードを使用しているかどうかをしばしば確かめる。「わたしの言っていることがわかりますか、わたしが意味していることがわかりますか」と話し手はたずねる。あるいは聞き手自身が「どういう意味ですか」と言ってさえぎる。そうすると、メッセージの送り手は、不確かな記号を、おなじ言語コードのなかの別の記号に取りかえたり、コード記号群と取りかえることによって、コード解読者がより受け入れやすいものにしようと努める。

或る言語記号を、同一言語の、或る点で均質の別の記号を通して解釈するのは、子どもの言語学習でも本質的な役割を果たしているメタ言語的操作である。就学前の子どもの言語活動では言語について語ることがきわめて重要な位置を占めていることが、観察によってあきらかになっている[18]。メタ言語に頼ることは、言語習得のためだけでなく、言語が正常に機能するためにも、欠かせない。「名づける能力」の失語症的欠損は、まさにメタ言語の喪失にほかならない。実をいえば、前記の患者たちにもとめて得られなかった等値叙述の例は、英語を参照するメタ言語的命題である。命題を明示的に言うならば、「われわれが使用しているコードでは、指示されている対象の名は pencil である」、あるいは「bachelor と迂言法 unmarried man は、等価である」ということになろう。

このような失語症患者は、ある語からその類義語や迂言法へ切りかえることも、**異名**〔heteronyms〕、つまり他の言語における等価表現へ切りかえることもできない。二言語使用能力の喪失と、一言語の一方言への限定は、こうした障害の徴候的なあらわれである。

古くからあるが周期的にあらわれる偏見によれば、**個人言語**〔idiolect〕と呼ばれている、一個人のある時期における話し方が、唯一の具体的な言語事実であるとみなされてきた。こうした考えをめぐる議論に際して、つぎのような反対意見が〔わたしから〕提起された。

誰しも、他の人に話しかけるときには、意図的にせよ思わず知らずにせよ、共通語彙を思い浮かべようとする。相手を満足させるため、あるいはただ理解してもらうため、さらには自分の意見を述べるために、話し相手の用語を使う。言語には、個人的な所有物のようなものはひとつもない。すべてが社会化されているのである。あらゆる交際形式とおなじく言語交換は、すくなくとも二人の伝達者を必要としている。したがって、個人言語というものはいささかつむじまがりの虚構であるということになる。(19)

しかし、この言明にはひとつだけ留保すべき点がある。すなわち、コード切りかえ能力を失った失語症患者にとっては、個人言語が実際に唯一の言語事実となる、ということである。患者が、他人のことばを、患者自身の言語パターンで自分に向けられたメッセージであるとみなさないかぎりは、患者は、ヘムフィルとステンゲルの患者が表現しているように[20]、「わたしはあなたの言うことはとてもはっきりと聞きとれているけれど、何を言っているのかはわかりません。……あなたの声は聞こえていますが、言葉は聞こえません。……言葉を発していないみたいです」と感じる。患者は、他人の発話を、わけのわからないおしゃべりか、少なくとも未知の言語を使ったものとみなしている。

前記のように、コンテクストの構成要素を統一しているのは近接性という外的関係であり、代置セットの基礎にあるのは類似性という内的関係である。したがって、代置能力が損なわれ、コンテクスト化は損なわれていない失語症患者にとっては、類似性を含む操作は近接性にもとづく操作に取ってかわられる。こうした条件下では、いかなる意味的グループ分けも、類似性によってではなくむしろ空間的・時間的近接性によって進められるであろう、と予言できる。実際、ゴルトシュタインのテストは、このような予想の正しさを裏づけている。すなわち、このタイプの一女性患者は、動物のいくつかの名前をあげるように言われると、彼女が動物園で見たのとおなじ順番にあげていった。同様に、一定の対象を色彩や大きさ、かたちに応じてならべるようにとの指示にもかかわらず、彼女はそれらを家庭用品や事務用品その他のような空間的近接性にもとづいて分類し、こうしたグループ分けを、「物がなんであるかは問題でない」(たがいに似ているものでなくてもよい) ショーウインドーを引き合いに出して正当化した。この患者は、原色──赤、黄、緑、青──を名指すのはいとわなかったが、それらの名を中間的な変種にまで広げることは拒んだ (p. 268 以下)。彼女にとっては、語は、基本的意味との類似性によって連想される付加的でずらされた意味を担う能力を、まったく持っていなかった。

このタイプの患者は「語を文字どおりの意味で理解したが、おなじ語の隠喩的性格を理解する気にはなれなかった」(p. 270) とのゴルトシュタインの観察に、同意せざるをえないであろう。しかし、比喩的なことばが患者たちにまったく理解できないと想定するのは、正当性のない一般化となろう。隠喩と換喩という、両極にある比喩のうち、換喩は、近接性にもとづいており、選択能力が損なわれている失語症患者によって広く用いられている。フォークはナイフの代わりとなり、テーブルは電気スタンド、喫煙はパイプ、食事はトースターの代わりとなっている。以下のような典型的なケースが、ヘッドによって報告されている。

そのひとは、black〔黒〕に代わる名称が思いだせなくて、それを「死者のためにあなたがすること」と述べた。これを縮めて「dead〔死んでいる〕」とも言った。(I, p. 198)

このような換喩は、習慣的コンテクストの線から代置と選択の線への投影と特徴づけることができよう。すなわち、もうひとつの記号(ナイフ)といっしょに生じるのがふつうの記号(フォーク)

が、この別の記号（ナイフ）の代わりに用いられることがある。「ナイフとフォーク」、「テーブルランプ」、「パイプを吸う」のような句が、換喩としてのフォーク、テーブル、喫煙を誘発したのである。対象（トースト）の用途と対象を生みだす手段との関係が、トースターにたいしての換喩「食事」の基礎にある。「いつひとは黒を着るのか」――「死者の喪に服するとき」。この場合、色を名指す代わりに、伝統的な用途の理由が示されている。同一性から近接性への逃避は、当該の語を反復するよう言われると換喩で答える、たとえば「窓」の代わりに「ガラス」と言い、「神」の代わりに「天」と言う、ゴルトシュタインの患者のようなケースで、とくにきわだっている。

選択能力が大きく損なわれ、結合能力は少なくとも部分的に保たれている場合は、近接性が患者の言語行動全体を規定する。したがって、このタイプの失語症を**類似性障害**と呼ぶことができよう。

Ⅳ　近接性障害

一八六四年以来、ヒューリングズ・ジャクソンは、言語および言語障害に関する近代の研究にとって先駆となっている諸論考において、つぎのように繰り返し指摘していた。

ことばは語からなっていると言うだけでは、十分でない。ことばは、特殊な方法でたがいに言及し合う語からなっているのである。そして、部分部分の適切な相互関係なくしては、発話は、いかなる命題も具体化していないただのひとつづきとなるだろう[21]。

ことばの喪失とは、命題化する力の喪失である。……ことばを欠いている状態は、語を欠いている状態を意味するものではない[22]。

命題化する〔propositionize〕能力、一般的にいえば、単純な言語的実体を結合して複雑な単位をつくる能力の損傷は、実際には、失語症のうちの一タイプ、すなわちⅢで論じたタイプと反対のタイプに限られている。このようなケースの多くで保たれている実体は語である以上、**語喪失**〔wordlessness〕はそもそも存在しない。語は、義務的にコード化されている言語単位のなかでももっとも高度なものとみなしうる。すなわち、われわれは、コードが供給する語のストックから、自身の文や発話を組み立てているのである。

コンテクスト化できないこうした失語症は、**近接性障害**と名づけうるものであり、文を長めにしたり多様なものにすることができない。語をより高度の単位に組織化する統語論的規則が、失われている。**失文法症**〔agrammatism〕と呼ばれているこうした喪失は、文をたんなる「語の堆積」（ジャクソンによる比喩的表現[23]）に退化させるのである。語順は混乱する。文法的な一致であれ支配であれ、文法面での等位や従属の結び目が解かれる。予想されるように、接続詞や前置詞、代名詞、冠詞などのような純粋に文法的な機能のみを付与された語が、まず消え、いわゆる「電文体」を生みだす。これにたいし、類似性障害の場合は、こうした語がもっとも抵抗力を備えている。ある語が文法面でコンテクストから独立していればいるほど、その語は、近接性障害を伴う失語症患者のことばにおいてはいっそう粘り強くなり、類似性障害を伴う患者においてはいち早く失われる。たとえば「統語構成の核となっている語である主語」は、類似性障害のケースではいちばん先に文から脱落するが、逆のタイプの失語症ではいちばん破壊されにくい。

コンテクスト化を冒すタイプの失語症は、幼児のように一文だけの発話や一語だけの文をつくりがちである。やや長めで紋切型のできあい〔ready-made〕のわずかの文だけは、かろうじて残存する。この症状が進行した場合には、どの発話も一語だけの文となってしまう。コンテクスト化ができなくなる一方、選択の操作はつづく。「物がなんであるかを言うことは、それが何に似ているかを言うことである」と、ジャクソンは記している。（コンテクスト化ができなくなり）代置用のセットに限られた患者は、類似性とかかわることになり、その者によるおおまかな同定は隠喩的な性質のものとなる。これは、反対のタイプの失語症によく見られる換喩的性質のものとは逆になっている。顕微鏡の代わりに小型望遠鏡、ガス灯の代わりに火などというのは、ジャクソンが名づけたような**疑似隠喩的表現**の典型的な例である。ジャクソンがこのように名づけたのは、それらは、修辞的隠喩や詩的隠喩とは反対に、意味を意図的に転移したものではまったくないからであった。

正常な言語パターンでは、**語**は、上位のコンテクストである**文**の構成要素であると同時に、それ自体が、さらに小さい構成要素である**形態素**（意味を付与された最小単位）や**音素**にたいする上位のコンテクストでもある。われわれは、近接性障害が語をより上位の単位に結合することに及ぼす影響について論じてきた。語とその構成要素とのあいだの関係も、やや異なる仕方においてではあるものの、それとおなじ損傷を反映している。失文法症の典型的な特徴は、屈折語尾変化をしなくなることにある。動詞のさまざまな定形に代わる不定形（格変化のある言語では、すべての斜格に代わる主格）のような**無標**〔unmarked〕のカテゴリーがあらわれる。[6] こうした欠損は、一部は文法的な支配や一致の除去、また一部は語を語幹と語尾・接尾辞に分解する能力の喪失にもとづいている。さらには、語形変化表《パラダイム》（とりわけ、he〔かれは〕―his〔かれの〕―him〔かれを〕のような格のセットや、he votes〔彼は投票する〕―he voted〔彼は投票した〕のような時制のセット）は、同一の意味内容を、近接性によってたがいに連合したさまざまな視点から示す。そのため、近接性障害を伴う失語症患者はこのようなセットも捨ててしまうことになる。

また、原則として、grant〔譲与する〕―grantor〔譲与者〕―grantee〔被譲与者〕のような同一語根から派生した語は、近接性によって意味が関連し合っている。いま論じているタイプの患者は派生語を捨てがちであったり、語根と派生接尾辞の結合、さらには二語からなる複合語すら、分解不可能なものとなる。Thanksgiving〔感謝祭〕や Battersea〔バタシー（という地名）〕のような複合語を理解したり発するものの、thanks〔感謝〕と giving〔与えること〕、あるいは batter〔砲撃する〕と sea〔海〕を理解したり言うことができなかった患者が、よく例に引かれてきている。派生の感覚がまだ生きており、そのためこの過程がコード内で新しいものをつくりだすのにまだ用いられているかぎりは、過度の単純化と自動現象《オートマチスム》へと向かう傾向を観察することができよう。

すなわち、もし派生語が、その構成要素の意味からまったく推測できないような意味的単位を構成しているならば、**ゲシュタルト**〔要素に分割しえず、それ自体が要素の総和以上のまとまりであるもの〕は誤解される。たとえばロシア語の mokr-ica は「ワラジムシ」を意味するが、ロシアのある失語症患者はそれを「湿っぽいもの」、とくに「湿っぽい天候」と解釈した。というのも、語根 mokr- が「湿っぽい」を意味し、接尾辞 -ica は、nelepica〔ばかげたこと〕、svetlica〔あかるい部屋〕、temnica〔牢獄〕、文字どおりでは「暗い部屋」におけるように、その性質を所有しているものを示すからである。

第二次世界大戦まえ、音素論〔phonemics〕が言語科学におけるもっとも論争的な場であったころ、言語学者のなかには、音素がわれわれの言語行動において自律的な役割を実際に演じるということに関して、疑問を呈する者もいた。形態素あるいはむしろ語のような、言語コードの有意味な（**表意的**〔significative〕）単位は、発話事象でわれわれが現に扱っている最小実体であるのにたいして、音素のような**弁別的な**だけの単位は言語の科学的記述や分析を容易にするための人工構成物である、と示唆する者すらいた。こうした見解は、サピアが「非現実的」[24]と非難したが、一定の病理学のタイプに関してまだ完全に有効である。すなわち、「配列失調〔atactic〕」と呼ばれることもある一種の失語症では、語が、保たれている唯一の言語単位なのである。この患者は、よく知っているどんな語に関しても全体としての不可分のイメージしかいだいておらず、他のすべての音連続は無縁で不可解なものでしかない。あるいはまた、音のずれを無視してなじみの語とひとくくりにしている。ゴルトシュタインの患者のひとりは、「いくつかの語を知覚したが……それらを構成している母音や子音は知覚しなかった」(p. 218)。フランスの或る失語症患者は、café「コーヒー」や pavé「舗装道路」といった語を聞き取り、理解し、反復し、みずからも発したが、féca, faké, kéfa, pafé のような無意味な音連続を理解し、識別し、反復することはできなかった。このような困難は、フランス語を使用する正常な聞き手にとっては、音連続とその要素がフランス語の音素パターンに適っているかぎりは、まったく存在しない。そのような聞き手であれば、これらの音連続を、自分が知らないもののフランス語の語彙に属している可能性が高い語であり、音素の順番や音素自体が相異なっているためにたぶん意味がちがっている語であるとすら、理解するかもしれない。

失語症患者が語を音素的構成要素に分解できなくなると、その語の構成にたいする統制力は弱まり、つぎに音素や音素結合を知覚しにくくなる。失語症患者における音パターンの漸次的退行は、幼児の音素獲得の順序を規則的に逆転する。この退行は、同音異義語の膨張と、語彙の減少を伴う。こうした音素と語彙の両面にわたる無力化がさらに進行すると、ことばで最後に残るのは一音素の発話や一語の発話、一文の発話である。患者は、幼児の言語発達の初期段階、あるいは前言語段階にすら逆戻りする。ことばを用いたり理解する力を全面的に失った普遍的失語症〔aphasia universalis〕に直面するのである。

弁別的機能と表意的機能という二つの機能の分離は、他の記号体系とくらべて、言語固有の特徴である。コンテクスト化に欠陥のある失語症言語が言語単位の階層制を廃して、それらの言語単位の等級を単一のレベルに還元しようとする傾向を見せるとき、言語のこれら二つのレベルのあいだに衝突が生じる。最後に残るレベルは、先に触れたケースにおけるように表意的価値の部類《クラス》たる語か、弁別的価値の部類《クラス》たる音素である。後者のケースでは、患者はまだ音素を同定し、区別し、再生することができるが、語に関しておなじことをする能力は失っている。中間段階的な状況では、語は同定され、区別され、再生される。ゴルトシュタインのみごとな公式化によれば、語は「知っているが理解できないものとして把持されることがある」(p. 90)。この場合、語は、正常な表意的機能を失い、ふつうは音素に属している純粋に弁別的な機能をおびる。

V　隠喩と換喩の両極

失語症は多種多様であるものの、それらはすべて、前記の両極のあいだに収まっている。失語症的な障害のあらゆる形式は、選択と代置の能力か、結合とコンテクスト化の能力かのいずれかの多少なりとも損傷にある。前者の症状は、メタ言語的操作の低下をもたらすのにたいして、後者は言語単位の階層制を維持する能力に損傷を与える。類似性関係が前者のタイプの失語症では抑制され、近接性関係が後者のタイプの失語症では抑制される。隠喩は類似性障害と相いれず、換喩は近接性障害と相いれない。

言説は、二つの異なった意味的回線にそって展開しうる。すなわち、ひとつのテーマは、類似性を通してか、近接性を通してかのいずれかで、もうひとつのテーマへと移っていく。それらは、前者の場合は**隠喩的方法**、後者の場合は**換喩的方法**と名づけるのが、もっとも適切であろう。両者はそれぞれもっとも凝縮された表現を隠喩と換喩に見いだしているからである。失語症では、これら二つの過程のいずれかが制限されるか全面的に妨げられる。まさにそれがゆえに、失語症の研究は言語学者にとってきわめて意義あるものとなっている。正常な言語行動では双方の過程ともたえず作動しているが、入念に観察してみると、文化パターンや個性、文体などの影響を受けて二つの過程のいずれかが好まれていることが、あきらかになるであろう。

よく知られている心理テストでは、子どもは或る名詞を示され、頭に浮かんだ最初の言語的反応を発するよう指示される。この実験では、対立する二つの言語的執着が一貫して見られる。反応が刺激にたいする代置として意図されているか、刺激の補足として意図されているかである。後者の場合、刺激と反応がいっしょになって、適切な統語構成、たいていはひとつの文を形成する。これら二つのタイプの反応は、それぞれ**代置的**〔substitutive〕、**叙述的**〔predicative〕と呼ばれてきている。

hut〔小屋〕という刺激にたいしては、ひとつの反応は burnt out〔燃えちゃった〕であり、もうひとつの反応は is a poor little house〔みすぼらしい小さな家である〕であった。双方の反応とも叙述的である。しかし、前者は純粋に物語的なコンテクストをつくりだしているのにたいして、後者では主語 hut〔小屋〕と二重の関係がある。すなわち、一方では位置的(つまり統語的)近接性があり、他方では意味的類似性がある。

これとおなじ刺激が、つぎのような反応も生みだした——同語反復の hut〔小屋〕、類義語の cabin と hovel、反義語の palace〔宮殿〕、隠喩の den〔巣〕と burrow〔穴〕などである。二つの語がたがいに入れ替わる能力は、位置的類似性の実例であり、さらにまた、これらの反応すべては意味的類似性（あるいは対照性）によって刺激とむすびつけられている。これとおなじ刺激にたいする換喩的反応、たとえば thatch〔草ぶき屋根〕、litter〔寝わら〕、poverty〔貧乏〕などは、位置的類似性を意味的近接性と結合し対照させている。

これら二種類の結合（類似性と近接性）を双方の側面（位置的と意味的）において操作する――選択する、結合する、ランクづける――とき、一個人はその個人的文体、言語面での執着や好みを示している。

言語芸術においては、これら二つの要素の相互関係がとりわけ明白にあらわれている。この関係の研究のための豊富な材料が、（聖書の詩や、フィン族の口頭伝承、またある程度はロシアの口頭伝承などのような）隣接する詩行のあいだの義務的**平行性**を要求する韻文パターンに見いだせよう。これによって、当該の言語共同体のなかで何が対応〔correspondence〕として働いているかの客観的基準が得られる。形態レベル、語彙レベル、統語レベル、句法レベルなどのどのレベルにも、これら二つの関係（類似性と近接性）のいずれかがあらわれうる以上――しかも二つの側面のいずれかにおいて――、じつに広範な形状〔configurations〕がつくりだされうるのである。二つの引力の極のいずれかが優勢となろう。たとえば、ロシアの抒情歌では隠喩的構成が支配的であるのにたいして、英雄叙事詩では換喩的方法が支配的である。

詩では、これらの交替要素のあいだの選択を決めるさまざまな動機がある。ロマン主義や象徴主義の文学流派では隠喩的過程が優位であることは繰り返し確認されてきたが、ロマン主義の衰退と象徴主義の興隆の中間段階に属し両者に対立しているいわゆるリアリズム潮流を、下から支え支配しているのが換喩の優位であることは、まだ十分に認識されていない。近接的関係の道にそって進みながら、リアリズム作家は、プロットから雰囲気へ、登場人物から空間・時間的セッティングへと、換喩的に脇道へと逸れていく。リアリズム作家は提喩的なディテールを好む。アンナ・カレーニナが自殺するシーンでは、トルストイの芸術的関心は、ヒロインのハンドバッグに集中している。『戦争と平和』ではトルストイは、「上唇のうえの小さな口髭」や「あらわな肩」といった提喩を、こうした特徴を持つ女性の登場人物を表象するために用いている。

これら二つの過程のいずれかが交替して優位に立つのは、けっして言語芸術にかぎられたものではない。おなじような揺れは、言語以外の記号体系でも生じる。[25] 絵画史からの顕著な例は、対象が一組の提喩に変形されているキュビスムにおけるあきらかに換喩的な定位である。シュルレアリスムの画家たちは、明白に隠喩的な態度で応じた。D・W・グリフィスの作品以来、映画芸術は、アングルや遠近法、「ショット」のフォーカスを変化させる高度に発展した能力を駆使して、演劇の伝統に別れを告げ、前例のないほど多様な提喩的「クローズアップ」や換喩的「配置《セットアップ》」一般を生みだした。チャーリー・チャップリンやエイゼンシテインの映画などでは、[26] これらの手法は、今度は、「ラップディゾルブ」を用いた新奇な隠喩的「モンタージュ」——映画的直喩——に押しやられた。[27]

言語（や他の記号体系）の両極的構造と、失語症における他方の極を排除しての一方の極への固着は、体系的な比較研究を必要としている。失語症の二つのタイプにおける、これらの交替要素のいずれかの維持は、一定の文体や個人的な癖、時の流行、その他における、おなじ極の優勢と突きあわせねばならない。これらの現象を相応するタイプの失語症の症候群とともに入念に分析し比較することは、精神病理学、心理学、言語学、詩学、**記号論**（記号に関する一般科学）の専門家たちによる共同研究のための必須の課題である。ここで論じた二分法は、あらゆる言語行動および人間の行動一般にとって根本的に意義があり重要なものと思われる。(28)

いま提案した比較研究の可能性を示すために、平行性を喜劇的手法として用いているロシア民話から例を引くことにしたい——「フォマーは独身、エリョーマは未婚〔Foma xolost; Erjoma neženat〕」。ここでは、平行した二つの文節〔基本単位として主語＋述語からなるもの〕の述語が類似性によって連合している。それらは事実上、類義語である。双方の節の主語は男性の固有名詞であり、そのため形態論的に類似している。他方、それらは同一の話の二人の近接的主人公たちを指示している。この話は、同一の行為を遂行するために、またしたがって述語の類義的ペアを正当化するためにつくられている。これとおなじ構造のやや変形したものが、よく知られている結婚歌に見られ、そこでは結婚式の客のおのおのが順番に名と父称〔父親の名に接尾辞を添えた名称〕で呼ばれている——「グレープ〔名〕は独身、イヴァノヴィチ〔父称〕は未婚」。この場合の双方の主語もまた類義語であるが、二つの主語の関係は変わっている。双方とも、おなじ人物を示す固有名であり、通常は、礼儀正しい呼び方として〔「グループ・イヴァノヴィチ」というように〕近接して使われている。

民話からの引用では、平行した二つの文節が、二つの別々の事実、フォマーの結婚に関する身分とエリョーマの同様の身分に言及している。しかし、結婚歌の韻文では、二つの文節は類義的である。同一主人公を二つの言語的位格に分割して、その者の独身状態を余剰的に反復しているのである。

ロシアの小説家グレープ・イヴァノヴィチ・ウスペンスキイ（一八四三―一九〇二）は、晩年、言語障害を伴う精神病を患っていた。礼儀正しい交際では伝統的に組み合わされることになっている名と父称、グレープ・イヴァノヴィチが、かれの場合は、二つの別々の存在を示す二つの別個の名に分裂した。グレープはかれの美徳のすべてを付与されている一方、息子を父〔イヴァン〕に関連づけている名称であるイヴァノヴィチはウスペンスキイの悪徳の化身となった。こうした多重人格の言語学的側面は、患者が同一物に二つの象徴を使うことができない点にあり、したがって類似性障害ということになる。類似性障害は、換喩的性癖とむすびついている以上、ウスペンスキイが青年作家として使用していた作風の検討は、とりわけ興味深い。ウスペンスキイの文体を分析したアナトリイ・カメグロフの研究書は、われわれが理論的に予想していたものを支持している。カメグロフが証明しているところによれば、ウスペンスキイは換喩、とりわけ提喩が大好きで、ひじょうに多く使うために、「読者は、限られた言語空間のなかに詰め込まれたディテールの多さに押しつぶされ、自分の意識のなかで全体を再現することが物理的に不可能なほどであった。人物描写が読者からしばしば消えてしまうのである」(29)。

たしかに、ウスペンスキイの換喩的文体は、当時流行の文学規範、一九世紀後半の「リアリズム」にあきらかに促されてはいた。しかし、グレープ・ウスペンスキイの個人的特質が、かれのペンを、この芸術流派を極端に表現するのにふさわしいものとしていたのであり、結局、かれの精神病の言語的側面に影響を及ぼしたのであった。

　換喩的および隠喩的という二つの手法のあいだの競い合いは、個人間であれ社会においてであれ、いかなる象徴過程にも一目瞭然である。たとえば、夢の構造の研究では、決定的な問題は、象徴や使用された時間的連続が近接性（フロイトのいう換喩的「転移」と提喩的「圧縮」）にもとづいているのか、それとも類似性（フロイトのいう「同一化と象徴化」）にもとづいているのかにある。[30]魔術儀式の基礎にある原理は、フレーザーによって二つのタイプに分けられている。すなわち、類似性の法則にもとづく呪文と、近接性による連想にもとづく呪文である。交感的魔術のこれら二つの大きな枝のうち、前者は「同種療法的」魔術ないし「模倣的」魔術と呼ばれ、後者は「伝染的」魔術と呼ばれてきている。[31]この二分法はまことに啓発的である。それでもなお、二極の問題はいまだ無視されがちである。あらゆる象徴行動、とりわけ言語行動の研究、およびその障害の研究にとって、広い射程と大いなる重要性を持っているにもかかわらず。こうした無視の主たる理由はなんであろうか。

　意味の類似性は、メタ言語の象徴を、参照されている言語の象徴とむすびつける。類似性は、隠喩的な表現を、それが代置している表現とむすびつける。したがって、比喩《トロープ》を解釈するためにメタ言語を組み立てるとき、研究者は隠喩を扱うためには、より均質的手段を有しているのにたいして、換喩のほうは、異なった原理に立脚しており、解釈がむずかしい。それゆえ、隠喩関連の文献の豊富さにくらべて、[32]換喩の理論に関しては文献を挙げることがまったくできない。おなじ理由で、ロマン主義が隠喩と密接にむすびついているのは一般に認められているのにたいして、リアリズムと換喩とのおなじ程度に親密な結びつきは通常気づかれないままにある。観察者の道具のみならず、観察の対象もまた、学問において換喩よりも隠喩が優勢な状況の原因になっている。詩は記号に焦点があてられており、実用的散文は主として指示対象〔referent〕に焦点があてられているため、比喩や文彩《フィギュア》はおもに詩的手法として研究されていた。類似性の原理が詩の根底にある。詩行どうしの韻律の平行性、あるいは脚韻を踏み合う語どうしの音声面での等価性が、意味の類似性や対照性という問題をもちだすのである。たとえば、文法的な脚韻や反文法的な脚韻はあるが、失文法的な脚韻はけっして存在しない。これとは逆に、散文は本質的に近接性にもとづいて展開する。このようにして、詩にとっては隠喩、散文にとっては換喩が、もっとも抵抗の少ない道筋であり、したがって、詩的比喩の研究は主として隠喩に向けられている。これらの研究では、現実の二極性が、切断された一極図式に人工的に取りかえられてきているが、こうした図式は、失語症の二つのパターンのひとつ、すなわち近接性障害とみごとに一致している。

原注

（1） Hughlings Jackson, Papers on affections of speech (reprinted and commented by H. Head), *Brain*, XXXVIII (1915).

（2） E. Sapir, *Language* (New York, 1921), Chap. VII: "Language as a historical product; drift". 〔エドワード・

サピア『言語』安藤貞雄訳、岩波文庫、一九九八年、「第七章　歴史的所産としての言語――偏流」〕

（3）たとえば Nederlandsche Vereeniging voor Phonetische Wetenschappen の失語症に関する議論――言語学者 J. van Ginneken と二人の精神医学者 F. Grewel と V. W. D. Schenk の論文 *Psychiatrische en Neurologische Bladen*, XLV (1941), p. 1035 ff. を参照。さらには、F. Grewel, "Aphasie en linguistiek", *Nederlandsch Tijdschrift voor Geneeskunde*, XCIII (1949), p. 726 ff. も参照。

（4）A. R. Luria, *Traumatičeskaja afazija* (Moskva, 1947); Kurt Goldstein, *Language and Language Disturbances* (New York, 1948); André Ombredane, *L'aphasie et l'élaboration de la pensée explicite* (Paris, 1951).

（5）H. Myklebust, *Auditory Disorders in Children* (New York, 1954).

（6）失語症による音パターンの減少を観察し論じているものとしては、言語学者 Marguerite Durand と精神病理学者の Th. Alajouanine, A. Ombredane の共著 *Le syndrome de désintégration phonétique dans l'aphasie* (Paris, 1939) および R. Jakobson（一九三九年のブリュッセルにおける国際言語学会議に提出された第一稿――N. Trubetzkoy, *Principes de phonologie*, Paris, 1949, pp. 317-379 を参照）があげられる。この第一稿はのちに展開され、概説 "Kindersprache, Aphasie und allgemeine Lautgesetze", *Uppsala Universitets Årsskrift*, 1942:9 となった。双方とも *Selected Writings*, I, The Hague, 1962, pp. 328-401 に収録されている〔この二つの稿の日本語訳は、R・ヤーコブソン、服部四郎編・監訳『失語症と言語学』岩波書店、一九七六年に収録されている〕。

（7）ある種の文法障害の共同研究が、ボン大学クリニックにおいて、言語学者 G. Kandler、医師 F. Panse と A. Leischner によっておこなわれている。かれらの報告 *Klinische und sprachwissenschaftliche Untersuchungen zum Agrammatismus* (Stuttgart, 1952) を参照。

(8) D. M. MacKay, "In search of basic symbols", *Cybernetics, Transactions of the Eighth Conference* (New York, 1952), p. 183.

(9) Lewis Carroll, *Alice's Adventures in Wonderland*, Chapter VI.

(10) F. de Saussure, *Cours de linguistique générale*, 2nd ed. (Paris, 1922), pp. 68 f. and 170 f. 〔フェルディナン・ド・ソシュール『一般言語学講義』小林英夫訳、岩波書店、一九七二年、六三―六四頁、一七二頁〕

(11) C. S. Peirce, *Collected Papers*, II and IV (Cambridge, Mass., 1932, 1934). ――事項索引を参照。

(12) H. Head, *Aphasia and Kindred Disorders of Speech*, I (New York, 1926).

(13) L. Bloomfield, *Language* (New York, 1933), Chapter XV: "Substitution" を参照。

(14) S. Freud, *On Aphasia* (London, 1953), p. 22.

(15) F. Lotmar, "Zur Pathophysiologie der erschwerten Wortfindung bei Aphasischen", *Schweiz. Archiv für Neurologie und Psychiatrie*, XXXV (1933), p. 104.

(16) C. S. Peirce, "The icon, index and symbol", *Collected Papers*, II (1932).

(17) R. Carnap, *Meaning and Necessity* (Chicago, 1947), p. 4.

(18) A. Gvozdev のすぐれた研究――"Nabljudenija nad jazykom malen'kix detej", *Russkij jazyk v sovetskoj škole* (1929); *Usvoenie rebenkom zvukovoj storony russkogo jazyka* (Moskva, 1948); and *Formirovanie u rebenka grammatičeskogo stroja russkogo jazyka* (Moskva, 1949) を参照。

(19) "Results of the Conference of Anthropologists and Linguists", *Indiana University Publications in Anthropology and Linguistics*, VIII (1953), 15. 〔既訳あり。ロマーン・ヤーコブソン『一般言語学』みすず書房、一九七三年、三三一―三三三頁〕

(20) R. E. Hemphill and E. Stengel, "Pure word deafness", *Journal of Neurology and Psychiatry*, III (1940),

pp. 251-262.

(21) H. Jackson, "Notes on the physiology and pathology of the nervous system" (1868), *Brain*, XXXVIII (1915), pp. 65-71.

(22) H. Jackson, "On affections of speech from disease of the brain" (1879), *Brain*, XXXVIII (1915), pp. 107-129.

(23) H. Jackson, "Notes on the physiology and pathology of language" (1866), *Brain*, XXXVIII, pp. 48-58.

(24) E. Sapir, "The psychological reality of phonemes", *Selected Writings* (Berkeley and Los Angeles, 1949), p. 46 ff.〔E・サピア『音声構造の型』黒川新一訳注、大修館書店、一九五八年、二八頁〕

(25) わたしは換喩的表現に関する素描に何度か挑戦した。言語芸術では "Pro realizm u mystectvi", *Vaplite*, 2, Xarkov, 1927〔「芸術におけるリアリズムについて」(桑野隆、大石雅彦編『ロシア・アヴァンギャルド6　フォルマリズム——詩的言語論』国書刊行会、一九八八年、四九—五七頁)〕、"Randbemerkungen zur Prosa des Dichters Pasternak", *Slavische Rundschau*, VII, 1935〔「詩人Pasternakの散文に関する覚書」(川本茂雄編『ローマン・ヤーコブソン選集3』大修館書店、一九八五年、四九—六七頁)〕、絵画では "Futurizm", *Iskusstvo*, Avgust 2, 1919〔「未来主義」同書、五—一一頁〕、映画では "Úpadek filmu?", *Listy pro umění a kritiku*, I, 1933〔「映画は衰退しているのだろうか」(大石雅彦、田中陽編『ロシア・アヴァンギャルド3　キノ——映像言語の創造』国書刊行会、一九九四年、四七一—四八一頁)〕。しかし、二極の過程の中心的な問題は、詳細な研究がまだなされないままにある。

(26) Èjzenštejn の魅力的なエッセイ "Dikens, Griffit i my", Sergej Èjzenštejn, *Izbrannye stat'i* (Moskva, 1950) s. 153 i sl. を参照。

(27) B. Balazs, *Theory of the Film* (London, 1952) を参照。

(28) 二分法の心理学的側面と社会学的側面については、「進行的」および「選択的統合」に関する Bateson の見解や、幼児の発達における「接合・離接」に関する Parsons の見解を参照。J. Ruesch and G. Bateson, *Communication, the Social Matrix of Psychiatry* (New York, 1951), pp. 183 ff.; T. Parsons and R. F. Bales, *Family, Socialization and Interaction Process* (Glencoe, 1955), pp. 119 ff.

(29) A. Kamegulov, *Stil' Gleba Uspenskogo* (Leningrad, 1930), s. 65, s. 145. この本のなかで引用されている、そういった分解してしまった肖像のひとつに、以下のようなものがある。「ひさしに黒い沁みがある古びた麦藁帽の下から、イノシシの牙に似た髪の房は二本のぞいていた。脂肪がつき垂れ下がった顎は、キャラコの胸当ての汗ばんだ襟にすっかりかぶさり、首のあたりでボタンをかけた帆布のマントの粗末な襟の上に厚い層をなして横たわっていた。このマントの下からは、あぶら性の指にくいこんだ指輪をつけたどっしりとした手、銅製の握りの杖、大きく突きでた腹、ほとんどモスリン製のようなとても幅広いズボンでその幅広い裾のなかに長靴のつま先が隠れている状態が、観察者には見えていた」。

(30) S. Freud, *Die Traumdeutung*, 9h ed. (Vienna, 1950).

(31) J. G. Frazer, *The Golden Bough: A Study in Magic and Religion*, part I, 3rd ed. (Vienna, 1950), Chapter III.

(32) C. F. P. Stutterheim, *Het begrip metaphoor* (Amsterdam, 1941).

訳注

〔1〕「含意の法則」とも呼ばれる。ヤコブソンは種々の論文でこの用語を使っている。たとえば、「Aphasia as a linguistic topic」(一九五五)には、以下のような箇所がある。

「もし幼児言語において一定の現象Bの習得が現象Aの習得を含容することが見られるならば、失語症におけるAの喪失はBの喪失を含容している一方、失語症患者の回復は幼児の場合とおなじ方向に進行する――Bの再習得はAの回復状態を含容する――ということが発見されよう。したがって、もし世界の諸言語におけるこれらの要素の分布を検討するなら、現象Bの存在は現象Aの存在を含容し、Aの不在はBの不在を含容するということが、認められよう」（Roman Jakobson, *Selected Writings*, II, Mouton, 1971, p. 232）。

「含容の法則」は、論理公式の定式化のひとつで、「1 もしaがあれば、bもある」、「2 もしaがあれば、b、c、dが可能である」、「3 aがあれば、bはない」、「4 もしaがなければ、bもない」というように規定されている。

〔2〕言語の最小単位を音素とみなす立場もあるが、ある時期からヤコブソンは、音素は言語の最小単位ではなく、各音素は弁別素性の束からできていると考えている。

〔3〕「結合関係は顕在である。それは実効のある系列のうちにひとしく現前する二個以上の辞項にもとづく。これに反して、連合関係は陰在的記憶系列のうちに潜在する辞項をつなぐ」（前掲、ソシュール『一般言語学講義』一七三頁）。

〔4〕パースはつぎのように述べている。

弁別素性一覧（英語の場合）

	o	æ	e	u	ə	i	l	ŋ	ʃ	ʧ	k	ʒ	ʤ	g	m	f	p	v	b	n	s	θ	t	z	ð	d	h	#
母音性／非母音性	+	+	+	+	+	+	+	−	−	−	−	−	−	−	−	−	−	−	−	−	−	−	−	−	−	−	−	−
子音性／非子音性	−	−	−	−	−	−	+	+	+	+	+	+	+	+	+	+	+	+	+	+	+	+	+	+	+	+	−	−
密音性／散音性	+	+	+	−	−	−		+	+	+	+	+	+	+	−	−	−	−	−	−	−	−	−	−	−	−		
重音性／鋭音性	+	+	−	+	+	−									+	+	+	+	+	−	−	−	−	−	−	−		
変音性／非変音性	+	−		+	−																							
鼻音性／口音性								+	−	−	−	−	−	−	+	−	−	−	−	+	−	−	−	−	−	−		
張り性／弛み性									+	+	+	−	−	−		+	+	−	−		+	+	+	−	−	−	+	−
継続性／中断性									+	−	−	+	−	−		+	−	+	−		+	+	−	+	+	−		
粗擦性／円熟性										+	−		+	−							+	−		+	−			

たとえば音素pは、非母音性、子音性、散音性、重音性、口音性、張り性、中断性という弁別素性からなっている。音素tも、おなじく七つの弁別素性からなっているが、重音性ではなく鋭音性を持っている点でのみ、音素pと異なっている。

「記号あるいは表意体とは、ある人にとって、ある観点もしくはある能力において何かの代わりをするものである。記号はだれかに話しかける、つまりその人の心の中に、等値な記号、あるいはさらに発展した記号を作り出す。もとの記号が作り出すその記号のことを私は、始めの記号の解釈項と呼ぶことにする」(『パース著作集2　記号学』内田種臣訳、勁草書房、一九八六年、二頁)。

「記号は対象と解釈項を持っており、解釈項というのは、解釈者という疑似的な心の中で、記号がその心をある情態とか活動とか記号へと規定することによって作り出すものであり、この規定作用が解釈項である」(同書、一三五頁)。

〔5〕　日本語では「ン」に該当する[m, n, ŋ, N]などが、それぞれ両唇音の前のみ([m])、歯音および歯茎音の前のみ([n])、軟口蓋音の前のみ([ŋ])、語末のみ([N])というように、互いに異なる環境にあらわれるところから、これらを同一の音素/N/に属する異音とみなす。このようなケースを「相補(的)分布」と呼ぶ。

〔6〕　たとえばロシア語の女性名詞 studentka は「女性の大学生」のみを表わすのにたいして、男性名詞 student は「男性の学生」か「女性の学生」かを示さず、学生一般に用いられる。このような場合、studentka は有標であり、student は無標であると言う。

4　言語学と詩学

幸いなことに、学問的な会議と政治的な会議のあいだには何らの共通点もない。政治的な会合の成否は、参加者の大多数ないし全員が一致するか否かにかかっている。これにたいし、学問的な議論には投票や拒否権の使用は無縁であり、通常ここでは一致よりも不一致のほうが実り多いものとなる。意見の不一致は、議論中の分野における二律背反や緊張をあかるみに出し、新たな探究を要請する。学術的会合と似ているのは政治的な会議ではなく、むしろ南極での探検活動であろう。世界各地から集まったさまざまな学問の専門家たちが、未知の領域の地図を書き、克服不可能に思われる峰や絶壁のような、研究者にとって厄介きわまりない障害物のありかを探り出そうとするのである。このような地図作成こそ、われわれの会議の主たる課題であったものと思われる。そして、この点では、かなり成功を収めたと言えよう。われわれは、いかなる問題がもっとも重要であり、もっとも議論の余地があるかを、しかと理解したのではなかろうか。また、分野ごとの専門用語を使用している人びとのあいだで誤解を避けるために、いかにしてわれわれのコードを切り替えるべきか、どのような術語を擁護したりあるいは排斥すらすべきかを、学んだのではなかろうか。このような問題が、この会議の参加者たちの全員とまでは言わないものの大多数にとって、三日まえよりも幾分かあきらかになったものと、信じたい。

　わたしは、言語学との関係からみた詩学について要約を述べるよう求められている。詩学が第一に扱うのは、何によって言語メッセージは芸術作品となるのかという問題である。詩学の主要なテーマは、ほかの芸術との関係やほかの種類の言語行動との関係から見た、言語芸術の種差〔differentia specifica〕にある。それゆえ、詩学には、文学研究における主導的位置を占める資格が与えられている。

　詩学は、絵画の分析が絵画の構造を扱うのとまったくおなじように、言語構造の問題を扱う。言語学は言語構造全般に関する学である以上、詩学は言語学の必須の一部門であるとみなせよう。

　このような主張に反対してうちだされている論点は、綿密に検討されねばならない。まず第一に、詩学が研究している手法の多くが言語芸術に限られるものでないことは、あきらかである。たとえば、『嵐が丘』を映画化したり、中世の伝説をフレスコ画や細密画に、『牧神の午後』〔マラルメ『半獣神の午後』〕を音楽やバレエ、絵画に置きかえることも可能であろう。『イリアス』や『オデュッセイア』を続き漫画《コミックス》化しようという着想がいかにばかげたものに見えようとも、それらのプロットの一定の構造的特徴は、言葉の形状は消滅しているにもかかわらず、維持されている。ブレイクは『神曲』にたいする完璧な挿絵家であると主張するW・B・イェイツ〔『ウィリアム・ブレイクと「神曲」の挿画』一八九七〕は正しかったのかどうかという問いは、種々の芸術が比較可能であることを証明している。バロックあるいはその他のどの歴史的様式の問題も、ひとつの芸術の枠を超えているのである。シュルレアリストの隠喩を扱うとき、われわれはマックス・エルンストの絵画やルイス・ブニュエルの映画『アンダルシアの犬』、『黄金時代』を素通りすることはまずできないであろう。要するに、詩的特徴の多くは、言語科学に属するだけでなく、記号に関する理論全体、すなわち一般記号論にも属している。ちなみに、こうした主張は、言語芸術にたいしてだけではなく、言語のあらゆる異種にたいしても当てはまる。言語は、ほかのいくつかの記号体系と共通する、あるいはすべての記号体系とすらも共通する特質（汎記号論的特徴）を、数多く有しているのである。

これと同様、二つ目の反論も、文学にのみ属するようなものは何ひとつ含んでいない。言葉と世界との関係という問題は、言語芸術だけでなく、実際にはあらゆる種類の言説に関係しているのである。言語学は、言説〔discourse〕と「言説世界〔universe of discourse〕[1]」との関係をめぐるありとあらゆる問題を探究することであろう。たとえば、この世界のどの要素がその言説のなかで言語化されているのか、またどのように言語化されているのか、といったようなことである。しかし、真理値〔ある命題について、命題の内容が真であるかどうかを表わす値のこと〕は、論理学者の用語で言えば「言語外の実体〔extralinguistic entities〕」である以上、あきらかに、詩学や言語学一般の枠を超えている。

詩学は言語学とちがって評価にたずさわっている、と言われることがある。二つの分野のこのような分離は、詩の構造とその他のタイプの言語構造とのコントラストに関する、流布してはいるが間違っている解釈にもとづいている。詩以外の言語構造は、その「偶然的」であらかじめ意図されていない性格によって、詩的言語の「非偶然的」で意図的な詩的言語と対立している、と言われている。じつは、いかなる言語行動もなんらかの目標に向けられているのだが、ただ目的がさまざまに異なっているだけなのである。使用される手段と目ざされている効果とのあいだの一致は、さまざまな種類の言語コミュニケーションを研究している者たちの関心を引きつけてやまない。時間と空間における言語現象の広がりと、文学上のモデルの空間・時間的な広がりとのあいだには、密接な対応関係、それも批評家が思っているよりもはるかに密接な対応関係が存在している。無視されていたり忘れ去られていた詩人の復活のような非連続的な広がり――たとえばエミリー・ディキンソン（一八八六年没）やジェラード・マンリー・ホプキンズ（一八八九年没）の死後の発見とそれにつづく偶像化、シュルレアリスム詩人たちのあいだでのロートレアモン（一八七〇年没）の遅まきの名声、いままで無視されていたツィプリアン・ノルヴィト（一八八三年没）の現代ポーランド詩への顕著な影響――このような非連続的な広がりでさえ、標準語の歴史のなかにも類似現象を見いだしている。標準語においては、長いこと忘れ去られていた旧式のモデルが甦ることがある。たとえばチェコ文語では、一九世紀初頭近くに一六世紀のモデルが広まりはじめた。

不幸にして、「文学研究〔literary studies〕」と「批評〔criticism〕」が術語面で混同されているため、文学研究者は、文学作品の内在的価値の記述を、主観的で口やかましい裁断に取りかえがちである。「文学批評家」というレッテルは、「文法批評家」（あるいは「語彙批評家」）が言語学者に合わないのと同様、文学研究者に合わない。統語論研究や形態論研究を規範文法に取りかえることはできないのであり、これとおなじように、創作にたいする批評家独自の嗜好や意見を忍びこませたいかなる声明書も、言語芸術の客観的な科学的分析の代わりをすることはできない。こう述べたからと言って、レッセ・フェールのような静観主義を唱えているものと誤解しないでいただきたい。いかなる言語文化にも、企図し、計画を立て、規範を定めるような努力が伴っているのである。それにしても、なにゆえに、理論言語学と応用言語学、あるいは音声学と正音法を画然と区別しながら、文学研究と批評を画然と区別しないのであろうか。

詩学を中心とする文学研究は、言語学とおなじく、共時態と通時態という二組の問題からなっている。共時的記述は、当該の時期の文学作品だけでなく、文学的伝統のうち、その時期に生命力を保っていたり復活してきている部分をも考察する。たとえば、一方ではシェイクスピア、他方ではダン、マーヴェル、キーツ、エミリー・ディキンソンは、今日の英詩の世界に生きている。しかるに、ジェームズ・トムソンやロングフェローの作品は、当面のところ、生存可能な芸術的価値に含まれていない。新しい潮流による古典作家の選択や再解釈は、共時的文学研究の重要な問題である。共時的言語学とおなじく、共時的詩学を静態と混同すべきではない。いかなる時期にも、古めかしい形式と革新的形式との区別がある。現在のいかなる状態も、時間の動態のなかで体験されている。他方、詩学と言語学のいずれにおいても、歴史的アプローチは、変化だけでなく継続的で永続している静的な要因も扱う。完全に包括的な歴史詩学や言語史は、一連の継起的な共時的記述の上に立脚した構造なのである。

詩学を言語学から切り離しておこうという主張が正当化されるのは、言語学の範囲が不当に制限されているような場合のみである。たとえば、一部の言語学者のように、文を分析可能な上限の構文であるとみなしたり、あるいはまた、言語学の範囲を文法にのみ限定していたり、意味と関係なくもっぱら外的形式の問題にのみ限定したり、自由変異をまったく考慮しないままに〔安定した非主観的〕外示的手段〔denotative devices〕の目録に還元しているような場合である。ヴォーグリンは、構造言語学が直面しているきわめて重要で相互に関連している二つの問題を、明確に指摘した。すなわち、「言語を一枚岩的なものとみなす仮説」の修正と、「一言語内部の種々の構造の相互依存」への関心である。(1) なるほど、いかなる言語共同体、いかなる話し手にとっても、言語という統一体が存在する。しかし、この総合的コードは、相互に連関している諸々の下位コードからなる体系をなしている。どの言語も、いくつかの併存するパターンを包含しており、そのおのおののパターンが相異なる機能を有している。

一般的に言って「観念形成作用が主権をにぎっており……〔意志や感情は、明白に二次的な要因として参与する〕(2)」とするサピアの見解には、むろんわれわれは同意せざるをえないものの、だからといって、言語学は「二次的要因」を無視してよいということにはならない。ことばの主情的〔emotive〕要素は、ジョーズが信じがちなところによるならば、「有限数の一定のカテゴリーによっては」記述されえないものであり、「現実世界の言語外的要素」である。したがって、「それらはわれわれにとって、曖昧で変幻自在で変わりやすい現象であり、われわれとしてはそれらをわれわれの科学の内に許容することを断る」と、ジョーズは結論づけている。(3) ジョーズは、まことに切り捨て実験の大家であり、主情的要素を「言語科学」から「追放」せよとのかれの強烈な要求は、急進的な簡略化実験——行き過ぎ〔reductio ad absurdum〕——となっている。

＊

言語は、多様な機能のすべてにわたって研究されるべきである。われわれは、詩的機能の検討に移るまえに、言語の諸機能のなかで詩的機能が占める位置をあきらかにしておかねばならない。これらの機能の輪郭を描くためには、あらゆる発話事象、あらゆる言語コミュニケーション行為に含まれている構成要因を概観しておく必要がある。**送り手**〔addresser〕は**受け手**〔addressee〕に**メッセージ**〔message〕を送る。メッセージが効果をもたらすためには、言及される**コンテクスト**〔context〕（いささか曖昧な別の術語でいえば「指示対象〔referent〕」）が必要である。コンテクストは、受け手が理解できるものでなければならず、言語的であるか、言語化を可能とするものでなければならない。送り手と受け手（言い換えれば、メッセージをコード化する者とコード解読する者）に全面的に共通する、あるいは部分的にでも共通する**コード**〔code〕も、必要である。そして最後に、**接触**〔contact〕、すなわち送り手と受け手のあいだの物理的回路や心理的つながりも欠かせない。これが、送り手と受け手の両者がコミュニケーションを開始したり、つづけることを可能にしている。言語コミュニケーションに不可欠なこれらすべての要因は、上図のようにまとめられよう。

コンテクスト
メッセージ
送り手……………………………………受け手
接触
コード

これら六つの要因のそれぞれに、独自の言語機能が対応している。われわれは言語の六つの基本的な側面を区別しているものの、ひとつの機能しか果たさないような言語メッセージを見いだせるようなことはまずないであろう。メッセージ間の相違は、これらの機能のうちのどれかが独占的にあらわれることではなく、機能どうしのさまざまな階層的順位にある。メッセージの言語構造は、まず第一に、支配的な機能に依存している。ただし、指示対象への志向（*Einstellung*）、**コンテクスト**への定位――手短にいえば、いわゆる**指示的**〔referential〕、外示的〔denotative〕、認知的〔cognitive〕機能――が、数多くのメッセージの主たる役目であるものの、慧眼な言語学者はこのようなメッセージにほかの機能も付随的に加わっていることを見逃すべきでない。

送り手に焦点を合わせた、いわゆる**主情的**〔emotive〕ないし「表出的〔expressive〕」機能は、話し手が話の内容にたいしてとっている態度をじかに表現することを目的としている。この機能は、ほんものであれ見せかけであれ一定の主情〔emotion〕を印象づけようとしがちである。それゆえ、A・マルティが導入し提唱した「主情的」という術語のほうが、(4)「感情的〔emotional〕」よりも好ましいものと思われる。言語の純粋に主情的な層をなしているのは、間投詞である。間投詞は、その音パターン（特殊な音連続や、さらにはほかの場合ならまれにしかないような音すら存在する）だけでなく、統語上の役割（間投詞は文の成分ではなく文の等価物である）においても、指示的な言語の手段とは異なっている。「「チェッ、チェッ」とマッギンティは言った」――コナン・ドイル〔『恐怖の谷』〕の登場人物によるこの完結した発話は、二つの呼気舌打音からなっている。間投詞において鮮明になる主情的機能は、音、文法、語彙のレベルで、われわれの発話のすべてに一定程度伴っている。言語をそれが伝えている情報の観点から分析するのであれば、われわれは情報という概念を言語の認知的側面にのみ限定することはできない。ひとは、怒りや皮肉を示そうとして表出的特徴を利用しているとき、あきらかに情報を伝えているのであり、当然のことながら、こうした言語行動は、（チャットマンの大胆な直喩にもかかわらず）「グレープフルーツを食べること」のような栄養摂取にかかわる活動、すなわち非記号的な活動になぞらえることはできない。［bɪg］〔大きい〕と、強調して母音を延ばした［bɪ:g］との違いは、［vi:］「あなた」と［vi:］「知っている」のようなチェコ語の対における短母音と長母音との違いとまったくおなじように、慣習的なコード化された言語的特徴であるが、後者の対では相違は音素的〔意味の違いをもたらすもの〕であり、前者の対では主情的なものになっている。われわれが音素面での不変要素に関心をいだいているかぎりにおいては、英語の［i］と［i:］は同一音素のたんなる可変要素でしかないが、われわれが主情的単位に関心をいだいているならば、不変要素と可変要素のあいだの関係は逆転する。すなわち、長と短は、可変音素によって実現される不変要素〔情報の異なる二つの要素〕であるということになる。主情的な差異は言語外的なものであり、主情的差異は「メッセージそのものにではなく、メッセージの伝達方法にある」とするS・サポータの見解は、(5) メッセージの情報容量を恣意的に減少させてしまっている。

スタニスラフスキイのモスクワ芸術座の或る元俳優がわたしに語ったところによれば、オーディションの際にこの有名な演出家は、かれにたいして、表出的ニュアンスを変えることによってSegodnja večerom〔今晩、今夜〕という句から四〇種の相異なるメッセージをつくるよう求めた。

この俳優は感情を表わす四〇種あまりの場面のリストをつくったあと、それらの場面のそれぞれに合わせてこの句を発した。聞いている者たちは、どのような状況について語られているのかを、これらの二語の音の調子の変化からのみ理解しなければならなかった。この俳優は、（ロックフェラー財団の援助のもとでの）現代ロシア標準語の記述と分析に関するわれわれの研究のために、スタニスラフスキイのテストを再現するよう求められた。かれは、前記の省略文 Segodnja večerom にかかわる五〇種ほどの場面を書き留め、相応する五〇種のメッセージを録音した。それらのメッセージの大部分は、モスクワ出身の聴き手たちによって正確に、詳細にコード解読された。ちなみに、このような主情的信号《キュー》のすべては容易に言語学的に分析できる。

受け手への定位、**動能的**〔conative〕機能は、もっとも純粋な文法的表現が呼格や命令法に見られる。これらは、統語論、形態論の面で、あるいはしばしば音韻論の面でさえも、他の名詞的カテゴリーや動詞的カテゴリーから逸脱している。命令文は、平叙文とは根本的に異なっている。平叙文は真のものか偽りのものかということがありうるが、命令文にはそれはない。オニールの戯曲『泉』のなかでネイノーは（厳しい命令口調で）「飲みなさい！」と言うが、われわれは「それはほんとうなのか、そうでないのか」とたずねることができない。しかし、「あるひとは飲んだ」、「あるひとは飲むだろう」、「あるひとは飲むはずだ」などの文のあとでは、たずねてもおそらく何らおかしくはないであろう。命令文とはちがって、平叙文は、「あるひとは飲んだのか」、「あるひとは飲むだろうか」、「あるひとは飲むはずであろうか」などと、疑問文に変えることができる。

伝統的な言語モデル、とりわけビューラーが明確化した言語モデルでは、[6]これら三つの機能——主情的機能、動能的機能、指示的機能——と、このモデルの三つの頂点——送り手たる一人称と、受け手たる二人称、厳密な意味での「三人称」（話題になっている誰かや何か）——に限られていた。この三つ組のモデルからは、さらにいくつかの付加的な言語機能を容易に推定することができる。たとえば、呪術的、呪文的機能は、もっぱら、不在ないし無生物の「三人称」を動能的メッセージの受け手に転換したかのようなものである。「このものもらいが消えますように、ちゅっ、ちゅっ、ちゅっ、ちゅっ、ちゅっ！」（リトアニアの呪文）[7]。「水よ、女王たる川よ、朝焼けよ！灰色の石が海の底から二度と浮かび上がらないのとおなじように、悲しみを青い海のかなたへ、海の底へ運び去るように。悲しみが神の僕《しもべ》の軽やかな心を二度と重くしませんように。悲しみが離れ、底に沈んでいきますように」（ロシア北部地方の呪文）[8]。「日よ、ギベオンの上にとどまれ、月よ、アヤロンの谷にやすらえ。……日はとどまり、月は動かなかった……」（『ヨシュア記』一〇、一二―一三）。しかしわれわれは、言語コミュニケーションを構成するさらに三つの要因とそれらに対応する三つの言語機能に注目したい。

　コミュニケーションを開始したり継続したり打ち切ったり、あるいは回路が作動しているかどうかを調べたり（「もしもし、聞こえますか」）、話し相手の関心を引いたり、話し相手が注意深く聞いていることを確認したりすること（「聞いていますか？」とか、シェイクスピアの台詞「Lend me your ears〔耳を貸せ〕」、あるいは電話の向こうでの「もし、もし」）を主たる役目としているメッセージが、存在する。**接触**へのこうした定位〔set〕、あるいはマリノフスキの用語でいえば**交話**

的〔phatic〕機能[9]は、儀礼的な決まり文句のおびただしい交換や、コミュニケーションの引き延ばしだけを目的としている対話などにあらわれる。ドロシー・パーカーの作品〔『とうとう二人になれたね』〕には格好の例が見られる。「さて」と若者は言った。「さて」と彼女も言った。「さて、やったね」とかれは言った。「ええ、やったわ。そうよね?」と彼女は言った。「ああ、やった。やっとやったね」とかれは言った。「そうね」と彼女は言った。「そうさ」とかれは言った。コミュニケーションを開始し維持しようとする努力は、ひとをまねてしゃべる鳥に特徴的なものである。したがって、言語の交話的機能は、鳥が人間と共有する唯一の機能なのである。これは、幼児が獲得する最初の機能でもある。幼児は、情報を伝えるための通信を送ったり受け取ることができるようになるまえに、コミュニケーションをはかろうとする傾向にある。

現代の論理学では、対象について語る「対象言語〔object language〕」と言語について語る「メタ言語〔metalanguage〕」という、言語の二つのレベルが区別されてきている[10]。しかし、メタ言語は、論理学者や言語学者が利用する必須の専門的ツールであるだけではない。メタ言語は、われわれの日常言語においても重要な役割を果たしているのである。散文でしゃべりながらもそのことに気づいていない、モリエール描くジュルダンのように〔『町人貴族』〕、われわれも、メタ言語を利用しつつも、われわれの操作のメタ言語的性格を十分に理解していない。送り手および・または受け手が、自分たちがおなじコードを利用しているかどうかを確かめる必要があるときにはいつも、ことばは**コード**に焦点が当てられている。すなわち、ことばは**メタ言語的**機能（つまり注解的機能）を果たしていることになる。「よくわかりません。どういう意味でしょうか」と受け手がたずねたり、あるいはシェイクスピアふうに「What is't thou say'st?〔はて、その心は〕」とたずねる。また、送り手は、このような聞き返しを見越して、「おわかりですか、どういう意味なのか」と問う。つぎのようないらいらさせる対話を想像していただきたい。「あの二回生は落第したんだ〔The sophomore was plucked〕」。「でも、落第した〔plucked〕ってなに?」。「落第したというのは、留年した〔flunked〕というのとおなじなんだ」。「留年した〔flunked〕というのは?」、「留年する〔to be flunked〕というのは、試験に失敗する〔to fail an exam〕ということだ」。「で、二回生〔sophomore〕というのは?」と、学生用語を知らない質問者はしつこくいさがる。「二回生〔a sophomore〕というのは、二年目の学生〔second-year student〕(という意味)だ」。これらすべての等式文は、英語の語彙的コードに関する情報のみを担っている。すなわち、それらの機能は厳密にメタ言語的なものとなっている。言語を学ぶあらゆる過程で、とりわけ幼児が母語を獲得する場合には、このようなメタ言語的操作が広く利用される。そして、失語症は、メタ言語的操作の能力の喪失とみなしうることがよくある。

以上で、言語コミュニケーションに含まれている六つの要因のうち、メッセージそのもの以外は取りあげた。**メッセージ**それ自体への志向(*Einstellung*)、メッセージそのもののためにのみメッセージに焦点を合わせるのは、言語の**詩的**〔poetic〕機能である。この機能を、言語の一般問題から切り離して研究しても、成果は望めない。他方、言語の精密な探究は、詩的機能の徹底的な考察を必要としている。詩的機能の範囲を詩に限定したり、詩を詩的機能に限定しようとするいかなる試みも、妄想的な過度の単純化となろう。詩的機能は、言語芸術の唯一の機能ではなく、全体を左右する支配的《ドミナント》な機能であるにすぎない。他方、ほかの種類のすべての言語活動にあっては、詩的機能は二次的、補助的構成要素として働く。この機能は、記号の手触りを強めることによって、記号と対象のあいだの根本的な二分状態を深める。したがって、詩的機能に取り組む際には、言語学者は詩の分野に限定することはできない。

「なぜいつも「John and Margery〔ジョンとマージョリー〕」と言って「Margery and John〔マージョリーとジョン〕」とは一度も言わないの？　双子のうちでジョンのほうが好きなの？」。「全然。ただこのほうが響きが快いだけ」。二つの名前を等位結合した場合は、身分の上下の問題がからんでこないかぎり、短い名前を先においたほうが、話し手には、自分でも説明ができないものの、メッセージにとって並びがいいように思えるのである。

ある少女は、「the horrible Harry〔あの身の毛のよだつハリー〕」とよく言っていた。「なぜhorrible〔身の毛のよだつ〕なの」。「わたし、かれが嫌いだから」。「でも、dreadful, terrible, frightful, disgusting じゃ、なぜだめなの」。「なぜだかはわからないけど、horrible のほうがかれにぴったりなのよ」。彼女は、自覚なしに、類音法〔paronomasia〕という詩的手法にこだわっていたのである。

「I like Ike〔わたしはアイク〔アイゼンハワー〕が好きだ〕/ay layk ayk/」という簡潔な構造の〔大統領選挙の〕政治スローガンは、三つの単音節語からなっており、二重母音 /ay/ を三つ持ち、それらのおのおのにはひとつの子音音素 /...l...k...k/ がシンメトリカルにつづいている。三つの語の組み立ては相異なっており、最初の語では子音音素はまったくなく、二番目の語では二重母音をはさんで二つの子音音素があり、三番目の語では最後にひとつ子音音素がある。おなじような支配的核音 /ay/ がキーツのソネットのいくつかに見られることが、ハイムズによって指摘されている。[11] 三音節からなる文句の双方の半行《コーロン》 I like / Ike は、たがいに脚韻〔rhyme〕を踏んでおり、脚韻を踏んでいる二語のうち二番目の語は最初の語に完全に包み込まれており（こだま式脚韻〔echo rhyme〕/layk/ ― /ayk/）、最初の語は対象を全面的に包んでいるという感情の類音法的イメージになっている。双方の半行とも、たがいに頭韻を踏んでおり、頭韻を踏んでいる二語のうちの最初のものは二番目のものに包まれており /ay/ ― /ayk/、愛されている対象によって包まれている愛する主体という類音法的イメージになっている。この政治キャンペーン・スローガンが持つ第二の機能である詩的機能が、印象と効果を強めているのである。

指示的

主情的　　詩的　　動能的

交話的

メタ言語的

すでに述べたように、詩的機能の言語学的研究は詩の枠を踏み越えねばならず、他方では、詩の言語学的探究は詩的機能にのみ限定することはできない。種々の詩的ジャンルの特性には、支配的である詩的機能とならんで、他の言語機能もさまざまに階層づけられたかたちで加わっている。三人称に焦点を当てている叙事詩は言語の指示的機能と緊密にかかわっており、一人称に定位している抒情詩は主情的機能と密接にむすびついている。二人称の詩は動能的機能に満ちており、一人称が二人称に従属しているか二人称が一人称に従属しているかしだいで、懇願調あるいは勧告調になる。

言語コミュニケーションの六つの基本的機能にひととおり目をとおしたいま、われわれは、基本的要因からなるわれわれの図式を、相応する機能図式でもって補うことができる。

*

経験によって立証できるような、詩的機能の言語学的基準とは、いったいいかなるものであろうか。とりわけ、あらゆる詩的作品に内在する不可欠な特徴とはいかなるものであろうか。この問いに答えるためには、言語行動において使用されている二つの基本的な配列方式を思い起こさねばならない。それは選択〔selection〕と結合〔combination〕である。もし「child〔小児〕」がメッセージの話題《トピック》だとすると、話し手は、現存する多かれ少なかれ類似したchild、kid、youngster、totのような、ある点でたがいに等価な名詞のなかから、ひとつを選択し、そのあと、この話題について何か述べるために、話し手は意味の面で同種の動詞――sleeps、dozes、nods、naps――からひとつを選択する可能性がある。選択された双方の語は結合されて発話連鎖〔speech chain〕となる。選択は、等価性〔equivalence〕、類似性と相違、類義性と反義性などにもとづいておこなわれるのにたいし、連鎖〔sequence.「序列」、「継起」、「記号列」、「連続」と訳されることもある〕をつくりあげる結合のほうは、近接〔contiguity〕にもとづいている。詩的機能は、等価性の原理を、選択の軸から結合の軸へ投影する。等価性は、連鎖を構成する手法へと高められる。詩では、ある音節は、おなじ連鎖のどの別の音節とも等価になる。ある語強勢は別の語強勢と等価とみなされ、ある無強勢は別の無強勢と等価とみなされる。ある長音は別の長音と、ある短音は別の短音と対等視される。ある語境界は別の語境界と等価になり、ある語境界の欠如は別の語境界の欠如と等価になる。ある統語上の休止は別の統語上の休止と等価になり、ある休止の欠如は別の休止の欠如と等価になる。音節は、格調〔measures.「詩脚」、「（詩の）韻律」とも訳される〕の単位に転換される。モーラや強勢も同様である。

メタ言語も、類義的表現を結合した等式文 A＝A（Mare is the female of the horse）のような場合、連鎖をつくるのに等価的単位を利用しているではないか、との反論があるかもしれない。しかし、詩とメタ言語はたがいに正反対なのである。メタ言語では連鎖が等式をつくるために用いられるのにたいして、詩では等式が連鎖をつくるために用いられる。

詩においては、そしてある程度は詩的機能の潜在的あらわれにおいても、語境界によって区切られた連鎖は、それらが等時的と感じられるにせよ、漸層的であると感じられるにせよ、同一単位で計れるものとなる。「ジョンとマージョリー」は、音節漸層法〔syllable gradation〕という詩的原理をわれわれに見せているが、このおなじ原理がセルビアの民族叙事詩の結句では義務的規則にまでなっている。[12] また、*innocent bystander*〔罪のない局外者〕という結合は、その二つの強弱弱格がなかったならば、まず常套語句にならなかったであろう。語頭におなじ子音を持つ三つの二音節動詞の均斉は、勝利を伝えるカエサルの簡潔なメッセージ「Veni, vidi, vici〔来た、見た、勝った〕」をいっそう輝かせている。

連鎖の格調〔measure of sequence〕は、詩的機能以外では、言語で使用されていない手法である。等価的な単位が規則的に反復される詩においてのみ、ことばが流れる時間が体験される――他の記号パターンを引き合いに出すならば、音楽における時間と似ていよう。詩的言語に関する学の傑出した探究者ジェラルド・マンリー・ホプキンズは、韻文を「おなじ音文彩〔figure of sound〕を完全あるいは部分的に反復することば」と定義づけている。(13) それにつづくホプキンズの問い――「とはいえ、どの韻文も詩であるのか」には、詩的機能を詩の領域に恣意的に限るようなことをやめさえすれば、明確な答えが与えられよう。(「Thirty days hath September〔三〇日は九月〕」のような）ホプキンズが引用している暗記用の文句や、現代の広告に見られるジングルズ〔おなじ音・語句の繰り返し〕、ロッツが指摘している韻文形式の中世の法律、(14) さらにはインドの伝統で真の詩（kāvya）と厳密に区別されていた韻文形式のサンスクリットの学問的著作――韻律〔metre〕を用いたこれらすべてのテクストは、詩的機能を使用しているものの、詩的機能にたいして、この機能が詩において果たしているような強制的、決定的な役割は添えられていない。このようにして、韻文は、事実上詩の枠を超え出ているものの、同時にまた必ず詩的機能を前提にしてもいる。どうやら人間のいかなる文化も韻文なしではすまないようだが、「応用」韻文を持たない文化様式は数多く存在している。また、純粋韻文も応用韻文も持っているような文化においてさえも、応用韻文は二次的で、あきらかに派生的な現象となっている。なんらかの異質の目的のために詩的手段を利用したとしても、詩的手段の一義的な本質は隠れはしない。それは、主情的言語の要素が、詩のなかで使用されていても、主情的ニュアンスを保っているのとまったく同様である。議事妨害者が、「ハイアワサの歌」〔一八五五年に発表されたヘンリー・ワーズワース・ロングフェローの叙事詩〕を、この叙事詩が長いがゆえに吟誦することもありうるが、それでも、詩的であるということがこのテクスト自体の主要な内容であることに変わりない。自明のことではあるが、韻文や音楽、絵などを用いたコマーシャルの存在は、韻文や音楽的形式、絵画的形式の問題を、詩や音楽、美術の研究から切り離しはしない。

要約するならば、韻文の分析は全面的に詩学の権限下にあり、そして詩学は言語学の一分野であって、そこでは詩的機能を言語の他の諸機能との関係のなかで扱う、と定義できよう。より広義での詩学は、詩的機能が言語の他の諸機能より上位におかれている詩においてだけでなく、詩の外部で他のなんらかの機能が詩的機能よりも上位におかれているような場合にも、詩的機能を扱う。

＊

ホプキンズが韻文の構成原理とみなしていた、反復される「音文彩」は、さらに明確なものにすることができよう。このような文彩は、種々の音素列がつくりあげる、相対的に高いプロミネンス〔prominence.「卓立」、「際立ち」とも訳される〕と相対的に低いプロミネンスとのあいだの二項コントラストを、少なくともひとつ（以上）は、つねに使用している。

一音節内部では、音節の頂点となっている高いプロミネンスの中核的な音節主音〔syllabic〕の部分が、低いプロミネンスの周縁的な非成節音素に対立している。どの音節も音節主音音素を含んでおり、継起する二つの音節主音のあいだの間隔は、ある言語ではつねに（他の言語ではたいていの場合）、周縁的な非成節音素によって埋められている。いわゆる音節作詩法では、韻律上区切られた連鎖（時系列）のなかの音節主音の数は一定である。他方、韻律連鎖の二つの音節主音のあいだの非成節音素やそのような音素群の存在が一定であるのは、音節主音のあいだに非音節主音があらわれるのを必須としている言語や、さらには母音接続〔hiatus〕が禁止されている作詩体系においてのみである。一様な音節方式への傾向のもうひとつのあらわれとなっているのは、セルビアの叙事歌に見られるような、詩行末の閉音節の回避である。イタリアの音節式韻文には、子音音素で分かたれていない母音連続を韻律上ひとつの音節とみなす傾向がある[15]。

ある種の作詩法パターンでは、音節が韻文の格調の唯一の恒常的単位となっており、文法的境界が、格調を付与された連鎖どうしのあいだの唯一の恒常的境界線となっている。また別種の作詩法では、音節がプロミネンスの高いものと低いものに二分され、および・または語の境界と統語論上の休止という文法的境界の二つのレベルが、韻律的機能で区別されている。

イントネーションと休止との結合にのみもとづいている、いわゆる自由詩〔vers libre〕のさまざまな種類は別として、どの韻律も、少なくとも韻文のある部分〔section〕において、音節を格調の単位として用いている。たとえば純粋に強勢による韻文（ホプキンズの用語では「スプラング・リズム〔sprung rhythm〕」[16]）では、弱音節（ホプキンズによれば slack）の音節数は変化しうるが、強音節（ictus）はつねに一音節のみ含んでいる〔「弱音節」は「上拍」、「強音節」は「下拍」とも訳される〕。

どの強勢式韻文においても、高いプロミネンスと低いプロミネンスのあいだのコントラストは、強勢音節と無強勢音節の対立によって実現されている。強勢式パターンの大部分は、主として、語強勢を持つ音節と語強勢を持っていない音節とのコントラストを用いている。しかし、強勢式韻文のなかには、ウィムサットとビアーズリーが「主たる語の主たる強勢」としている、[17]統語的な句強勢を用いる種類のものもあり、この場合、句強勢はそのような主たる統語的強勢なしの音節にとって、プロミネンスが高いものとして対立している。

音量式（「chronemic〔時間式〕」）韻文では、長音節と短音節が、高いプロミネンスの音節と低いプロミネンスの音節として相互に対立している。こうしたコントラストは、通常、音韻論的に長い音節核音と短い音節核音で実現される。しかし、「位置による」長さと「本来の」長さが等価視されている、古代ギリシア語やアラビア語のような韻律体系においては、ひとつの子音音素とひとつのモーラ母音からなる最小限音節が、――より複雑で高いプロミネンスの音節に対立している、より単純で低いプロミネンスの音節として――補助的要素（第二モーラか音節末子音）を持った音節に対立している。

強勢式韻文や時間式韻文のほかに、音節のイントネーションの違いが語の意味を区別するために使われている言語には「tonemic〔声調式〕」タイプの作詩法が存在するのではないか、という問題がまだ残っている。[18]中国の古典漢詩では、[19]抑揚のある音節（仄音、「まがった声調」）は抑揚のない音節（平音、「平らな声調」）と対立しているが、ポリヴァノフが推測し、[20]王力がみごとに解釈したように、[21]あきらかに時間式原理がこの対立の基礎にある。中国の韻律の伝統では、平音は、長い声調頂点が短い声調頂点と対立しているように、仄音と対立しており、したがって、韻文は長短の対立にもとづいている。

ジョセフ・グリーンバーグは、もう一種の声調式作詩法——高さの特性にもとづいている、エフィク語〔ナイジェリアに居住するエフィク族によって使用されている言語〕の謎々韻文——に、わたしの関心を引きよせた[22]。シモンズがあげている例では[23]、問いと答えは、高声調音節主音と低声調音節主音をおなじように配列した二つの八音節連続を形成している。さらに、それぞれの半行句においては、四つの音節の後部三音節は声調型が等しい。すなわち、低高高低／高高高低／低高高低／高高高低となっている。中国の作詩法が音量的な韻文の一種となっているのにたいして、エフィク語の謎々韻文は、声調のプロミネンス（強さあるいは高さ）の二つの程度の対立によって、通常のアクセント式韻文とむすびついている。このようにして、作詩法の韻律体系は、音節頂点と音節斜面の対立（音節式韻文）か、頂点どうしの相対的レベル（強勢式韻文）か、音節頂点ないし音節全体の相対的長さ（音量式韻文）の、いずれかにもとづきうる。

文学の教科書では、音節のたんなる機械的な数えあげとしての音節主義を、アクセント詩の生き生きとした脈動に、迷信的に対置させているようなケースが、ときおり見られる。しかし、厳密に音節式であると同時に厳密に強勢式でもある作詩法の二音節詩脚を検討するならば、二つの等質の、山と谷の波状連続が見られることであろう。これら二つの波状曲線のうち、音節曲線は、核音素を頂きに持ち、ふつうは周縁的音素を底部に持っている。音節曲線にかぶさっている強勢曲線では、原則として、強勢音節と無強勢音節がそれぞれ頂きと底部に交替している。

われわれがここまで見てきた英詩の韻律と比較するために、類似のロシア語の二音節詩脚形式に注目していただきたい（この五〇年間、これらの形式はきわめて入念に研究されている[24]）。韻文の構造は、鎖状確率〔enchained probabilities〕という用語で完全に記述し解釈することができる。詩行末と語境界との一致は義務的であり、ロシア語のすべての韻律にとって不変要素となっているが、そのほかに、ロシアの音節・強勢式韻文〔ロシア語では「syllabotonic〔音節・声調〕」〕の古典的見本では、つぎのような点も一定である。(1)詩行内の音節数は、最初の強音節〔下拍〕から最後の強音節まで、一定である、(2)最終強音節には必ず語強勢がある、(3)強勢音節は、強音節がおなじ語のなかの無強勢音節で占められている場合、弱音節〔上拍〕の位置にくることはできない（したがって、語強勢は、単音節語の場合にのみ弱音節と一致しうる）。

なんらかの韻律で構成されたどの詩行にも義務的なこれらすべての特徴のほかに、つねにというわけではないが高い確率であらわれる特徴もある。確実にあらわれる信号〔確率一〕のほかに、あらわれる確率が蓋然的な信号〔確率一以下〕も、韻律という概念に含まれている。人間のコミュニケーションに関するチェリーの記述を用いるならば[25]、詩の読者はむろん「頻度数を」韻律の構成要素であると「みなせないこともある」が、韻文の形式を知覚している以上は無意識にこれらの構成要素の「頻度順位」を感じとっている、と言えよう。

ロシア語の二音節詩脚では、最後の強音節から逆算して奇数番目のすべての音節――手短に言えば、すべての弱音節――は、通常、無強勢音節によって占められる。例外は、ごくわずかのパーセントだが、強勢を有する単音節語である。同様に、最終強音節から逆算して偶数番目のすべての音節は、語強勢のある音節を好む傾向が顕著だが、このような音節があらわれる確率は、詩行の強音節どうしのあいだで均等というわけではない。当該の強音節における語強勢の相対的頻

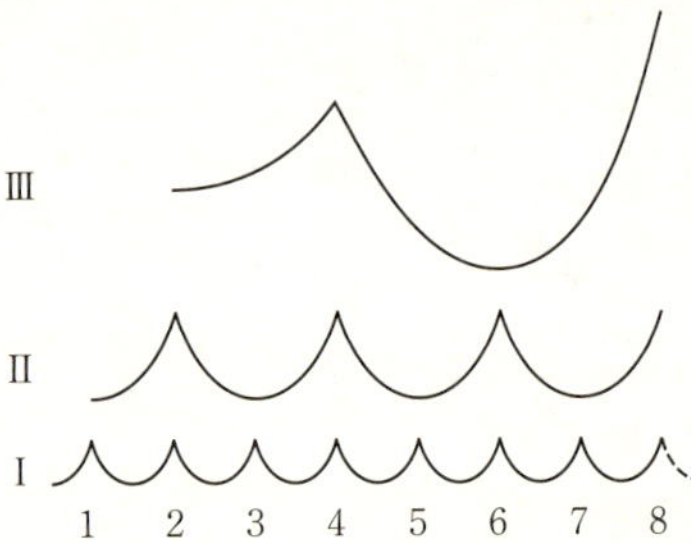

度が高ければ高いほど、その直前の強音節における頻度は低くなる。最終強音節はつねに強勢をとるので、そのまえの強音節に語強勢がくる比率はもっとも低い。最後から三番目の強音節では、割合は、最終強音節に見られるような最大限には達しないものの、再び上昇する。さらにもうひとつまえの強音節では、強勢の数値はもう一度低下するが、最後から二つ目の強音節のような最小限にまで及ぶことはない、等々。このようにして、詩行内の強音節どうしのあいだの語強勢の分布、すなわち強勢強音節と無強勢強音節への分裂が、〔後ろの波が前の波に影響を及ぼしていく〕ひとつの逆行波状曲線〔regressive undulatory curve〕をつくりだし、それが強音節と弱音節の交替による波形のうえにかぶさる。ちなみに、強勢強音節と句強勢とのあいだの関係という興味深い問題も存在する。

ロシア語の二音節詩脚では、たがいに重なり合う三つの波状曲線があらわれている。(I)音節核〔syllabic nuclei〕と周縁的部分との交替、(II)交替する強音節と弱音節への音節核の分配、(III)強勢強音節と無強勢強音節の交替。たとえば、一九世紀や二〇世紀のロシア語の男性韻弱強四歩格は、右図のように表わすことができ、似たような三項的パターンは相応する英詩の形式にも見られる。

「Laugh with an inextinguishable laughter〔抑えきれない笑いを伴った笑い〕」というシェリーの弱強詩格の一行では、五つの強音節のうちの三つは語強勢を欠いている。パステルナークの晩年の弱強四歩格『大地』のなかのつぎの四行聯（「街は薄暗い窓と親しげで、白い夜と日没は川辺ですれちがえずにいる」）では、一六の強音節のうちの七つは無強勢である〔弱強／弱弱／弱弱／弱強／弱、弱強／弱弱／弱弱／弱強／弱、弱強／弱強／弱弱／弱強／弱、弱弱／弱強／弱弱／弱強〕。

I úlica zapanibráta
S okónnicej podslepovátoj,
I béloj nóči i zakátu
Ne razminút'sja u rekí.

強音節の圧倒的多くが語強勢と一致しているため、ロシア詩の聞き手や読み手は、弱強格の詩行のどの偶数音節でも語強勢に出会うものと高い確率で予測している。しかし、パステルナークの四行聯のすでに出だしから、一行目と二行目とも四番目と六番目の音節で予測はずれ〔frustrated expectation〕になっている。このような「予測はずれ」の程度は、強い強音節に強勢がきていないときにいっそう高まり、もしも二つの強音節に連続して無強勢音節があらわれるならば、とりわけきわだってくる。隣接しあう強音節に強勢がきていないケースは確率が低く、したがって、おなじ詩のさらにあとの行のひとつ Čtoby za gorodskóju grán'ju〔štəbyzəgəracкóju grán'ju〕「街の境界を越えようと」のように半行全体におよんでいる場合は、いっそう目立つことになる。予測は、その詩やさらに広くは現存の韻律伝統一般において、当該の強音節がいかに扱われているかに、依存している。しかし最後から二番目の強音節では、無強勢が強勢より勝っている。たとえばこの詩『大地』では、第六音節に語強勢を持っているのは、四一行のうち一七行にすぎない。にもかかわらず、このような場合でも、奇数番目の無強勢音節と交替している偶数番目の強勢音節の慣性ゆえに、弱強四歩格の第六音節にも強勢を予測してしまう。

「悪が善なくしてありえない」ように、予測から生じる予測外のこと、たがいに反対のものなくして考えがたいようなものから人びとが得る満足感を、韻律学的にも心理学的にも評価していたのが、はずれた予測の詩人であり理論家であるエドガー・アラン・ポーであったことは、きわめて当然のことである。[26] この場合、ロバート・フロストの『詩がつくる文彩』のなかの定式——「文彩は愛とおなじ」——を容易に適用できよう。

多音節語における強音節から弱音節への語強勢のいわゆる転移(「reversed feet〔転倒詩脚〕」)は、ロシア韻文の標準型に見られないが、英詩では、韻律上および・または統語上の休止のあとに、ごくふつうに見られる。顕著な例となっているのは、ミルトン〔『失楽園』〕の詩行「Infinite wrath and infinite despair〔無限の怒りと無限の絶望〕」における同一形容詞のリズムの変化である〔最初の infinite では強勢音節が弱音節に、二度目の infinite では強勢音節が強音節にあらわれている〕。「Nearer, my God, to Thee, nearer to Thee〔主よ、御許に近づかん〕」という詩行では、同一の語 nearer の強勢音節が弱音節に二度あらわれている。すなわち、最初は行頭に、二度目は句の冒頭に。オットー・イェスペルセンが検討に付し、[27] 多くの言語で認められているこうした許容は、弱音節とそのすぐまえの強音節のあいだの関係の特別な重要性によって、完全に説明がつく。このような直接の先行が休止の挿入によって妨害されている場合、弱音節は一種の曖昧音節〔syllaba anceps〕となる。

　韻文の義務的特徴の基礎となっている規則のほかに、韻文の任意的特徴を司っている規則も韻律に関係している。われわれは、強音節における強勢の欠如や弱音節における強勢の存在のような現象を逸脱と呼ぶきらいがあるが、これらは許容される振幅であり、規則の枠内での逸脱であることを、記憶にとどめておかねばならない。英国議会の言い方を借りれば、これは、韻律という国王に反対する野党ではなく、国王に仕える野党なのである。韻律規則の実際の侵犯に関していえば、そのような侵犯をめぐる議論は、ロシア・フォルマリズムのメンバーのなかでおそらくもっとも鋭敏であったオーシプ・ブリークを思い起こさせる。かれは、政治的陰謀は、失敗に終わった武力蜂起の企てにたいしてのみ裁かれ処刑される、と言っていたものだ。なぜなら、成功した蜂起の場合には、判事や刑執行者の役割を引き受けるのは陰謀家たちだからである。韻律にたいする侵犯が根付いたならば、侵犯自体が韻律規則となる。

　韻律――あるいはもっと明確な用語でいえば、韻文デザイン〔verse design〕――は、けっして抽象的で理論的な図式《スキーム》ではなく、個々の詩行それぞれ――あるいは論理学用語「インスタンス〔「具体例」、「実例」、「個例」とも訳される〕」を用いるならば、韻文インスタンス〔verse instance〕それぞれ――の構造の基礎となっている。デザイン〔「図形」、「図案」、「構図」とも訳される〕とインスタンスは、相関概念である。韻文デザインは、韻文インスタンスの不変的特徴を決定し、変異の限界を設定している。叙事詩を吟誦するセルビアの農民は、数千行、ときには数万行を覚えていて、かなり即興もとりいれながら吟誦するのであり、それらの韻律はかれの心のなかに生きている。かれは、この韻律の規則を抽出することができないが、にもかかわらず規則のごく些細な侵犯にすら気づき、拒絶する。セルビア叙事詩のどの詩行も、正確に一〇音節からなっており、そのあとに統語上の休止がつづく。さらに、第五音節のまえに必ず語境界があり、第四音節と第一〇音節のまえでは語境界は許されない。そのほか、この韻文は重要な音量やアクセントに関する特徴も持っている。(28)

セルビアの叙事詩の切れ目〔break〕は、比較韻律学が提供している数多くの似たような例とともに、切れ目と統語上の休止〔pause〕との誤った同一視にたいする説得力ある警告となっている。義務的な語境界は、休止と組み合わされてはならないのであり、耳に聞こえることすら意図されていない。レコードに録音されたセルビア叙事歌の分析が証明しているところによれば、切れ目を知らせる聴覚可能な義務的手がかりはまったく存在していない。ところが、語順のごくわずかな変化によって第五音節のまえの語境界をなくそうとするいかなる試みも、語り手によってただちに斥けられる。第四音節と第五音節は相異なる二つの語彙単位に属していなければならないという、文法的な事象だけで、切れ目の認定には十分なのである。このようにして、韻文デザインは音形にのみかかわるものではけっしてない。それは、はるかに広い範囲の言語現象であり、音声面だけを孤立させて扱ういかなる試みも許されない。

チャットマンは「韻律は、言語外に体系として存在する」と述べているが、(29)わたしとしては「言語現象」であると言いたい。たしかに、韻律は、時間的連続を扱う、他の芸術にも見られる。やはり言語の枠を超え出ていて種々の記号体系に共通している数多くの言語学的問題――たとえば統語論――も、存在している。われわれは、交通信号の文法すら云々することができる。黄色が、緑のあとに点くと、自由に通っていい状態がいますぐおわるであろうことを意味し、赤のあとに点くと、自由に通っていい状態がそろそろ戻ることを意味するような、信号コードが存在している。このような黄信号は、動詞の完了アスペクトにきわめて似かよっている。[3] しかしながら、詩の韻律は言語固有の特質をきわめて多く含んでいるため、純粋に言語学的な観点から検討するのがもっとも適切ではある。

付言しておくが、韻文デザインのいかなる言語的特性も無視すべきでない。たとえば、英語の韻律の場合に、イントネーションが韻律の構成において持っている価値を否定すれば、不幸な過ちとなろう。ホイットマンのような英語の自由詩の巨匠の韻律においてイントネーションが果している根本的な役割はもちろんのこと、句またがり〔enjambments〕が意図的に避けられている〔ポープ作の〕『髪盗人』のような韻文において、〔文が終わることを示す〕「下降調〔cadence〕」であれ〔文がまだつづくことを示す〕「非下降調〔anticadence〕」であれ、[30] 休止イントネーション（「final juncture〔最終連接〕」）の韻律的機能を無視することは、まず不可能である。句またがりがいかに累積されていたとしても、それらが逸脱的で変異的な立場にあることは隠せない。それらは、統語上の休止や休止イントネーションと、韻律的境界との正常な一致を、つねにきわだたせるのである。吟誦者の吟誦法がいかなるものであれ、詩のイントネーション上の拘束は有効なままにとどまる。詩や詩人、詩的流派などに特有のイントネーション曲線は、ロシア・フォルマリズムのメンバーたちが議論の場に引き入れた代表的テーマのひとつである。[31]

韻文デザインは、韻文インスタンスのなかに具体化する。通常、これらのインスタンスの自由変異は、「リズム」といういささか曖昧なレッテルを貼られている。ひとつの詩の枠内における諸々の韻文インスタンスの変異は、可変的な吟誦インスタンス（delivery instances）と厳密に区別すべきである。「詩行を現実に吟誦されるままに記述」しようとするのは、現在や過去における吟誦の研究にとっては有効であるにしても、詩の共時的・歴史的分析にとってはそれほど有効ではない。一方、真理は単純で明快である。すなわち、「ひとつの詩にたいして、多くの点でたがいに異なっている、数多くの吟誦法が存在している。吟誦とはひとつの出来事であるが、詩自体は、そもそも詩が存在しているならばの話だが、一種の恒久的なものでなければならない」[32]。ウィムサットとビアーズリーのこの聡明な警告は、まことに現代韻律学の本質たるべきである。

シェイクスピアの韻文では、absurd という語の強勢を持つ二番目の音節は、ふつうは強音節に位置しているが、一度だけ、『ハムレット』の第三幕で、弱音節に位置している。「No, let the candied tongue lick absurd pomp〔いや、追従を言う相手は馬鹿な気取り屋だけでいい〕」。吟誦者は、この行の語 absurd を第一音節に語頭強勢をおいて朗読することもできるし、あるいは正常なアクセント付けに従って語末強勢を守ることもできる。あるいはまた、ヒルの提案に従い、Nó, lèt thĕ cândĭed tóngue lĭck ăbsùrd pómp のように、形容詞の語強勢をあとにつづく主要語の強い統語上の強勢に従属させることもできる。[33] これは、ホプキンズが英詩の弱強強弱格を認めているのと同様である—— regrét nĕver。[34] さらには、双方の音節を包みこんでいる「均衡強音（*schwebende*

Betonung)」や、〔ab-súrd〕のように第一音節の感嘆調強化〔exclamational reinforcement〕による、強調的変異の可能性も、残されている。しかし、吟誦者が解決法をいかに選ぼうとも、先行する休止がない状態での強音節から弱音節への語強勢の転換は、印象的なままであり、予測はずれの契機は存続しつづけている。吟誦者がどこに強勢をおこうとも、英語にとって正常な、absurdという語の第二音節における英語の語強勢と、第一音節に振り当てられた強音節とのあいだの不一致は、韻文インスタンスの依然として構成的特徴としてとどまっている。強音節と通常の語強勢とのあいだの緊張は、さまざまな俳優や朗読者による多様な読み方とは無関係に、この詩行に内在している。ホプキンズが自分の詩集の序文で書いているように、「二種類のリズムは、いわば同時に進行するのである[35]」。このような対位法的進行に関するかれの記述は、再解釈が可能である。語の列に等価原理を付け加えれば——言い換えれば、通常の言語形式のうえに韻律形式を乗せれば〔mounting〕——、その言語や韻文に精通している誰しも、二重で曖昧な形状を感じることになる。二つの形式のあいだの一致と相違の双方、実現した予測とはずれた予測の双方が、こうした体験をもたらすのである。

ある韻文インスタンスがどのようにしてある吟誦インスタンスに実現されるかは、吟誦者の吟誦デザインしだいである。吟誦者が吟誦スタイルを守ることもあれば、散文ふうの韻律法〔prosody〕に近づいたり、はたまた、これらの二極のあいだを自由に揺れ動くこともありうる。〔吟誦デザインと吟誦インスタンスのあいだと同様〕韻文デザインと韻文インスタンスのあいだの基本的な区別をないがしろにしたり、吟誦インスタンスや吟誦デザインを韻文インスタンスや韻文デザインと同一視することにより、この二組の対をただ一個の対立に還元するような単純きわまりない二項対立主義は、慎まねばならない。

"But tell me, child, your choice; what shall I buy
You?"— "Father, what you buy me I like best."[4]

ホプキンズの「みめよき心〔The Handsome Heart〕」からのこの二行には、韻文境界が、句であり文でもあり発話でもあるものを締めくくっている単音節の you のまえにきている、顕著な句またがりが含まれている。これらの五歩格詩行の吟誦は、buy と you のあいだに明白な休止をおき、代名詞 you のあとには休止をおかずに、韻律論を厳密に遵守して吟誦することができる。あるいは逆に、buy you の二語を分離せず、疑問文のおわりに明白な休止イントネーションをおいて、散文指向であることを示すことも可能である。しかしながら、いずれの吟誦法においても、韻律上の区分と統語上の区分のあいだの意図的食い違いを隠すことはできない。詩の韻文形状は、その可変的な吟誦にはまったく依存していない。とはいえ、わたしとしては、ジーファースが提起した Autorenleser〔作者の企図を再現しようとつとめる読者〕と Selbstleser〔自分の読みを主観的に色づける読者〕という魅力的な問題を無効にするつもりはない。[36]

韻文とは、主として、反復される「音文彩」であることは、まちがいない。主としてではあるが、けっして唯一のものではない。韻律、頭韻、脚韻のような伝統的な詩的手法を音レベルに限定しようとするいかなる試みも、経験的裏付けを欠いた思弁的な推理である。連鎖への等価性原理の投影のほうが、はるかに深くて広い意義を持っている。詩を「音と意味とのあいだの躊躇」とするヴァレリーの見方のほうが[37]、音声孤立主義の偏見よりはるかに現実的かつ科学的である。

*

脚韻は、定義上では、等価的な音素や音素群の規則的反復にもとづいているものの、脚韻を音の観点からのみ扱うならば、それは不健全な過度の単純化となろう。脚韻は、韻を踏み合う単位どうし(ホプキンズのいう rhyme-fellows)の意味上の関係を必ず含んでいる[38]。脚韻を検討に付すとき、われわれは、それが似たような語形成接尾辞および・または語変化接尾辞をつきあわせた類音語法(congratulations - decorations)なのか否か、脚韻を踏み合っている語は同一の文法カテゴリーに属しているのか、異なる文法カテゴリーに属しているのか、といった問題に直面する。たとえばホプキンズの四重韻では、二つの名詞——kind と mind ——が脚韻を踏み、この双方が形容詞 blind と動詞 find とコントラストをなしている。dove - love、light - bright、place - space、name - fame のような脚韻を踏んでいる語彙的単位のあいだに、意味上の近接、一種の直喩が存在するのであろうか。脚韻を踏んでいる要素は、同一の統語論的機能を果たしているのであろうか。形態論的部門《クラス》とその統語論的使用とのあいだの相違が、脚韻に見られることもある。たとえば、「While I nodded, nearly *napping*, suddenly there came a *tapping*, As of someone gently *rapping*〔思わずうとうとと眠りはじめた、と、とつぜん、こつ、こつ、こつという音。まるで誰かが……そっと叩くかのよう」」というポー〔『大鴉』[5]〕の詩行では、脚韻を踏んでいる三つの語すべてが、形態論的には同類だが、統語論的にはすべて異なっている。完全に同音異義的な脚韻や部分的に同音異義的な脚韻は、禁止されているのであろうか、許容されているのであろうか、あるいは好まれているのであろうか。son – sun、I – eye、eve – eave のような完全な同音異義語、December – ember、infinite – night、swarm – warm、smiles – miles のようなこだま式脚韻は、どうだろうか。(ホプキンズの場合の enjoyment – toy meant、began some – ransom のような) 語が語群と韻を踏んでいる複合韻については、どうであろうか。

詩人や詩の流派は、文法的脚韻に定位している場合もあれば、反対の場合もある。すなわち、脚韻は、文法的か反文法的でなければならない。音構造と文法構造のあいだの関係に無関心な失文法脚韻は、あらゆる失文法症とおなじく、言語病理学の領域に属すことになろう。もし詩人が文法的脚韻を避けがちであるならば、その詩人にとっては、ホプキンズが述べたように、「心にひびく脚韻の美には、音の類似性や同一性と、意味の非類似性や相違性という、二つの要素が存在する」[39]。さまざまな脚韻技法における音と意味の関係がいかなるものであれ、双方の面が必ず含まれている。脚韻の有意味性に関するウィムサットの啓発的な観察や、[40]スラヴ諸語の脚韻型に関する最近のすぐれた研究のあとでは、詩学研究者は、脚韻がごく曖昧で不明なかたちでしか意味とむすびついていないかのように主張することはまずできないであろう。

脚韻は、詩のはるかに一般的で、根本的とさえ言ってもいいような問題、すなわち平行性〔parallelism〕が凝縮された特殊なケースにすぎないのである。この場合も、ホプキンズは一八六五年の学生時代の論文において、詩の構造にたいする驚くべき洞察力を披露している。

詩の人為的部分、おそらく技巧的と呼ぶべきものすべては、平行性の原理に帰着する。詩の構造は、ヘブライ詩の技巧的ないわゆるParallelismsや、教会音楽の交唱から、ギリシアやイタリア、イギリスの韻文の複雑さにいたるまで、連続する平行性の構造である。しかし、平行性には、対立が明確に示されている場合と、対立が幾分緩和されていたり半音階的な場合の、二種類が必ず存在する。前者、すなわちきわだった平行性のみが——リズム（一定の音節連続の反復）や、韻律（一定のリズム連続の反復）、頭韻、母音反復、脚韻などの点で——韻文の構造にかかわっている。ところで、こうした反復の力は、言葉や思考のなかに、その反復に相応した反復や平行性を生じさせることにある。大まかに、かつ不変的な結果よりも傾向について言うならば、精巧さあるいは強調のゆえに平行性の構造がきわだっていればいるほど、語や意味の平行性もきわだってくる。……きわだった平行性あるいは不意の平行性に属するのは、効果を類似性にもとめる隠喩、直喩、寓話その他、さらには効果を非類似性にもとめる対照法《アンチテーゼ》、対比《コントラスト》その他である。[41]

手短に言えば、音の等価性は、構成原理として連鎖に投影されると、意味上の等価性を必ずもたらし、このような連鎖のあらゆる構成要素が、言語のいかなるレベルにおいても、ホプキンズが「類似のための比較」と「非類似のための比較」と手際よく定義づけている、二つの相関的経験のいずれかへといざなうのである。[42]

民間伝承には、(シービオクがチェレミス人〔ロシアのヴォルガ川やカマ川沿岸に居住しているウラル語族系民族。現在ではマリ人と呼ばれる〕の事例で示したように)構造的分析にとりわけ好都合な、もっとも明瞭で紋切型の詩形式が見られる。[43] 継起する詩行を関連づけるために文法的平行性を利用する口承伝統、たとえばフィン・ウゴール語の韻文パターン、[44] さらにはロシア語の民衆詩のかなりの部分は、すべての言語レベル——音韻論レベル、形態論レベル、統語論レベル、語彙論レベル——で、実り多い分析が可能である。われわれは、どのような要素が等価とみなされ、どのようにしてあるレベルでの類似性が別のレベルでの顕著な相違によって緩和されているかを、知ることができよう。このような形式ゆえにわれわれとしては、「韻律と意味の過程は、詩に固有の行為であって、詩の重要な特性のすべてを含んでいる」[45] とのランサムの聡明な提言の正しさを確かめることができる。これらの明瞭な伝統的構造は、隠喩の配列の文法を書ける可能性や、韻律と意味の相互作用の文法を書ける可能性にたいする、ウィムサットの疑念を、晴らすこともできよう。[46] 平行性が規範へと高められるとなるや否や、韻律と意味の相互作用や、比喩《トロープ》の配列は、「詩の自由で、個人的で、予測不能の部分」ではなくなる。

ロシアの婚礼歌のなかから、新郎の登場が記述されている典型的な数行を訳してみよう。

A brave fellow was going to the porch,
Vasilij was walking to the manor.

この翻訳は逐語訳である。しかし、ロシア語の双方の句とも、動詞が最後にきている（*Dobroj mólodec k séničkam privoráčival, / Vasílij k téremu prixážival*〔雄々しき若者が玄関に近づいていた、ヴァシーリイは屋敷に歩み寄っていた〕）。両方の詩行は、統語論的にも形態論的にもたがいに完全に一致している。両方の述語動詞〔privoráčival, prixážival〕とも、おなじ接頭辞 pri と接尾辞 iva を持ち、語幹におけるおなじ交替母音〔完了アスペクトに含まれているoがaに交替〕を持っている。それらの動詞は、アスペクト〔不完了〕、時制〔過去〕、数〔単数〕、性〔男性〕が一致している。さらに、類義語である。普通名詞と固有名詞である主語は、同一人物を表わしており、同格語群を形成している。場所を示している二つの修飾成句〔modifier〕は、おなじ前置詞構文〔k +与格名詞〕によって表わされており、前者〔玄関〕は後者〔屋敷〕にたいして提喩〔synecdoche〕の関係にある。

これらの詩行には、似たような文法的（統語論的および形態論的）組成を持つもうひとつの行が先立っていることもある。「Not a bright falcon was flying beyond the hills〔輝く隼が山の彼方に飛んでいったのではない〕」や「Not a fierce horse was coming at a gallop to the court〔荒馬が中庭に駆けてきたのではない〕」である。これらの変異種〔variants〕の bright falcon や fierce horse は、brave fellow にたいして隠喩の関係におかれている。これは、スラヴ民衆詩の伝統的な否定的平行性——現実的状況を引き立てるための、隠喩的状況の否定——である。しかし、否定辞 ne〔……でない〕は省かれることもある——Jasjón sokol zá gory zaljótyval (A bright falcon was flying beyond the hills) あるいは Retiv kon' kó dvoru priskákival (A fierce horse was coming at a gallop to the court)。前者の場合、隠喩的関係が保たれている。輝く隼が山の彼方からあらわれるごとく、雄々しき若者が玄関の間にあらわれる。だが後者の場合、意味論的つながりが曖昧になっている。あらわれる新郎と疾駆する馬との比較はおのずと浮かんではくるが、同時に、中庭に馬が止まることは家への主人公の接近を事実上先取りしている。このようにして、騎手とその新婦の屋敷に言及するよりもまえに、歌で、馬と中庭との隣接的、換喩的イメージを喚起する。すなわち、持ち主の代わりに持ち物、屋内の代わりに屋外を喚起する。新郎の出現は、馬を騎手に代置しないままでさえも、二つの連続する瞬間に分かたれることもありうる——A brave fellow was coming at a gallop to the court, / Vasilij was walking to the porch。このようにして、先行する行で brave fellow とおなじ韻律的および統語的位置にあらわれている fierce horse は、同時に、若者に似た何かとしても、若者を表示する持ち物としても、あらわれる。より正確に言えば、騎手にとって、全体に代わる部分〔pars pro toto〕となっている。馬のイメージは、換喩と提喩の中間的位置を占めている。fierce horse が連想させるこれらのコノテーションからは、隠喩的提喩が生じてくる——婚礼歌やロシアのエロティックな民間伝承では、文法的に男性の retiv kon'〔荒馬〕は、男根の潜在的な象徴、あるいは明白な象徴にすらなっている。

すでに一八八〇年代に、スラヴ詩学のすぐれた研究者ポテブニャは、民衆詩では象徴がいわば物質化され、周囲の状況に付属する物に変換されると指摘していた(47)。それは、依然として象徴にとどまりつつも、行為とむすびつけられる。たとえば、直喩は時間的連続のかたちで示される。

スラヴ民間伝承からポテブニャが引いている例では、柳は、その下を娘が通りすぎているとき、同時に娘のイメージにもなっている。すなわち、木と娘は、柳という同一の言語像のなかに共存している。まったく同様に、恋愛歌における馬も、娘が若者から自分の駿馬に餌を与えるように頼まれるときだけでなく、馬が鞍をつけられたり、馬舎につれていかれたり、樹につながれたりするときにも、男らしさの象徴にとどまっている。

詩においては、音素連続だけでなく、おなじく意味論的単位の任意の連続も、等価性を形成しようとする。近接性に重ねあわされた類似性は、詩に、徹頭徹尾象徴的で複合的で多義的な本質を添えるのであり、それはゲーテによって Alles Vergängliche ist nur ein Gleichnis「過ぎ去るものはすべて比喩にすぎない」〔『ファウスト』〕とみごとに示されている。より専門的に言えば、連続的関係にあるものはすべて直喩である。類似性が近接性に重ねあわされている詩では、いかなる換喩もいくらか隠喩的であり、いかなる隠喩も換喩的ニュアンスをおびている。

*

曖昧〔ambiguity〕は、それ自身に焦点をあてた任意のメッセージの内在的で不可譲な特性であり、手短に言えば、詩に当然付随する特性にほかならない。エンプソンとともに、「詩の源泉には曖昧という仕掛けがはたらいているのである(48)」と繰り返したい。メッセージそれ自体だけでなく、その送り手も受け手も、曖昧になる。作者と読者のほかにも、詩には抒情的主人公や架空の語り手の「私」、劇的独白や懇願、書簡などの仮想の受け手の「あなた」や「なんじ」も存在する。たとえば、『Wrestling Jacob〔格闘するヤコブ〕』という詩は、題名となっている主人公から救世主に呼びかけられており、同時に、この叙事詩は詩人チャールズ・ウェスレー（一七〇七—八八）が読者に宛てた主観的メッセージの機能も果たしている。事実上、どの詩的メッセージも疑似引用的な言説〔quasi-quoted discourse〕であり、「発話〔speech〕のなかの発話」が言語学者に差し出している特殊で複雑な問題のすべてを伴っているのである。

指示的機能にたいする詩的機能の優越は、指示性を消去するのではなく曖昧なものにする。両義的なメッセージに呼応して、指示性が分裂するだけでなく、送り手と受け手も分裂する。そのことは種々の民族の民話の前置き、たとえばマヨルカ島の民話の語り手が常用する前置き——Aixó era y no era「そうだったし、そうでもなかった」に、明瞭に表現されている。[49] 等価性原理を連鎖に付与することによってもたらされる反復は、詩的メッセージを構成する連鎖だけでなく、メッセージ全体も、反復可能にする。ただちにであれ間をおいてであれ反復がこのように可能であるということ、詩的メッセージとその構成要素をこのように具現化すること、メッセージを永続的なものへこのように転化させること——これこそまさに、詩の固有の効果的な特質にほかならない。

類似性が近接性のうえに重ねあわされている連鎖では、たがいに近くに位置する二つの音素列が類音法的機能をおびがちである。音が類似する語は、意味においてもたがいに引き寄せられる。たしかに、ポーの『大鴉』の最終聯の最初の一行では、ヴァレリーが指摘したように、[50] 頭韻の反復が広く用いられているが、ただし、この詩行や聯全体の「圧倒的効果」は、主として、詩的語源論の威力に負っている。

And the Raven, never flitting, still is sitting, *still* is sitting
On the pallid bust of Pallas just above my chamber door;
And his eyes have all the seeming of a demon's that is dreaming,
And the lamp-light o'er him streaming throws his shadow on the floor;
And my soul from out that shadow that lies floating on the floor
Shall be lifted – nevermore!〔6〕

大鴉の止まり木である the pallid bust of Pallas は、/pǽləd/ – /pǽləs/ という「堂々たる〔sonorous〕」類音法によって融合し、（シェリーがうたった Sculptured on alabaster obelisk〔大理石のオベリスクに彫られた〕という詩行の /sk.lp/ – /l.b.st./ – /b.l.sk/ に似て）ひとつの有機的全体と化している。つきあわされている双方の語は、おなじ胸像についてすでに用いられた別の形容辞 *placid* /plǽsɪd/ のなかで混ぜ合わされ、一種の詩的かばん語〔portmanteau. 複数の語のそれぞれの一部を組み合わせて作られた語。「混成語」ともいう〕となっている。また、止まっている大鴉とそれが止まっている場所は、「*bird* or *beast* upon the ... *bust*〔鳥か獣か……像の上に〕」という類音法によってしっかりとむすびつけられている。鳥は「is sitting / On the pallid bust of Pallas just above my chamber door」であり、止まり木の大鴉は、恋する男の命令「take thy form from off my door!〔わがドアからその姿を消してしまえ!」〕」にもかかわらず、/bʌ́st/ に融合している /ʒʌ́st əbʌ́v/ という二語によって、その場所に釘付けになっている。

不吉な客の果てしない滞留が、精巧な類音法の連鎖でもって表現され、その一部が逆順になっているのも、予測的、遡及的手法〔modus operandi〕の慎重な実験家、「後ろから書く」達人のエドガー・アラン・ポーなればこそ、十分にありうることである。この最終聯の一行目では、raven は never という物悲しい反復語と隣接し、この never が具現化した鏡像として再びあらわれている—— /n.v.r/ - /r.v.n/。顕著な類音法が、最終聯の冒頭の the Raven, never flitting と、最後の二行 shadow that lies floating on the floor と Shall be lifted - nevermore という、双方ともに果てしない絶望の象徴をむすびあわせている—— /nɛ́vər flítɪŋ/ — /flótɪŋ/ … /flɔ́r/ … /lɪftəd nɛ́vər/。ヴァレリーが驚嘆した頭韻〔ヴァレリー「文学の技術について」〕は、類音法の連なりを形成している—— /stɪ́…/ - /sɪ́t…/ - /stɪ́…/ - /sɪ́t…/。この音群の不変性は、並び順の変異によってことさら強調されている。明暗対照法《キアロスクーロ》——黒い鳥の fiery eyes〔鋭い眼〕と、his shadow on the floor〔床におちたその影〕を照らすランプの光——における双方の鮮やかな効果は、絵図全体の陰鬱さを増し、/ɔ́lðə sɪ́mɪŋ/ … /dɪ́mənz/ … /ɪz drɪ́mɪŋ/ —— /ɔrɪm strɪ́mɪŋ/ という類音法の「鮮明な効果」でむすびあわされている。that shadow that lies /láyz/ は、印象的に場所違いのこだま式脚韻のなかで、大鴉の eyes /áyz/ と対になっている。

詩では、音の面における明確な類似はすべて、意味の類似および・または非類似との関連で評価される。しかしながら、ポープが詩人に向けた、頭韻を踏んだ教訓「the sound must seem an

Echo of the sence〔音は意味のこだまのように見えなければならない〕」は、さらに広く適用されうる。指示的な言語では、シグナンス〔signans〕とシグナートゥム〔signatum〕のあいだの結びつきは、「言語記号の恣意性」というまぎらわしいレッテルがよく貼られている、コード化された近接性に圧倒的にもとづいている。音と意味の結合が適切になっているのは、近接性への類似性の重ね合わせから生じる当然の結果でしかない。音象徴は、種々の知覚様式のあいだ、ことに視覚体験と聴覚体験とのあいだの知覚できる《フェノメナル》結合に立脚している、否定しようなく客観的な関係である。この分野での研究成果がときとして曖昧であったり議論の余地があったとしても、それはまず第一に、心理学的探究および・または言語学的探究の方法にたいする関心不足に依る。とりわけ言語学的側面からすると、言語音の音韻論的局面への関心が欠けていたり、音素の究極的成分の代わりに複合的な単位をむなしくも扱っていたことによって、実態が歪められがちであった。しかし、たとえば重音〔grave〕と鋭音〔acute〕のような音韻対立を検討する際にわれわれが/i/と/u/はどちらが暗いかとたずねるならば、問われた者のなかには、この質問は自分にとって意味がないと答える者もあろうが、/i/のほうが暗いと述べる者はまずいないであろう。

　詩は、音象徴表現が感じとられる唯一の分野ではないものの、音と意味との内的結合が潜在から顕在に転じて、もっとも明白かつ強固になる領域である。このことは、ハイムズの刺激的な論考でも指摘されていた[51]。詩の行や聯、詩全体の音の織物のなかに、一定の種類の音素を平均的以上に累積したり、二つの対立する種類を集めて対照させたりすると、それは、ポーの巧みな表現を用いるならば、「意味の底流」のようにふるまう[52]。二つの両極的な語においては、音素の関係が意味の対立と一致していることがある。たとえばロシア語の /d'en'/「昼」と /noč/「夜」では、昼を表わす語は鋭音性母音と嬰音性子音を有し、夜を表わす語は重音性母音を有している。このコントラストを、最初の語を鋭音性母音や嬰音性子音で取り囲み、逆に第二の語を重音性音素環境におくことによって強化すれば、音は意味の完全なこだまと化す。しかし、フランス語の jour「昼」と nuit「夜」では、重音性母音と鋭音性母音の配置が逆になっている。そのため、マラルメは『ディヴァガシオン』において、「昼」に暗い響き、「夜」に明るい響きを与えるという詐欺的なつむじまがりになっているとして、母語を非難している。[53] ウォーフは、「通常の人間が語に対する関連性に**気づく**可能性があるのは、語の母音ないしは子音とこのような系列とが類似しているという形の場合だけであって、関係が対立とか矛盾の場合は関連性は気づかれないままである」と述べている〔B・L・ウォーフ『言語・思考・現実』池上嘉彦訳、講談社学術文庫、一九九三年、二三〇―二三一頁〕。しかしながら、詩的言語、とくにフランス語の詩は、マラルメが指摘したような音と意味の衝突が生じると、このようなずれの音韻交替を求め、nuit を重音性音素で、jour を鋭音性音素で取り囲むことによって、母音特性の「逆転〔converse〕」分布を紛らす。あるいはまた、意味上の転移に訴える、すなわち、昼と夜のイメージは、明るさと暗さというイメージを、重音／鋭音という音韻対立がもつ別種の共感覚的相関物に取りかえる、たとえば、重くて暖かい昼を軽やかで涼しい夜に対置する。というのも、「人間は、明るい、〔冷い〕、鋭い、固い、高い、軽い、速い、高い調子の、狭いなど一連の多くの経験の間にもたがいに連想関係を有しているように思えるし、逆に、暗い、暖かい、〔従順さ、柔らかさ〕、鈍い、低い、重い、遅い、低い調子の、広いなど他の一連の経験の間にもたがいに連想関係を有しているようである」からである[54]〔同書、二三〇頁〕。

詩における反復の重視がいかに効果的であるとはいえ、音の織物はたんに数量面での工夫に尽きるわけではけっしてない。一回だけ、ただし主要な語や適切な位置に、対照的な背景をもってあらわれる音素が、きわだって重要になることもある。画家たちがよく言っていたように、「Un kiki de vert n'est pas plus vert qu'on demi kilo〔一キロの緑の絵の具は、半キロの絵の具よりも緑であるわけではない〕」。

詩的な音の織物のいかなる分析も、その言語の音韻構造をつねに考慮に入れる必要があり、また全体的コードのほかに、その詩的伝統における音韻論的区別の階層制も考慮に入れなければならない。たとえば、スラヴ民族が口承伝統において（あるいは時代によっては文字伝統においても）利用している近似脚韻は、韻を踏み合う要素のなかにちがった子音も認めているが（たとえばチェコ語の boty、boky、stopy、kosy、sochy）、ニッチが指摘しているように[55]、有声子音と無声子音のいかなる対応も認められず、したがって、引用したチェコ語の単語は body、doby、kozy、rohy と脚韻し合うことはできない。ピマ＝パパゴやテペカノのようなアメリカ先住民の歌では、（部分的にのみ公刊されている）[56]ハーツォグの観察によれば、有声破裂音と無声破裂音とのあいだや、破裂音と鼻音とのあいだの音韻論的区別は、自由変異として取りかえられる一方、唇音、歯音、軟口蓋音、硬口蓋音のあいだの区別は厳守されている。このようにして、これらの言語の詩では、子音は四つの弁別素性のうち有声・無声、鼻音・口音という二つを失い、重音・鋭音、密音・散音という二つを保持している。有効なカテゴリーの選択と階層化は、音韻論レベルだけでなく文法レベルでも、詩学にとってもっとも重要な要因となっている。

古代インドや中世ラテンの文学理論は、言語芸術を二極に画然と分けていた。サンスクリットでは Pāñcālī〔パンチャーラ風〕と Vaidarbhī〔ヴィダルバ風〕、ラテン語では ornatus difficilis と ornatus facilis と呼ばれているものである。[57] あきらかに、後者の文体のほうが言語学的にはるかに分析しにくい。というのも、このような文学形式では、言語的手法は地味になっており、言語はほぼ透明の外被のようになっているからである。しかしわれわれは、チャールズ・サンダーズ・パースとともに、「この外被は完全に剝ぎとられることはけっしてありえず、もっと透明なものと取りかえることしかできない[58]」と言わざるをえない。平行性が「連続平行性」ほどは厳密にきわだっておらず、それほど厳密に規則的ではなく、また支配的な音文彩もないような散文的な言語芸術を、ホプキンズは「無韻文構成」と呼んでいるが、[59] これは、言語のどの過渡的領域にもよくあるように、いっそう複雑な問題を詩学に提示している。ここで言う過渡的領域とは、厳密に詩的な言語と厳密に指示的な言語とのあいだを指している。しかしながら、魔法民話の構造に関するプロップの先駆的研究[60]は、伝統的なプロットを分類したり、プロットの構成や選択の基礎にある不可解な法則を公式化する際にすらも、一貫して統語論的なアプローチがいかにすぐれた助けになりうるかを、われわれに示している。レヴィ＝ストロースの最近の研究[61]は、構成に関する同様の問題にたいするいっそう深い、ただし本質的には類似のアプローチを開陳している。

換喩構造が隠喩の分野ほどに探究されていないのは、けっして偶然ではない。わたしの以前の観察を繰り返させていただくならば、詩的比喩的用法の研究は主として隠喩に向けられていたのであり、換喩原理と緊密にむすびついているいわゆるリアリズム文学は、いまだ解釈を拒んでいる。しかし、ロマン派の詩の隠喩的文体を分析するにあたり詩学が用いている言語学的方法とおなじものが、リアリズム的散文の換喩的織物にも完全に適用可能ではある[62]。

教科書は比喩的表現《イメジャリー》を欠いた詩の存在を信じているが、実際には、語彙による比喩的用法の乏しさは、文法による華麗な比喩的用法と文彩で埋め合わされている。言語の形態論的・統語論的構造のなかに隠れている詩的資源——手短に言えば、文法の詩と、その産物である詩の文法——は、批評家にまれにしか知られず、言語学者からたいてい無視されてきたが、創造的作家たちは巧みに身につけていた。

〔『ジュリアス・シーザー』では〕シーザー葬送演説にたいするアントニーの前置き部分の主たる劇的威力は、シェイクスピアが文法的なカテゴリーと構文を操作することによって生みだされている。マーク・アントニーは、ブルータスの発言を、シーザー暗殺に関して申し立てられた理由をたんなる言語的虚構に変えることによって、諷刺している。ブルータスのシーザー告発「as he was ambitious, I slew him〔かれが野望をいだいていたがゆえに、わたしは彼を殺したのだ〕」は、つぎつぎと変形されていく。まず、アントニーはそれをたんなる引用に帰することによって、言明の責任は引用された話し手にあるとする——「The noble Brutus / Hath told you〔高潔なブルータスは、諸君に告げた〕」。ブルータスへのこうした言及は、繰り返されるうちに、逆説の but〔だが〕によって、アントニー自身の主張に対立するものとなり、つづいて譲歩の yet〔しかし〕によって格下げされる。申し立て者の名誉に関する言及は、理由を示す先述の for〔というのも〕の代わりにたんなる連結接続詞 and〔そして〕が使われ、また〔話し手の心的態度を示す〕法副詞 sure〔たしかに〕の悪意ある挿入によって最終的に疑義が生みだされるとき、申し立てを正当化するものでなくなってしまう。

The noble Brutus
Hath told you Caesar was ambitious;
For Brutus is an honourable man,
But Brutus says he was ambitious,
And Brutus is an honourable man.
Yet Brutus says he was ambitious,
And Brutus is an honourable man.
Yet Brutus says he was ambitious,
And, sure, he is an honourable man.

これにつづくポリプトトン〔polyptoton. 相異なる動詞変化形の反復〕——I speak ... Brutus spoke ... I am to speak ——は、反復された申し立てを、報告された事実としてではなく、たんなる報告されたことばとして示している。この効果は、様式論理学なら言うであろうように、提示された議論の伝聞的コンテクストにあり、それが議論を立証不可能の所信表明文に変えている。

I speak not to disprove what Brutus spoke,
But here I am to speak what I do know.〔7〕

アントニーのアイロニーのもっとも効果的な手法は、ブルータスの抽象的表現を伝える伝聞語法〔modus obliquus〕を、直叙語法〔modus rectus〕に変えることによって、これらの具体化された属性形容詞が言語的虚構以外のなにものでもないことをあばくことにある。ブルータスの言葉「he was ambitious〔かれは野望をいだいていた〕」にたいして、アントニーは、まずその形容詞を行為者から行為に変える（「Did this in Caesar seem ambitious?〔このことがシーザーにあっては野心的と見えるのか〕」）ことによって答え、ついで抽象名詞 ambition〔野望〕を持ちだしてそれを具体的な受動構文「Ambition should be made of sterner stuff〔野望とはもっと固い素材でつくられているもの〕」の主語に顕在化させ、さらに疑問文「Was this ambition?〔これが野望だったのか〕」の述語名詞にすることによって答えている。ブルータスの訴え「hear me for my cause〔わたしの言い分に、よく耳を傾けてくれ〕」には、おなじ名詞が直格〔in recto〕で返ってくる――「What cause withholds you?〔どんな言い分が諸君を引きとめるのか〕」という能動疑問文における実体化した主語になっている。ブルータスが「awake your senses, that you may the better judge〔よりよき判断を下すために、諸君の感覚を呼び覚ましてほしいのだ〕」と叫ぶ一方、judge から派生した抽象名詞が、「O judgment, thou art fled to brutish beasts〔分別よ、汝は残忍な野獣のもとに飛び去った〕」というアントニーのことばのなかで、頓呼法〔apostrophe〕で呼びかけられた動作主となっている。ちなみに、*Brutus-brut*ishという残忍な類音法を伴ったこの頓呼法は、シーザーの死にぎわの叫び「Et tu, Brute!〔ブルータス、お前もか〕」を思い起こさせる。属性や動作は直格〔in recto〕で示されている一方、それらの保有者は斜格〔in obliquo〕（withholds you〔諸君を引きとめる〕、to brutish beasts〔残忍な野獣に〕、back to me〔再びわたしに〕）か、否定的動作の主語として（men have lost〔人びとは失ってしまった〕、I must pause〔わたしはことばを止めねばならぬ〕）あらわれている。

You all did love him once, not without cause;
What cause withholds you then to mourn for him?
O judgment, thou art fled to brutish beasts,
And men have lost their reason![8]

アントニーの前置き部分の最後の二行は、これらの文法的換喩とは表面的に独立していることを示している。紋切型の「I mourn for so-and-so〔わたしは……悼む〕」と、比喩的ではあるがやはり紋切型の「so-and-so is in the coffin and my heart is with him〔……は棺に横たわり、わたしの心はかれとともにある〕」や「goes out to him〔かれのもとへ行く〕」が、アントニーの演説では、大胆に実現された換喩に場所を譲っている。比喩的用法は詩的現実の一部となっている。

My heart is in the coffin there with Caesar,
And I must pause till it come back to me.〔9〕

詩では、名称の内的形式、すなわちその構成要素が秘めている意味の容量が、回復される。たとえばcocktailが、羽毛との忘れ去られていた親縁関係を回復することがある。カクテルの色は、マック・ハモンドの（『マンハッタンの古風なバーで〔At an Old Fashion Bar in Manhattan〕』のなかの）詩行 The ghost of a Bronx pink lady / With orange blossoms afloat in her hair において甦っており、O, Bloody Mary, / The cocktails have crowed not the cocks! で語源論的隠喩が実現されている。〔10〕T・S・エリオットの喜劇『カクテルパーティー』では、カクテルの喚起が、不吉な動物的モティーフと絡められている。芝居はアレグザンダのつぎのような感嘆ではじまる。

You've missed the point completely, Julia:
There *were* no tigers. *That* was the point.〔11〕

ジューリアは、彼女が会ったことのある、「蝙蝠の鳴き声がきこえる」唯一の男を思い出す。すぐあと彼女は、「さあ、ひとやすみさせてちょうだい。カクテル、まだある？」と言う。そして芝居の最後ではジューリアはもう一度アレグザンダに、「あなたはいったいなにをしていたの？……虎狩？」とたずねる。アレグザンダは答える。

There are no tigers, Julia,
In Kinkanja ...
Though whether the monkeys are the core of the problem
Or merely a symptom, I am not so sure ...
The majority of the natives are heathen:
They hold these monkeys in peculiar veneration ...
Some of the tribes are Christian converts ...
They trap the monkeys. And they eat them.
The young monkeys are extremely palatable ...
I invented for the natives several new recipes.〔12〕

異教徒については、「猿を食うかわりにクリスチャンを食うってわけさ」／ジューリア――「猿を食べたクリスチャンをね？」……突然、彼女が叫ぶ。

Somebody must have walked over my grave:

I'm feeling so chilly. Give me some gin.
Not a cocktail. I'm freezing — in July![13]

ウォーレス・スティーヴンズの詩『ニューヘイヴンでのありふれた夕方』では、都市名の主要語〔Haven〕が、まず heaven を控えめに暗示していることによって、そしてそのあと、ホプキンズの Heaven-Haven に似た直接に語呂合わせ的な対照によって、甦っている。

The dry eucalyptus *seeks god in the rainy cloud*.
Professor Eucalyptus of New Haven *seeks him in New Haven* …
The instinct *for heaven* had its counterpart:
The instinct for earth, *for New Haven*, for his room…[14]

都市名の形容詞 New は、反義語の連鎖でもって裸出されている。

The oldest-newest day is the newest alone.
The oldest-newest night does not creak by…[15]

一九一九年にモスクワ言語学サークルが装飾修飾語〔epitheta ornantia〕の範囲をいかに定め、限界づけるべきかを審議していたとき、詩人マヤコフスキイは、かれにとっては詩のなかにあらわれるどの形容詞も、そこにあるというだけで詩的形容辞であると述べて、わたしたちを非難した。「大熊座」の形容詞 bol'šaja〔大きい〕や、「ボリシャヤ・プレスニャ」と「マーラヤ・プレスニャ」のようなモスクワの通りの名称のなかの「ボリシャヤ（大きい）」と「マーラヤ（小さい）」でさえもそうである、と。一九一五年のマヤコフスキイの詩『ぼくとナポレオンは』を参照されたい。これは「ぼくの家はボリシャヤ・プレスニャの／三六、二四……」ではじまっている。「ぼくの家はボリシャヤ・プレスニャの／三六、二四／……ふと思うのは——ぼくとなんのかかわりがある／どこか／嵐めいた世界で／やにわに戦争をおっぱじめたことなんか」。そして、この詩はつぎのようにおわっている——「戦争が殺したもうひとりの男を／ボリシャヤ・プレスニャに住む詩人を！」。要するに、詩性〔poeticalness〕とは、たんに言説を修辞的装飾で補うことではなく、ことばとそのすべての構成要素の全体的再評価なのである。

ある宣教師は、アフリカ人の信徒たちを、裸で歩きまわっているとして咎めた。「じゃあ、あんた自身はどうなんだ」と、かれらは宣教師の顔を指さして言った。「あんた自身も裸のところがあるじゃないか」——「ええ、でもこれは顔ですよ」——「そんなら俺たちはどこもかも顔だ」と現地人たちは答えた。これとおなじように、詩においても、いかなる言語的要素も詩的言語の文彩に転換されるのである。

言語学は言語芸術のすべての領域にわたる研究を指揮すべき権利と義務を持つと主張しようとしたわたしの試みは、一九五三年にここインディアナ大学で開催された会議における自分の報告を要約したのとおなじ要旨「Linguista sum; linguistici nihil a me alienum puto〔われは言語学者なり、こと言語に関するものにしてわれに無縁のものなしとす〕」で締めくくることができよう。[63] 詩人ランサムの「詩とは一種の言語なのである」[64]との言葉が正しいならば（そして実際正しいのだが）、あらゆる種類の言語をフィールドとする言語学者は、詩を自分の研究に含めることができるし、またそうすべきである。ポール・ヴァレリーの聡明な教え——「〈文学〉とは、〈言葉〉のあるいくつかの特性の拡張、応用の一種であってそれ以外にはありえない」[65]を忘れないようにしよう。このたびの会議は、言語学者と文学史家が詩的構造の問題を避けていた時代がいまや完全に過去のものとなったことを、明白に示した。実際、ホランダーも述べたように、「おそらく、文学研究を包括的な言語学から分離しようとする根拠はひとつもない」[66]。詩学の領域を包括する能力が言語学にあることをいまだに疑う批評家がいるとしたら、わたしの信ずるところ、それは、詩にたいする一部の頑迷な言語学者の無能力が言語学そのものの無能力と誤解されているためである。しかしながら、この場にいるわれわれ一同は、言語の詩的機能に聞く耳を持たない言語学者も、言語学的問題に無関心で言語学的方法に通じていない文学研究者も、はなはだしい時代錯誤の者であることを、しかと理解している。

原注

（1）C. F. Voegelin, “Casual and Noncasual Utterances within Unified Structures”, *Style in Language*, ed.

Thomas A. Sebeok (Cambridge, Mass., 1960), p. 57.

(2) E. Sapir, *Language* (New York, 1921), p. 40. 〔エドワード・サピア『言語』安藤貞雄訳、岩波文庫、一九九八年、七〇頁〕

(3) M. Joos, "Description of Language Design", *Journal of the Acoustical Society of America*, XXII (1950), pp. 701–708.

(4) A. Marty, *Untersuchungen zur Grundlegung der allgemeinen Grammatik und Sprachphilosophie*, vol. 1 (Halle, 1908).

(5) S. Saporta, "The Application of Linguistics to the Study of Poetic Language", *Style in Language*, p. 88.

(6) K. Bühler, "Die Axiomatik der Sprachwissenschaft", *Kant-Studien*, XXXVIII (Berlin, 1933), pp. 19–90.

(7) V. J. Mansikka, *Litauische Zaubersprüche* (*Folklore Fellows Communications*, no. 87, 1929), p. 69.

(8) P. N. Rybnikov, *Pesni* (Moskva, 1910), tom. 3, ss. 217–218.

(9) B. Malinowski, "The Problem of Meaning in Primitive Languages", eds. C. K. Ogden and I. A. Richards, *The Meaning of Meaning* (New York and London, 9th ed., 1953), pp. 296–336.

(10) アルフレト・タルスキが導入した術語。*Pojęcie prawdy w językach nauk dedukcyjnych* (Warszaw, 1933), and "Der Wahrheitsbegriff in den formalisierten Sprachen", *Studia Philosophica*, I (1936).

(11) D. Hymes, "Phonological Aspects of Style: Some English Sonnets", *Style in Language*, pp. 123–126.

(12) T. Maretić, *Metrika narodnih naših pjesama* (Zagreb, 1907), §81–83.

(13) G. M. Hopkins, *The Journals and Papers*, eds. Humphry House and Graham Storey (London, 1959), p. 289.

(14) J. Lotz, "Metric Typology", *Style in Language*, p. 137.

（15） A. Levi, “Della versificazione italiana”, *Archivum Romanicum*, XIV (1930), pp. 8–9.

（16） G. M. Hopkins, *The Poems*, eds. W. H. Gardner and N. H. Mackenzie (London, 1967, 4th ed.), p. 45.

（17） W. K. Wimsatt and M. C. Beardsley, “The Concept of Meter: An Exercise in Abstraction”, *PMLA*, LXXIV (1959), p. 592.

（18） R. Jakobson, *O češskom stixe preimuščestvenno v sopostavlenii s russkim* (Berlin, Moskva, 1923); reprinted in *SW*, V, pp. 3–130.

（19） J. L. Bishop, “Prosodic Elements in T'ang Poetry”, *Indiana University Conference on Oriental-Western Literary Relations* (Chapel Hill, 1955), pp. 49–63.

（20） E. D. Polivanov, “O metričeskom xaraktere kitajskogo stixosloženija”, *Izbrannye raboty: stat'i po obščemu jazykoznaniju* (Moskva, 1968), ss. 310–313.

（21） Wang Li, *Han-yü Shih-lü-hsüeh* (Versification in Chinese; Shanghai, 1958). R. Jakobson, “The Modular Design of Chinese Regulated Verse”, *SW*, V, pp. 215–223 も参照。

（22） “Survey of African Prosodic Systems”, *Culture in History: Essays in Honor of Paul Radin*, ed. Stanley Diamond (New York, 1960), pp. 927–978 を参照。アフリカの声調謎々の多様な変種のあいだや、類似のことわざ形式の直喩の諸部分のあいだに見られる、韻律的地口と脚韻の対応は、詳細に観察すればするほど、作詩法パターンの問題とは入念に区別されねばならないであろう。K. L. Pike, “Tone Puns in Mixteco”, *International Journal of American Linguistics*, XI (1945) and XII (1946) も参照。

（23） D. C. Simmons, “Specimens of Efik Folklore”, *Folklore*, LXVI (1955), p. 228. See also his articles: “Cultural Functions of the Efik Tone-Riddle”, *Journal of African Folklore*, LXXI (1958); “Erotic Ibibio Tone-Riddles”, *Man* LVI (1956).

(24) K. Taranovsky, *Ruski dvodelni ritmovi* (Belgrade, 1955). J. Bailey, "Some Recent Developments in the Study of Russian Versification", *Language and Style*, V, no. 3 (1972), pp. 155–191 を参照。

(25) C. Cherry, *On Human Communication* (New York, 1957).

(26) E. A. Poe, "Marginalia", *The Works* (New York, 1855), vol. III, p. 492.

(27) O. Jespersen, "Cause psychologique de quelques phénomènes de métrique germanique", *Psychologie du langage* (Paris, 1933), and "Notes on Metre", *Linguistica* (Copenhagen, 1933).

(28) R. Jakobson, "Slavic Epic Verse: Studies in Comparative Metrics", *SW*, IV, pp. 414–463. "Über den Versbau der serbokroatischen Volksepen", *SW*, IV, 51–60 参照。

(29) S. Chatman, "Comparing Metrical Styles", *Style in Language*, p. 158.

(30) S. Karcevskij, "Sur la phonologie de la phrase", *Travaux du Cercle Linguistique de Prague*, IV (1931), pp. 188–223.

(31) B. Èjxenbaum, *Melodika russkogo liričeskogo stixa* (1922), reprinted in *O poèzji* (Leningrad, 1969), pp. 327–511, and V. M. Žirmunskij, *Voprosy teorii literatury* (Leningrad, 1928).

(32) Wimsatt and Beardsley, *op. cit.*, p. 587.

(33) A. A. Hill, Review in *Language*, XXIX (1953), pp. 549–561.

(34) G. M. Hopkins, *The Journals and Papers*, p. 276.

(35) G. M. Hopkins, *Poems*, p. 46.

(36) E. Sievers, "Ziele und Wege der Schallanalyse", *Stand und Aufgaben der Sprachwissenschaft: Festschrift für W. Streitberg* (Heidelberg, 1924).

(37) P. Valéry, *The Art of Poetry = Collected Works*, VII (New York, 1958).

（38）G. M. Hopkins, *The Journals and Papers*, p. 286.

（39）*Ibid*., p. 286.

（40）W. K. Winsatt, Jr., "One Relation of Rhyme to Reason", *The Verbal Icon* (Lexington, 1954), pp. 152–166.

（41）G. M. Hopkins, *op. cit*. p. 85.

（42）*Ibid*., p. 106.

（43）T. A. Sebeok, "Decoding a Text; Levels and Aspects in a Cheremis Sonnet", *Style in Language*, pp. 221–235.

（44）R. Austerlitz, *Ob-Ugric Metrics =Folklore Fellows Communications*, no. 174 (1958), and W. Steinitz, *Der Parallelismus in der finnisch-karelischen Volksdichtung =Folklore Fellows Communications*, No. 115 (1934).

（45）J. C. Ransom, *The New Criticism* (Norfolk, Conn., 1941), p. 295.

（46）*Style in Language*, p. 205 を参照。

（47）A. Potebnja, *Ob"jasnenija malorusskix i srodnyx narodnyx pesen'*, I (Varšava, 1883), ss 160–161, 179–180 および II (1887) を参照。

（48）W. Empson, *Seven Types of Ambiguity* (New York, 1947). 〔ウィリアム・エンプソン『曖昧の七つの型』上、岩崎宗治訳、岩波文庫、二〇〇六年、三三三頁〕

（49）W. Giese, "Sind Märchen Lügen?", *Cahiers S. Puşcariu* (1952), 137 ff.

（50）P. Valéry, *op. cit*., p. 319.

（51）D. Hymes, *op. cit*.

(52) E. A. Poe, "The Philosophy of Composition", *The Works*, eds. E. C. Stedman and G. E. Woodberry (Chicago, 1895), VI, p. 46.

(53) S. Mallarmé, *Divagations* (Paris, 1899).

(54) B. L. Whorf, *Language, Thought, and Reality*, ed. John B. Carroll (New York, 1956), pp. 276–277.

(55) K. Nitsch, "Z historii polskich rymów", *Wybór pism polonistycznych*, I (Wrocław, 1954), ss. 33–77.

(56) G. Herzog, "Some Linguistic Aspects of American Indian Poetry", *Word*, II (1946), p. 82.

(57) L. Arbusow, *Colores rhetorici* (Göttingen, 1948).

(58) C. S. Peirce, *Collected Papers* I (Cambridge, Mass., 1931), p. 171.

(59) G. M. Hopkins, *op. cit.*, pp. 267, 107.

(60) V. Propp, *Morphology of the Folktale* (Bloomington, 1958).

(61) C. Lévi-Strauss, "Analyse morphologique des contes russes", *International Journal of Slavic Linguistics and Poetics*, III (1960); *La Geste d'Asdiwal* (École Prâtique des Hautes Études, Paris, 1958); and "The Structural Study of Myth", ed. T. A. Sebeok, *Myth: A Symposium* (Philadelphia, 1955), pp. 50–66.

(62) R. Jakobson, "The Metaphoric and Metonymic Poles", *SW*, II, pp. 254–259. 〔本書、一六七—一七四頁〕

(63) "Results of a Joint Conference of Anthropologists and Linguists", *SW*, II, p. 555.

(64) J. C. Ransom, *The World's Body* (New York, 1938), p. 235.

(65) P. Valéry, "De l'enseignement de la poétique au Collège de France", *Variété*, V (1945), p. 289. 〔『ヴァレリー全集6　詩について』筑摩書房、一九六七年、一四三頁。日本語訳ではこの箇所全体に傍点がふられている〕

(66) J. Hollander, "The Metrical Emblem", *Kenyon Review*, XXI (1959), p. 295.

訳注

〔1〕「談話世界」、「談話の宇宙」とも訳されるこの用語は、「現実世界」と対置されている。論理学では「論議領界」、「論議領域」などと訳されている。山中桂一『ヤコブソンの言語科学2　かたちと意味』勁草書房、一九九五年（一三八―一三九頁）では、以下のように述べられている。

「ヤコブソンは「言説世界」（universe of discourse）という概念が、言語学にとって非常に重要であることを強調している。かれの使う「場面」（context）という用語は、つねに「言語化された場面だけでなく、部分的にしか言語化されていなかったり、あるいはまったく言語化されていない場面」という語法のなかに現れるけれども、これは、「われわれが、実際に可能だと考えることがらいっさいの総和を言説世界と呼ぶ」〔……〕というパースの定義を下敷きにしたもの以外ではありえない。〔……〕われわれが語るのは外の世界ではなく「人間の経験する世界、われわれが心に受けとめた世界、言説世界についてである。科学者が科学論文を書いているときも、外の世界に触れているわけではなくて（言語記号は指示することができないのだ）、むしろその世界からの指標を自分の記号体系に翻訳しているのである」（Jakobson……）」。

〔2〕Thirty days hath September, / April, June, and November; / All the rest have thirty-one, except February, which has twenty-eight, or twenty-nine in leap year.

〔3〕不完了アスペクトの動詞は行為の内容を示すだけであるのにたいし、完了アスペクトの動詞は行為をし終えることを積極的に示し、あとに別の行為がつづく可能性を示す。

〔4〕「でも君、好きなものをいってごらん、何を買ってあげようか」――「神父さま、なんでも買っていただければ、それがいちばんいいものです」。

〔5〕「大鴉」の訳は、加島祥造編『ポー詩集』岩波文庫、一九九七年を使用。

〔6〕そして大鴉は身じろぎもせず、なおも、ああ、なおも、とまったままだ／わが部屋のドアの上、あのパラス像にとまったまま／その両眼は、何か夢を見ている魔物の眼のよう――／ランプの光は鴉の影を床に投げていて／そしてわが魂は、床におちたその影にとらわれて／立ちあがれないのだ――もはや二度と――nevermore!

〔7〕「私は、ブルータスの言葉を否定しようというのではない。私はただ、私が現に、事実として知っていることを述べているにすぎない」（『ジュリアス・シーザー』安西徹雄訳、光文社古典新訳文庫、二〇〇七年、一〇四頁）。

〔8〕「君たちはみな、かつてはシーザーを深く愛していたではないか。それも、当然の理由があったからこそではなかったのか。それなら今、いかなる理由があって君たちは、シーザーの死を悼もうとはせぬ？ ものを考える力を失ってしまったのか、君らは。そんなものは野獣に投げ与え、人間は今や、理性をなくしてしまったとでもいうのか」（同書、一〇四―一〇五頁）。

〔9〕「おれの心は、あの棺の中、シーザーのもとへ飛び去ってしまった。待ってくれ。おれの心が、またこの胸に戻ってくるまで、なにも言えぬ」（同書、一〇五頁）。

〔10〕Old Fashion(ed), Manhattan, Bronx, Pink lady, Orange Blossom, Bloody Mary は、カクテルの名前でもある。

〔11〕「そりゃぜんぜん見当ちがいだ、ジューリア。虎なんかいなかった」（福田恆存訳、『現代世界文学全集26』新潮社、一九五四年、二五頁）。

〔12〕「虎なんかいませんよ、ジューリア、キンカンジャってところは。……猿はこの問題の中核をなすものか、あるいはたんなる徴候にすぎぬものか、そのへんのところはぼくにも確信がありません。……土人の大部分は異教徒なんです。猿に特別な崇拝の念をもっているので……。土人のなかにはクリスト教に改宗した

ものもいましてね……。猿をわなにかけて、おまけにそれを食っちまうんだ。ひな猿はことにうまいですな……。ぼくは土人のために、いくつか新しい料理法を発明してやったよ」（同書、一二九―一三〇頁）。

〔13〕「だれかがわたしのお墓のうえを歩いたにちがいない、いまぞっとしたの。ジンをすこしちょうだい。いゝえ、カクテルじゃなく。まるで凍りつきそう――七月だというのに！」（同書、一三二頁）。

〔14〕「ユーカリの木は雨雲のなかに神をさがしもとめる／ニューヘイヴンのユーカリの木教授はニューヘイヴンのなかにかれをさがしもとめる／天への直覚力は対応物をもっていた／地球やニューヘイヴン、かれの部屋への直覚力を」。

〔15〕「いちばん古くていちばん新しい日はいちばん新しい孤独／いちばん古くていちばん新しい夜は……で軋みはしない」。

5 翻訳の言語学的側面について

バートランド・ラッセルによれば、「cheese〔チーズ〕という語は、チーズに関して言語面以外の知識を有していないならば、だれも理解できない(1)」。しかしながら、ラッセルの根本的指針に従って「伝統的な哲学問題における言語面を強調する」となると、われわれとしては、cheeseという語は、英語の語彙コードでこの語に付与されている意味を承知していないならば理解できない、と言明せざるをえない。チーズが存在しないような食文化に属する者であっても、その者が、英語でcheeseという語が「圧縮した凝乳からつくられた食品」を意味することを知っており、またcurds〔凝乳〕に関して少なくとも言語面で承知しているならば、英語のcheeseという語を理解することであろう。われわれは、アンブロシアもネクタルも一度もたしなんだことはなく、ambrosia〔アンブロシア〕やnectar〔ネクタル〕という語に関して、さらには――〔ギリシア〕神話のなかでこれらをたしなむ――gods〔神々〕という語に関しても、言語面での知識しか持ちあわせていない。にもかかわらず、われわれはこれらの語を理解しており、どのコンテクストでそれらのおのおのが使用されうるかを承知している。
cheese、apple、nectar、acquaintance、but、mere といった語の意味、さらにはいかなる語や句の意味も、まちがいなく言語に関する事象なのである、あるいはより正確にかつ広く言うならば、記号に関する事象なのである。意味（シグナートゥム〔signatum〕）を記号ではなく対象自体に割りあてる者たちにたいしては、cheese や apple という語の意味をだれも嗅いだことはないし味を試したこともないというのがもっとも簡単で正しい反論となろう。シグヌム〔signum〕なしにはシグナートゥム〔signatum〕は存在しない。「チーズ」という語の意味を、言語コードの助けを借りずに、チェダー・チーズやカマンベールに関する言語外の知識からだけで推測することは不可能である。未知の語を導入するには、一連の言語記号が必要なのである。ただ指さしているだけでは、cheese がそこにある見本の名称なのか、カマンベールの任意の箱の名称なのか、カマンベール一般の名称なのか、あるいは任意のチーズ、任意の乳製品、任意の食べ物、任意の軽い飲食物の名称なのか、それとも中身に関係なく任意の箱の名称なのかが、われわれにはわからない。さらには、この語は、問題にしているものを名ざしているだけではなく、提供、販売、禁止、あるいは呪いのような意味を含意している可能性もある（実際、指さすことが呪いを意味することもある。文化によっては、とくにアフリカでは、それは不吉な身振りである）。

言語学者としてであれ言葉の通常の使用者としてであれ、われわれにとっては、いかなる言語記号の意味も、別の、代わりの記号への翻訳であり、とりわけ、記号の本質のもっとも鋭い洞察者パースが執拗に言明していたように、「より詳しく説明されている」記号への翻訳なのである。(2)

たとえば、bachelor〔独身者〕という言葉は、いっそう明確にする必要があるならば、もっと明確に表現された説明――unmarried man〔未婚者〕――に転換することができる。われわれは、言語記号を解釈する三種類の方法を区別することにしたい。すなわち、言語記号は、おなじ言語の別の記号に、あるいは別の言語に、あるいは別の、非言語的な象徴体系に翻訳されうる。これら三種類の翻訳は、それぞれ次のように名づけるのが適切であろう。

一、言語内翻訳、すなわち言い換え〔rewording〕は、言語記号を同一言語の別の記号によって解釈する。

二、言語間翻訳、すなわち本来の意味での翻訳は、言語記号をある別の言語によって解釈する。

三、記号間翻訳、すなわち変換〔transmutation〕――は、言語記号を非言語的記号体系の記号によって解釈する。

語の言語内翻訳は、別の多かれ少なかれ同義的な語を用いるか、迂言法にたよる。しかしながら同義であることは、通常、完全に等価であることを意味するわけではない。たとえば、「Every celibate is a bachelor, but not every bachelor is a celibate〔すべての独身主義者は独身者である。しかしすべての独身者が独身主義者であるわけではない〕」。語あるいは慣用句（要するに、もっとも高いレベルのコード構成単位）は、コード構成単位の等価的結合によってのみ、つまりこのコード構成単位に言及しているメッセージによってのみ、十分に解釈されうる。「Every bachelor is an unmarried man, and every unmarried man is a bachelor〔すべての独身者は結婚していない人であり、結婚していないすべての人は独身者である〕」。あるいは「Every celibate is bound not to marry, and everyone who is bound not to marry is a celibate〔すべての独身主義者は結婚しないと決めている人であり、結婚しないと決めているすべての人は独身主義者である〕」。

同様に、言語間翻訳のレベルでも、コード構成単位間に完全な等価性は通常ないものの、メッセージが、外国語のコード構成単位やメッセージの適切な解釈として役立ちうる。英語のcheeseという語は、標準ロシア語の同義異音語syrと完全に同一視はできない。cottage cheese〔カテージ・チーズ〕はcheeseであるが、syrではないからである。ロシア人は、「Prinesi syru i tvorogu〔cheeseとcottage cheeseを持ってきなさい〕」と言う。標準ロシア語では、凝乳からつくられた食品は、酵素が使われているときだけ、syrと呼ばれるのである。

しかしながら、もっとも多く見られるのは、ある言語から別の言語へ翻訳する際に、ある言語のメッセージを、別の言語の個々のコード構成単位に置きかえるのではなく、メッセージ全体に置きかえるようなケースである。このような翻訳は、一種の伝達話法である。すなわち、訳者は、別の情報源から得たメッセージをコード変換して伝えている。したがって、翻訳は、二つの異なったコードによる二つの等価のメッセージを含んでいることになる。

相違があるなかでの等価性は、言語の枢要な問題であり、言語学の中心的関心事である。言語的メッセージのあらゆる受け手とおなじように、言語学者もメッセージの解釈者として行動する。言語のいかなる実例も、その記号を同一体系の別の記号に翻訳したり、別体系の記号に翻訳せずしては、言語科学によって解釈されえない。二つの言語のいかなる比較も、それらの相互翻訳可能性の検討を含意している。言語間コミュニケーションという広く行きわたっている実践、とくに翻訳活動は、つねに言語科学によって精査されているべきなのである。該当するすべての単位の内包や外延を入念に比較して定義づけるとともに差異を示した二言語辞典が、いかに緊急に必要であるか、その理論的、実践的価値がいかなるものであるかは、いくら高く評価してもしすぎということはない。同様に、差異が示されている二言語対照文法も、文法的概念の選択や境界づけにおいて二言語がどの点で一致しており、どの点で異なっているかを、あきらかにすべきである。

翻訳の実践、理論双方ともに複雑な問題に満ちあふれており、ときには、翻訳不可能との教条を宣言して一刀両断に解決しようとすることもある。B・L・ウォーフが鮮やかに思い描いた「平均人氏〔Mr. Everyman〕」、つまり素朴な論理学者」は、つぎのような推論に至ったようである。「話し手の言語的な背景によって、事実は異なるまとめ方をされる。その場合、事実は話し手にとって違ったものとなる」(3)。ロシア革命直後の数年間には、伝統的な言語を根本的に改訂すべし、とりわけ「日の出」、「日の入り」のような紛らわしい語を根絶すべしとソヴィエトの定期刊行物で論じた、何人かの狂信的な夢想家たちがいたものだ。しかしわれわれは、いまなおプトレマイオス的イメージを用いてはいても、コペルニクスの学説を否定しているわけではない。わたしたちが日の出や日の入りに関する通常の会話を、地球が自転している光景に容易に変換できるのは、いかなる記号も、より詳しく説明しており正確と思われる記号になんなく翻訳できるからにほかならない。

なんらかの言語を話せるという能力は、その言語について話せるという能力を意味している。このような「メタ言語的」操作によって、使用している語彙を修正し定義しなおすことができる。双方のレベル——対象言語とメタ言語——の相補性をはじめて指摘したのは、ニールス・ボーアである。きちんと明確にされた証拠はすべて、日常言語で表現されねばならず、そこにおいては、「すべての言葉の実際的使用はその厳密な定義の試みと相補的な関係にある」と述べている。(4)

すべての認知的経験とその分類は、存在するどの言語でも伝達可能である。欠けている点がある場合はいつも、用語は借用語や翻訳借用〔借用元の語の意味をなぞって翻訳すること。honeymoon→蜜月〕、新造語、意味の置き換え、さらには迂言法などによって、修正されたり敷衍されうる。たとえば、シベリア北東部に住むチュクチ人の新たにつくられた文語では、「ねじ」は「回転する釘」、「はがね」は「硬い鉄」、「錫」は「薄い鉄」、「チョーク」は「書く石鹼」、「時計」は「トントン鳴る心臓」として表現される。馬の付いていない路面電車の最初のロシア語名称「電気鉄道馬車〔električeskaja konka〕」や、飛行機のコリャーク語〔カムチャツカ地方に住むコリャーク人が使用する言語〕の名称「飛ぶ蒸気船〔jena paraqot〕」のような、一見矛盾しているかに見えるような迂言法ですら、鉄道馬車の電気版、蒸気船の飛行版を示しているだけであり、コミュニケーションの妨げにはならない。それは、「コールドビーフ・ポーク入りホットドッグ〔cold beef-and-pork hot dog〕」のような二重の撞着語法にいかなる意味上の「雑音」も障害もないのとおなじである。

翻訳先の言語に文法的手段が欠けていたとしても、原文に含まれている概念情報全体の逐語訳が不可能になるわけではない。たとえば、従来の接続詞 and や or のほかに、いまでは新しい連結語 and/or も使われるようになっており、この連結語は何年かまえに、*Federal Prose—How to Write in and/or for Washington*〔『連邦政府用散文——ワシントンにおいておよび・またはワシントン向けにいかに書くか』〕という気の利いた本のなかで検討に付された。(5) サモイェード諸語〔ロシア連邦北部に住むサモイェード人が話す言語群〕のひとつでは、これらの三つの接続詞のうち最後のものしか見られない。(6) 接続詞の目録がこのようにちがっているにもかかわらず、『連邦政府用散文』に見られる三種類のメッセージすべては、従来の英語にもサモイェード語にも明確に訳すことができる。『連邦政府用散文』——(1) John and Peter〔ジョンおよびピーター〕、(2) John or Peter〔ジョンまたはピーター〕、(3) John and/or Peter will come〔ジョンおよび・またはピーターが来るだろう〕。従来の英語——(3) John and Peter or one of them will come〔ジョンおよびピーターが、またはかれらのうちのひとりが来るだろう〕。サモイェード語——(1) John and/or Peter, both will come〔ジョンおよび・またはピーター、両方とも来るだろう〕、(2) John and/or Peter, one of them will come〔ジョンおよび・またはピーター、かれらのうちのひとりが来るだろう〕。

文法的カテゴリーが当該言語に存在しない場合は、文法的カテゴリーの意味は語彙的手段によってこの言語に翻訳されうる。たとえば、古ロシア語の brata のような双数の形態は、数詞の助けを借りて「二人の兄弟」と訳される〔現代ロシア語には双数のカテゴリーは存在せず、個数詞 dva「二」と brata（brat の単数生格）の組み合わせで表わされる〕。よりむずかしいのは、ある文法的カテゴリーが存在する言語へそのようなカテゴリーを欠いている言語から訳す際に、原文に忠実なままにあることとである。英語の文 She has brothers を、双数と複数の区別がある言語に訳すときには、われわれは「彼女には二人兄弟がある」と「彼女には二人よりも多く兄弟がある」の二つの陳述のあいだでみずから選択をするか、決定を聞き手にまかせて「彼女には二人かあるいはもっと多くの兄弟がいる」と言うほかない。また、文法上の数がない言語から英語に訳す場合は、二つの可能性―― brother か brothers ――のうちのひとつを選ぶか、このメッセージの受け手を She has either one or more than one brother という二者択一状況に直面させざるをえない。

ボアズの的確な見解によれば、ある言語の文法パターンは（語彙のストックと逆に）、各経験のうちその言語で必ず表現されねばならない諸相を決定している。すなわち、「われわれはこれらの諸相のあいだで選択をしなければならないのであり、どれかが選ばれなければならない」[7]。英語の文 I hired a worker をロシア語に正確に訳すには、ロシア人には、この行為は完了したのかそうでないのか、働き手は男性なのか女性なのかといった補足的な情報が必要である。というのも、ロシア人は、完了アスペクト nanjal か不完了アスペクト nanimal かを、さらには男性名詞 rabotnika か女性名詞 rabotnicu かを選択しなければならないからである。もしわたしがこの英語文を発した者に、この働き手は男性だったのですか女性だったのですかと尋ねたならば、わたしの質問は的外れか不躾に思われかねないが、この文をロシア語で言うとなると、この質問にたいする答えは義務的なものとなる。他方、前記の英語のメッセージを訳すためのロシア語の文法形態の選択がいかなるものであれ、その翻訳は、この働き手を I hired〔雇った〕だけなのか I have hired〔雇って、いまも雇っている〕のか、この男性・女性は不定の者なのか特定の者なのか（a あるいは the）という質問には、まったく答えないことになろう〔ロシア語には冠詞が存在しない〕。英語の文法パターンとロシア語の文法パターンが要求する情報がおなじでないために、われわれはまったく相異なった二者択一状況に直面する。したがって、おなじ孤立文を英語からロシア語、そしてその逆と翻訳しつづけてゆくと、そのようなメッセージは元の内容をまったく失ってしまうことだろう。ジュネーヴの言語学者S・カルツェフスキイは、このような漸次的喪失を不利な通貨取引の繰り返しにたとえたものであった。しかし、メッセージのコンテクストが豊かであればあるほど、情報の損失が少なくなることは、あきらかである。

言語が本質的に相異なるのは、主として、それらの言語が伝達し**なければならない**ことにおいてであって、伝達**できる**ことにおいてではない。ある言語のそれぞれの動詞は、肯定か否定かの答えを要求する一連の問いを有無を言わせず提起する。たとえば、語られている出来事はその完了と関連づけられているのか否か、語られている出来事は発話事象に先立つものとして呈示されているのか否か、といった問いである。当然のことながら、その言語で育った話し手や聞き手は、自分たちの言語コードで義務的であるような項目にたえず焦点を当てることであろう。

認知的機能においては、言語は文法的パターンにほとんど依存しない。というのも、われわれの経験の説明はメタ言語的操作と相補的な関係にあるからである――すなわち、言語の認知的レベルは、コード変換による解釈、つまり翻訳を容認するだけでなく、じかに要求するのである。言い表わせられなかったり翻訳不可能であるような認知的データを想定したりすれば、矛盾に陥ることになろう。しかし、冗談や夢、魔法など、つまり日常の言語神話と呼んでいいようなものにおいては、またとりわけ詩においては、文法的カテゴリーは意味論的にきわめて重要なものとなっている。こうした条件下では、翻訳の問題ははるかに錯綜して問題の多いものとなる。

たんなる形式的なカテゴリーの例としてよく引かれる文法性のようなカテゴリーですら、言語共同体の神話的態度においては大きな役割を果たしている。ロシア語では、女性形は男性の人物を示せず、男性形も女性の人物を明示することはできない。無生物を示す名詞を擬人化したり比喩的に解釈する仕方は、それらの文法性によって誘発される。モスクワ心理学研究所でおこなわれた実験（一九一五）が示したところによれば、ロシア人は、曜日を擬人化しがちであり、一貫して月曜、火曜、木曜を男の人、水曜、金曜、土曜を女の人として示しつつも、この分布が、前者の三つの名称（ponedel'nik, vtornik, četverg）が文法上の男性であるのにたいして後者の三つの名称（sreda, pjatnica, subbota）が文法上の女性であることに起因していることに気づいていなかった。「金曜」を表わす語が、あるスラヴ諸語では男性名詞であり、別のスラヴ諸語では女性名詞であるという事実は、それぞれ相応する民族の民間伝承に反映されており、金曜儀礼も相異なっている。落下したナイフが男性の客、落下したフォークが女性の客の前兆であるという、ロシアで普及している迷信は、ロシア語で nož「ナイフ」が男性名詞、vilka「フォーク」が女性名詞であることが影響している。「昼」が男性名詞で、「夜」が女性名詞であるスラヴ諸語や他の言語では、詩人たちが昼を夜の恋人として表象している。ロシアの画家レーピンは、ドイツの画家たちがなぜ罪を女性として描いてきているのか、と困惑した。かれは、「罪」がロシアでは男性名詞（grex）であるがドイツ語では女性名詞（die Sünde）であることに気づかなかったのである。同様に、ロシアの子どもは、ドイツの物語を翻訳で読んでいるときに、あきらかに女性である死神（ロシア語の smert' は女性名詞）がおじいさん（ドイツ語の der Tod は男性名詞）として描かれていることに気づいて、びっくりした。ボリス・パステルナークの詩集の題名『わが妹、人生・命』は、「人生・命」が女性名詞（žizn'）であるロシア語ではごく自然であるが、この題名は、この詩集の翻訳を試みたチェコの詩人ヨセフ・ホラを絶望の淵に追いやるほどであった。チェコ語ではこの名詞は男性（život）だったのである。

　スラヴ文学のまさに黎明期に生じた最初の問題は、いかなるものであったろうか。じつにめずらしいことに、文法性が持つ象徴性を保つことが翻訳者にとってむずかしいことと、このむずかしさが認知的には無関与であることが、最古のスラヴ語のオリジナル作品――福音書の最初の翻訳への序文――の主たる課題となっていたようである。この福音書は、スラヴの文字と典礼の創始者である哲人《フィロソフォス》コンスタンティノス〔キュリロス〕によって八六〇年代初頭につくられたものであり、最近アンドレ・ヴァイヤンによって復元され解釈が添えられている。[8] スラヴ人の伝道者〔コンスタンティノス〕は述べている。「ギリシア語は、別の言語に翻訳されると、同一に再現されるとはかぎらない。こうしたことは翻訳されるどの言語にも生じる。ギリシア語の ποταμός「川」や ἀστήρ「星」のような男性名詞は、スラヴ語の rěka や zvězda のように、他の言語では女性名詞である」。ヴァイヤンの注解によれば、こうした相違ゆえに、マタイ伝の二つの節（七章二五節、二章九節）のスラヴ語訳で、川と悪魔、星と天使の象徴的同一視が消えてしまっている。

しかし、こうした詩的障害にたいして、聖コンスタンティノスは、語そのものではなく認知的価値〔silě razumu〔理性の力〕〕に主なる注意を払うよう呼びかけた偽ディオニュシオス・アレオパギテース〔五世紀頃のシリア（?）の神学者。『ディオニュシオス文書』と呼ばれる一連の神学的文献の著者〕の教えを、毅然として対置している。

詩の場合は、言語面で等価であることが、テクストの構成原理となっている。統語論的カテゴリー、形態論的カテゴリー、語根、接辞、音素、音素の構成要素（弁別素性）――要するに、言語コードの任意の構成要素――が、類似性と対照性の原理にもとづいて、対置されたり、並置されたり、近接関係におかれることにより、独自の自律的意味をおびている。音素面での類似は、意味面での関係として感じとられる。詩的芸術では、地口、あるいはもっと学問的で、おそらくもっと正確な術語で言えば paronomasia〔掛詞〕が支配しており、この支配が絶対的であるか限られたものであるかに関係なく、詩はその定義からしても翻訳不可能である。可能なのは――ある詩型から別の詩型へといった言語内転移であれ、ある言語から別の言語へといった言語間転移であれ、さらには、ある記号体系から別の記号体系へ、たとえば言語芸術から音楽や舞踏、映画、絵画などへといった記号間転移であれ――、創造的転移だけである。

われわれが、伝統的な決まり文句「Traduttore, traditore〔翻訳者は裏切り者〕を the translator is a betrayer と英語に訳したならば、韻を踏んでいるイタリア語の警句から、その paronomasia の価値をそっくり奪ってしまうことになろう。そうなれば、われわれは、認知的態度に強いられて、この警句をもっと明晰な陳述に変えたり、「どのようなメッセージの翻訳者なのか」、「どのような価値の裏切り者なのか」という質問に答えざるをえなくなることであろう。

原注

(1) Bertrand Russell, "Logical Positivism", *Revue internationale de philosophie*, IV (1950), 18; cf. p. 3.

(2) John Dewey, "Peirce's Theory of Linguistic Signs, Thought, and Meaning", *The Journal of Philosophy*, XLIII (1946), 91.

(3) Benjamin Lee Whorf, *Language, Thought, and Reality* (Cambridge, Mass., 1956), p. 235.〔B・L・ウォーフ、池上嘉彦訳『言語・思考・現実』講談社学術文庫、一九九三年、一六八頁〕

(4) Niels Bohr, "On the Notions of Causality and Complementarity", *Dialectica*, I (1948), 317 f.〔山本義隆編訳『ニールス・ボーア論文集Ⅰ　因果性と相補性』岩波文庫、一九九九年、二〇六頁〕

(5) James R. Masterson and Wendell Brooks Phillips, *Federal Prose* (Chapel Hill, 1948), p. 40 f.

(6) Cf. Knut Bergsland, "Finsk-ugrisk og almen språkvitenskap," *Norsk Tidsskrift for Sprogvidenskap*, XV (1949), 374-375.

(7) Franz Boas, "Language," *General Anthropology* (Boston, 1938), pp. 132-133.

(8) André Vaillant, "La Préface de l'Évangéliaire vieux-slave", *Revue des Études Slaves*, XXIV (1948), 5-6.

6　言語学的意味論の問題

（ソ連邦科学アカデミー・ロシア語研究所の学術会議における講演）

本日、この場で何をお話しすべきか考えこんでいたときに、わかったことがあります。こうした問題に関してここモスクワで話すのか、アメリカの聴衆をまえにして話すのかでは、天地ほどの差があるということです。アメリカの聴衆をまえにしたときにこだわらざるをえないのは、つい最近までアメリカ言語学は言語研究で意味論が禁止された時代を経験してきたということです。わたしは、こうした偏向とずっと闘ってきました。意味〔značenie〕を欠いた言語学は、意味〔značenie〕も意義〔smysl〕もない言語学である、とかれらに言ったものです。当時のわたしはとても辛辣でした。当時のアメリカ言語学は意味の問題を、言連鎖、すなわち語や文の連鎖における、形式の分布の問題に置きかえようとしていましたが、わたしは単刀直入に言わんがために、反対者たちに次のような例を示したことがあります。すなわち、わたしがこの方法に従って、たとえば、「英語の動詞の定形とは、冠詞のあとにはあらわれない形式である」と言ったとすると、「食堂車とは何ですか」という問いにたいしては、「食堂車とは、二つの貨車のあいだにはあらわれない車両のことです」と答えなければなりません、と。これでは、第一に、食堂車の機能の定義を提供しておらず、そして第二に、とりわけ重要なことに、食堂車かどうかを確認できる公式さえも提供していません。なぜなら、食堂車がこうした車両のあいだにあらわれえないことを言うためには、貨車とは何であるか、食堂車とは何であるかを、まえもって知っていなければならないからです。

昨今では、状況は根本的に変わりました。それどころか、いまやアメリカでは言語学者たちは、意味の問題、意味論的問題が重要であり中心的位置を占めていると、のべつ主張しています。そのため、いまではわたしは逆の立場をとらねばならなくなりました。つまり、アメリカ言語学が通ったこの時期は決して無駄ではなかった、と言わざるをえなくなったのです。これはとても興味深い実験でした。意味面を排除した場合、言語について何を語ることができ、語について何を語ることができるのかという実験です。どういうことになったでしょうか。これは、削除に関するあらゆる実験とおなじような実験です。ただ断っておかねばなりませんが、たとえこれが興味深いものであったとしても、それは、にわとりが頭を切断されたらどんな動きをしうるのかを解明しようとする生物学者の研究などと似た程度においてでしかありません。頭のない状態がにわとりの標準的な状態、にわとりの研究の標準的な状態であるとみなさないかぎりは、危険ではありません。そのようなわけで、こうした実験も、過ぎ去ったいまとなっては、やはりそれなりにひじょうに有益なものとなっており、現在ではアメリカでも意味の問題に本格的に取り組むことができるようになっています。モスクワ学派の意味研究の伝統は、フォルトゥナトフにはじまり、つねに然るべき位置を占めていました。しかし、今日の言語学的分析のあらゆる問題点の見地から、多くのことを意味の問題においても再検討する必要があることは、言うまでもありません。とりわけ、われわれにとっては学生時代からずっとフェルディナン・ド・ソシュールの名前とむすびついている問題を、完全に体系的に、徹底して、不断にあきらかにしていかねばなりません。すなわち、言語記号におけるシニフィアンとシニフィエの相関関係に関する問題を提起しなければならないのです。ちなみに、言語学史にとってきわめて興味深いことに、ソシュールの講義が有名になり広く普及したとき[1]、言語学者の多くは、これがソシュールのおもな発見のひとつであることを強調しました。著名な言語学者も含め、そうしたひとたちは、この発見をソシュールのものとすることによって、少なくとも二〇〇〇年余りまちがえていたのです。なぜなら、これは、術語までおなじで、最初はギリシア語で、のちにラテン語でも、古代ギリシアのストア派哲学者たちの言語理論の基本テーゼとして登場し、その後、シグヌム〔signum〕、シグナンス〔signans〕、シグナートゥム〔signatum〕という術語で古代ローマの文化のなかに定着していきます[2]。ともあれ、シニフィアンとシニフィエとの相関関係、音と意味との関係に関するこうした問題が提起されなかったような言語レベルや言語記号一般はありません。それどころか、この問題は提起されて当然なのです。

さていまでは、どのようにこの問題は提起されるべきでしょうか。何が外的形式であり、何が意味であるのかに注目するだけでは不十分です。この場合重要なのは、形式と意味に関して記号どうしの相関関係を分析することであり、さらには、この相関関係を解釈することも重要です。

簡潔明瞭にするために、主たる例を、言語の領域ではなく、ほかの記号体系の領域、すなわち身振りから引きます。身振りのなかできわめて興味深い現象——肯定と否定の身振り——を検討することにしましょう。われわれの文化では、肯定の da〔はい〕は垂直に頭を垂れ、否定の net〔いいえ〕は頭を水平に動かします。これをどのように解釈すべきでしょうか。たまたまそうなっているだけでしょうか。たまたまそうなっているだけだと思えてくるのは、たとえばブルガリアのようなバルカン諸国に行ったときです。そこでは相関関係がちょうど逆になっています。つまり、「はい」では頭を水平に動かし、「いいえ」では垂直に動かします。ブルガリアに行かれた方であれば、このせいでわれわれみんながどんなにむずかしい状況におかれるかがおわかりのことと思います。これは、新しい身振り体系をおぼえるのが困難なせいではありません。ブルガリアの知識人と会話しているときに、われわれの頭の振り方がブルガリア式なのかロシア式なのか、すなわちどちらの身振りをしているのかを、わかってもらうのが困難なためです。わたしがブルガリアに行くたびに学んだことは、この点においてはプロシアの地主貴族のように、つまり頭をまったく動かさずにふるまうことです。さてそこで、こうした二つの体系があるとなれば、それらをどのように解釈すべきでしょうか。これらはどの程度まで偶然的なのでしょうか。じつは、ここには深い法則性があるのです。何が出発点となっているのかを観察することが重要です。ロシアでは身振りの区別の出発点となっているのは、肯定です。記号論の卓越した創始者チャールズ・パースの術語を用いるなら、「はい」は類像的な身振りです。[3] われわれは頭を前に傾けると、さらに前方に進みでたり、身体をまげることができます。つまり、わわれわれは賛成したり、受け入れているということです。ごく単純なことです。では、いったいなぜ、「いいえ」は逆の動きではないのでしょうか。これは否定の動きであるというのに。理由はとても簡単です。肯定や否定の身振りというものは、多少なりとも強調された身振りであれば、繰り返されるからです。われわれが何回かうなずいたならば、われわれがどちらからはじめたのかがわからなくなります。頭を下に傾けることからなのか、逆に後ろにそらすことからなのか、見分けるのがむずかしくなります。そのため、ここでは、単純な対立の原理、鳥やカエルの知覚においてさえ基本となっている初歩的な対立の原理——垂直線と水平線——が働いているのです。では、ブルガリア人の場合はいったいどのように説明できるのでしょうか。あるいは一般に、関係が逆になっているバルカン半島や近東の民族はどうでしょう。とても単純です。出発点となっているのは、拒否、否定、不同意なのです。だから、ブルガリアの身振りをよく観察していると、まず頭を後ろにそらせます。それだけのこともあります。こんなふうです。そして、否定や不同意がいわば類像的な、出発点になっているとなれば、やはり、逆は水平で表わされることになります。

まだほかにも可能性はあるでしょうか。はい、あります。わたしはそれらすべてを指摘するつもりはありませんが、注目に値し興味深いのは、ギリシアで広く見られる形式です。こんな具合です。「はい」では頭を下に動かし、「いいえ」では頭を上に動かして後ろへそらせます。よくあるのは、この動きの繰り返しでしょうが、またしてもこれらの双方の意味を区別するのがむずかしくなります。しかし……。ギリシアの記号体系の観点から見るならば、頭のこの動きは、いわば随伴的で、何かとの組み合わせとしてあるもので、余剰の身振りとなっていることがわかります。肝心なのは、目の動きなのです。いや実際には、目の動きですらありません。なるほど、「はい」であれば瞳が下に動き、「いいえ」であれば瞳が上に動きます。しかしこれも、ギリシア人がわたしに示したところでは、余剰の動きです。ともあれ、二人のギリシア人が会話をしているときはっきりと目に飛びこんでくる肝心なことは、こうです。「はい」では額の筋肉や眉が下にさがり、「いいえ」では必ず上方に動きます。あるとき、わたしはこうしたことについてハーヴァード大学で話すことがありましたが、そのときわたしの講義にギリシア人の教授が出席していました。かれはこういったことにまったく気づいておらず、その身振りはわたしが話していることにたいするみごとな実例となっていました。[4]

さてつぎに、語の問題や、言語的要素全般の問題に移るときだと思うのですが、やはり、つねに検討すべきは、個々の単位ではありません。すべてを体系的に検討し、体系のなかでの記号どうしの関係を検討すべきです。いまや、まちがいなく意味の問題はもっとも「クローズアップ」されています。たとえば、われわれは文《フレーズ》より高次の単位、つまり複数の文からなる単位に取り組んでいます。ついでに言えば、言語学においては（ソヴィエト言語学ではそうしたことは一度も聞いたことがないのですが、西欧の言語学、つまりフランス言語学やアメリカ言語学では）、文がいわゆる言語学的分析の決定的な境界、終点とみなされがちです。一方、文どうしの組み合わせとなると、この場合はもはや何のコード的な規則もない、いかなる相関関係ももはやないものとして考えられていました。わたしは、失語症の研究をしていたとき、[5]これが大きな間違いであることに気づきました。なぜなら、まさに文と文のあいだの相関関係の面にこそ障害があらわれるようなタイプの失語症があるからです。例としてこんな文を引用しましょう。「わたしの妻は来ないでしょう。かれは家に残っています」。これは失語症なのです。この患者の場合、文と文のあいだの一致、すなわち前方照応の代名詞「彼女」が、関係語の「かれ」に取ってかわられています。かれ、この失語症患者にとって生じているのは、文より高次の単位の研究や言語学的分析を否定する言語学者たちにとって理論面で生じているまさにそのこと〔文どうしの組み合わせにはコード的な規則がない〕なのです。まさにこうした〔文と文のあいだの〕相関関係から見た場合、文どうしの組み合わせと文の内部の現象は、いったいどの点で異なっているということになるのでしょうか。それは、文の内部には、文法的な一致も支配もあるという点です。文と文のあいだですともはやいかなる支配もなく、あるのは一致だけです。いまでは、文の内部の統語面においても、もちろん、意味の問題はひじょうに重視されています。この問題が語の枠内や、形態論の枠内ですこぶる重視されているのとおなじです。語と文とのあいだにはじつに大きな違いがあります。とても興味深いことに、いま、アメリカやイギリスの言語学には、統語論と形態論との違いをなくそうとするひとつの潮流があります。この潮流は、単純に、統語論とは形態素どうしの相関関係であり、あるのは形態素だけであって、それをつなぐと句や文、等々になるというわけです。これは興味深い現象です。これは、自己中心主義の顕著な例のひとつです。つまり、所与のタイプの言語が、言語理論に影響しているのです。英語は、たしかに形態論〔形態素が持つさまざまな機能〕を最小限、ゼロに帰すことができる言語です。したがって、英語話者の言語学者は、言語学者であるだけでなく話し手でもあるがゆえに、簡単に形態論と統語論の区別を忘れてしまいます。スラヴの言語学者や、インドの言語学者などのあいだでは、こうしたことはありえないでしょう。

さてつぎは、相違、主要な相違、つまり語結合と語との意味的な相違についてです。わたしの思うに、この相違には途方もなく大きなものがあります。相違は以下の点にあります。われわれが会話のときに新しい語をつくり鋳造するなどということは、前提とされていません。そんなことは周縁的な現象に思えるかもしれません。しかしにもかかわらず、基本的にはわれわれは一定の語彙材料を用いる一方で、逆に、われわれが新しい文を話すにちがいないと思われています。「何か新しいことを話してください」とわれわれは言われます。こうした文を、われわれは一定のコード規則にしたがってさまざまな語彙で満たします。ついでに言うと、こういうときにも大変に危険な誇張がありえます。たとえば、アメリカの二人の若い言語理論家フォーダーとカッツによるかなり知られている本に、こうした誇張が見られます。[6] かれらはこの本で、文はつねに新しく、文は通常繰り返されないと書いています。みなさんもご存知のように、論争するときもっとも簡単なのは、痛烈な例をひとつ挙げることです。わたしも、かれらと論争するとき、かれらの本こそが反対のこの上ない論拠になっている例をひとつ挙げました。この本では、実にたくさんの文が繰り返されているのです。この本のなかだけでなく、おなじ著者の以前の著作でもそうであり、またほかの著者によって言及された文の繰り返しもたびたび見うけられます。だから、フランス言語学の大家であるヴァンドリエスによるアプローチのほうが、はるかに理解しやすく、はるかに言語学的です。かれは、ある講義で、「ありうる文のレパートリーは往々にして限定されています。たとえば、昨日わたしは戸口を出ました。何と言ったでしょうか？ Tout mauvais il pleut. Quel temps de chien!〔ひどい雨だ。なんて天気なんだ!〕」などなど」と述べています。

さてつぎですが、とりわけ重要な問題となっているのは文法的意味の問題です。これに関しては、まず、統語論的な面においても検討可能ですが、おもに形態論的な面で提起させていただきます。文法的意味とはいったい何かを述べておかねばなりません。これはロシア語で言う slovarnyj〔語の〕意味と何がちがうのでしょうか。わたしがモスクワ大学の学生だったときは、われわれはポルジェジンスキイが伝えたフォルトゥナトフの術語を用いていました。すなわち、leksičeskij〔語彙的〕意味にたいしては現実的意味、文法的意味にたいしては形式的意味が用いられていましたが、いまでは、文法的意味と slovarnyj〔語の〕意味あるいは leksikal'nyj〔語彙的〕意味という術語が一般化されているようです。わたしが思うに、最良の定義をしたのはフランツ・ボアズ[7]とエドワード・サピア[8]です（ロシア語への翻訳においては Sepir となっていますが、当人は Sapir と名のっていました）。さて、ボアズとサピアが強調したのは、文法的な意味とは、われわれのことばのなかで義務的で強制的であるような意味であるということです。このことを、わたしはアメリカの学生たちに、ふだんはつぎのような例で説明しています。たとえば、「わたしはみなさんにこう言います、わたしは昨晩 with neighbour〔隣人と〕過ごしました、と」。もし学生たちがわたしに「それは男性ですか、それとも女性ですか」と聞いてきたら、わたしは言語学的にこう答える権利があります、「大きなお世話です」と。わたしがロシア語やフランス語、あるいはドイツ語で話していれば、そうはいかず、sosed〔隣人男性〕─sosedka〔隣人女性〕、voisin〔隣人男性〕─voisine〔隣人女性〕などと言わねばなりません。まさにこれは、メッセージを伝える際の義務なのです。みなさんが、単数形と複数形の区別のないなんらかの言語で話すときは、「わたしは家を持っています」と言うことができます。これは、ひとつの家なのかそれ以上なのかは表わしていません。もちろん、「ひとつの家」、「二つ以上の家」、あるいは「二つ以上のたくさんの家」などと言うことはできますが、これを言う義務はありません。ロシア語の場合は数〔という文法的カテゴリー〕があるので、これは義務的です。ボアズの研究には、注目すべき例があります。ボアズはとても機知に富んだひとですが、いくつかの言語、西インド諸島の言語やアメリカ西岸地域の言語から例をあげています。これらの言語では、行為が直接的な証言となっているのか、話し手が行為を直接観察したのか、あるいは話し手はそれを耳にしただけなのか、あるいは話し手がその行為の夢を見たのかを、動詞がその形式的な構造で表わします。ボアズは、「残念なのは、これがニューヨークの新聞の言語ではないことです」と言っています。おわかりのように、この場合、問題は、ニューヨークの新聞では、わたし自身がそれを見たとか、あるいはわたしがそうした夢を見たのかを書けない、ということにはありません。問題は、みなさんとしてはこうしたことを話す義務はないのに、まさにこうしたアメリカ先住民、たとえばチュニカ語を話す〔ミシシッピ州ヤズー川流域に住む〕先住民たちには義務的であるという点にあります。つまり、これは、語彙的意味と比較した場合の文法的意味の基本的原理なのです。

しかし、この点では、いまアメリカの若手の言語学者たちのあいだで活発に議論されているひじょうに興味深い問題が生じています。すなわち、意味論的に有意なカテゴリーなどについて論じるのとおなじように、文法的カテゴリーについて論じることができるのか、というものです。あるいはまたこれは、アメリカで言うような標識《マーカー》〔日本語の格助詞などのように、語や文に付いたりそれを変更することによって文法的機能を示すもの〕に相応するようなもので、表わされてはじめて統語論的操作で意味を持つものであるが、本質的には意味的役割は果たしていない、条件的なカテゴリーではないか、ということです。さきほどわたしがあげ、アメリカでここ二年のあいだに広く普及したフォーダーとカッツの著作では、（最初は誤植かと思ったような奇妙な文ですが）「意味論とは、言語学から文法をさし引いたものである」と述べられています。つまり、あたかも文法には意味論がないかのようです。もちろん、これは、いくつかの深刻な誤り、すなわち、〔言語学的な〕意味《ズナチェニエ》という概念と認識上の意味《ズナチェニエ》という概念の同一視という誤りが根本にあります。たとえば、želanie〔望み〕とは名詞である、つまりこれは物象化され、行為の対象として示されたものであることと、želat'〔望む〕は、動詞である以上、行為として直接示された行為であるといったこととが同一視されてしまっています。これはまさに役割配置です。もちろん、その配置にも独自の意味が付与されています。だがそれは、まったくあきらかなように、往々にして認識的な意味なのです。それでもやはり、仮にわれわれが統計をとってみるとすると、動詞の大部分は、こう言ってよければ、「活動的」でしょう。しかし、ここで重要なのは、意味論的関係が論理的関係や認識的関係とまったく一致していないときでさえも、意味論的関係はやはりわれわれの精神活動のひじょうに重要な要素であるということです。忘れてならないのは、認識的機能だけがわれわれのことばの機能であるわけではまったくないということ、ことばはいわば日々の神話のなか、たとえば冗談や地口、夢、信仰、詩などにかかわっているということです。ふつう、わたしはこうしたことについてアメリカの同僚と議論するとき、文法性のカテゴリーと格のカテゴリーという、彼らにとってはとりわけ意味がないと思われる二つのカテゴリーを例に出します。なぜかれらは意味がないと思うのでしょうか。またしても、自己中心主義のせいです。英語には名詞に文法性がないため、そしていくつかの代名詞に痕跡が残っている点を除いて格体系がないためです。ところが、文法性はとても大きな役割を果たしています。ある実例を思い起こしていただきたいと思います（残念なことに、たぶんここにはジンキン教授がいません。かれはこの実験を覚えているのですが）。モスクワ大学心理学研究所で、[9]もしまちがっていなかったら一九一五年に、いわば、何ら言語学的課題とは関係のない実験がおこなわれました。表象、抽象的なものの表象について質問が出され、被験者である学生が五〇人いました。かれらには「あなたは曜日を生きた人間として想像することができますか」という質問が出されました。五人ほどは質問に意味がないと言いました。かれらには教室から出てもらいました。一方、残りの者たちは書きました。自身が思ったことをそれぞれが書かねばなりませんでした。大部分の者は、理由はまったくわからないものの、つぎのように書いていました。書き方はいろいろでしたが、「月曜日〔ponedel'nik〕」、「火曜日〔vtornik〕」、「木曜日〔četverg〕」は男性で、「水曜日〔sreda〕」、「金曜日〔pjatnica〕」、「土曜日〔subbota〕」は女性である点では、共通していました。もちろん、たんに文法性によるものです。「日曜日〔voskresen'e〕」〔中性名詞〕はさまざまで、子どもと書いているひとも、男性と書いているひともいましたが、女性と書いたひとはひとりもいませんでした。これはもっともです。というのも、中性名詞は、じつは格〔形態〕の大部分が男性名詞と一致しています。また、「日曜日」を擬人化することはできないと書いたひともいます。ちなみに、ブルガリア人やセルビア人にとっては、「金曜日」は男性です。なぜならかれらが使っている petak は文法的に男性だからです。……

代表〔suppositio. 代置、脈略的意味〕からなる体系のおかげで、意味をみごとに習得していくことができます。これは、音韻論の分野において、音素についての学説だけでなく、その文体的変種についての学説もあったことと似かよっています。この点で忘れてならないのは、本人は『詩の意味論』[10]と名づけていましたが『詩の言語の問題』[11]という書名で出版された本のなかで、トゥイニャノフがおこなっていることです。すなわち、われわれが有しているのは、関連のある一連の意味を持つひとつの語だけでもなければ、kľuč〔鍵〕と kľuč〔泉〕といったなんの共通性もない二語のような同音異義語だけでもないということです。実際には、われわれにとっては、たんに同音異綴語でも同音異義語でもない語群もあり、これらには意味の面での共通分母があり、と同時にそれらは個別化された意味からなる体系となっています。……さて、正直言って、わたしが概観できたのは、言語学の意味論に携わろうとしているわれわれ全員のまえにある基本的とされている問題だけで、ほかに何もみなさんに提供することができませんでした。質問や補足、反対などいただければ幸いです。

［レフォルマツキイの質問にたいするヤコブソンの回答］

アレクサンドル・アレクサンドロヴィチ［・レフォルマツキイ］が提起した問題は、きわめて重要です。わたしの報告ではなるべく術語を少なくしようとしただけのことなのです。しかしわたしが、語や形式の一般的意味を問題にしたとき、まさにソシュールが意味的価値［valeur sémantique］と名づけたもの、ソシュールのロシア語訳では značimost' と名づけられているものを考慮に入れていました。わたしが「一般的意味」と言ったのは、このほうが、いわば明快だろう、と思ってのことでした。これはもっとも重要な問題のひとつでしょう。わたしが記号や意味について話すときはいつも、ここぞとばかりにチャールズ・パースを引用します。ちなみに、問題のいくつか、すなわちここでは触れませんでしたが関連している問題は、最近の拙論「言語の本質の探究」で検討されています[12]。それはさておき、パースは、自身が解釈項と名づけた二つの事実が不可欠であることをしっかりと理解していました。一方は、内的解釈項です。これはどういうものかというと、その記号がコンテクストから独立して持っている意味内容のことです。これは、いわば共通分母、つまり価値［valeur］にほかなりません。もう一方の解釈項は、コンテクストによって持ちこまれるものです。これはとても大きな問題です。この場でモスクワの言語学者たちと話すなかで、コンテクストの問題がいまやどれほど大きな役割を果たしているかがわかり、とても感激しました。そのうえ、既定のコードにしたがってコンテクストが何を変化させているのか、これらの変化のなかで自由で個別的なのは何か――これは、今日の意味論の基本的な問題です。わたしは「価値［značimost']」という術語に少しも反対ではありませんが、これによってわたしの術語の「一般的意味」が見えなくなるように感じます。とても興味深いことに、ソシュールを取り上げたソヴィエトの研究文献、とりわけ解説、たとえばアレクサンドル・アレクサンドロヴィチの解説などでは、価値、つまり一般的意味の概念は完全に理解されていたのにたいし、ソシュールのジュネーヴ学派の者のなかにすら、この概念をむしろおそれ、避けていて、コンテクスト上の個別的な意味の分野にのみとどまっている者がいます。……

［レフォルマツキイ］

わたし個人としては、すべての語が概念と相関関係にあるわけではないと主張しています。あるいはこんなこともあります。たとえば、初等教科書などで見られることですが、絵が描かれ、この絵に言語による題名がつけられています。まさにこの場合こそ、どのような場合に語のなかに対象性があり、どのような場合に語のなかに対象性がないかが、あきらかになっています。わたしはある村の学校でのこんなエピソードを覚えています。すなわち、一枚の絵がありました。雄猫か雌猫かはわかりませんが、いずれにせよ、なんらかの種の猫で、「Vot kot〔ほらここに雄猫がいます〕」と下に説明がありました。そして、「これはいったい何か教えて」と、ある男の子にたずねてみると、その子は「kot は見えているけど、vot は見つからない」と答えました〔kot は「雄猫」という意味の名詞。vot は「ほらここに（います）」という意味の助詞〕。これはとてもおもしろいケースです、まさに語と概念の相関関係に関して。すなわち、こんなふうにして、言葉を、絵と、つまりともかく現実の現象と相関関係におく可能性があるのです。これは対象の抽象性等々ということになるでしょう。そしてふつう、これは実際、意味と呼ばれているものにほかなりません。このためには言語体系そのものは必要ないのです。しかしその一方で、語の価値をあきらかにするためには、体系だけが舵となりうるのです。体系にもとづいてはじめて、語がどんなつながり、どんな結合の一部になっているのかにもとづいてはじめて、その価値を定めることができます。まさにこんなふうに、象と顔についての考察をはじめたのは、たしかクリウォーヴィチでした。そのあとわたしが引き継ぎました。これはとても興味深いものです。lico〔顔〕、morda〔(動物の)顔、鼻づら〕、xarja〔つら〕、rylo〔鼻づら〕、murlo〔動物の顔〕等々のこれら一連の類義語のうちのすべてが人間には適用できますが、たとえば象には、ふつう、すべてが適用できるわけではありません。lik slona〔象の顔〕は言えますが、lico slona〔象の顔〕はどうしても言えません。価値は、まさに語のこうした結合能力や、語の連結、付与や結合の可能性から生まれます。さらには、もちろん、この場合に大きな役割を果たしているのは類義語の系列と反意語の諸要素であり、それらなしにはこの価値を定めることはできません。わたしとしては、まさにこうした問題に関するロマン・オシポヴィチのお考えをお聞きしたかったのです。

［ヤコブソンの回答］

承知しました。わたしとしては、「ほらここに雄猫がいます」の例を言い換えて「ほらここに問題があります」と言えましょう。ここでは、グスタフ・シペート〔言語論、哲学、美学、心理学等に関する著作で知られるロシアの学者。一八七九―一九三七〕について述べられたことからはじめましょう。わたしはシペートを意味論の問題に関するすばらしい専門家であるとみなしています。とりわけ、かれもまた、言語のこうした意味、すなわちわたしがこの場で言及した、言語が脈絡のなかでおびる意味に関する中世の言語理論家の見解に注意を向けた思想家でした。アレクサンドル・アレクサンドロヴィチによっていま提起されたこの問題は、意味論にとって主要な問題です。lico〔顔〕という語を分析する際には、いったいどんな場合に lico が言えないのかを考慮に入れる必要があると思います。このことは、実際、一般的意味または価値とかかわっています。……これは、論理学者が今日とても頻繁に内包・外延の問題として挙げている問題、つまりこれはどの対象クラスに関係づけられうるかという問題です。しかし、これは意味論的研究のきわめて重要な部分であります。とても残念ですが、これに話が及ぶと本筋から離れすぎてしまいかねません。わたしとしては、この点につき近いうちに論考を発表したいところです。わたしが取りあげなかった語には、たとえば、多義語と呼ばれている一方で英語の同音異義語の体系となっていない語や、カッツやほかの人びとが熱心に議論を交わしたような、「(男性)独身者」という基本的な意味を持つ bachelor という語がありますが、こうした語をどのように検討すべきかは――わたしの考えでは、完全に均整のとれた体系、シシコフの表現によれば「同一語根の単語群」として検討すべき――示しました。わたしはある一点でのみ、アレクサンドル・アレクサンドロヴィチに同意しかねます。思うに、ご当人も納得していないのではないでしょうか。つまり、vot は「「ほらここにある、いる」を表わす」指示詞的なものであるのにたいして、この kot のほうはまちがいようがありません。すなわち、アレクサンドル・アレクサンドロヴィチがちょうどいま述べたように、そこでは kot〔雄猫〕なのか koška〔雌猫〕なのかわかりませんでしたが、kot〔雄猫〕と書かれていました。したがって、この場合も、この子にとって重要であったのは、ある種の二項性を見きわめることだったのです。パースが記号と対象の直接的な相関性はないと言っていますが、わたしもその通りだと思います。あるのは、記号体系と対象世界との相関性であって、記号そのものはまず何よりもほかの記号と相関関係にあります。もっとも単純なケースを取りあげましょう。ここにダイクシスの記号があります――人さし指を使ったものです。この記号はきわめて多義的です。英語が話せないアメリカ先住民に、言語学者が巻きタバコの箱を示して「Chesterfield」と言っている場面を想像してみてください。これは何でしょう？　一義的でしょうか？　けっしてそうではありません。第一に、念頭におかれているのはこの箱なのか、このタイプの巻きタバコなのか、あるいは巻きタバコ全般なのか、あるいはタバコ全般なのか、あるいは嗜好品全般なのか、かれにこれを取れと言っているのか、かれがこれを見ることなのか、かれがこれを同一視することなのか、かれにはわかっていません。……ご存知のように、人さし指の動きは文化が異なればまったくちがった意味を持っており、往々にしてこれはタブーであり、禁じられた動きです。アフリカのいくつかの文化ではこれは呪いであり、またある文化ではこれは無礼な身振りであり、またある文化ではこれは招待を受けることなどを表わします。この人さし指の身振りの使用例には大変興味深いものがあります。要するに、記号と対象とのこうした直接的な結びつきは、体系ぬきには示されえないように思われます。もし、まさにこの先住民に説明しはじめ、「ほらこれが Chesterfield です、これがまさにそれなんです」といくつものこのような記号を使って話すならば、結びつきも示せるでしょう。ご存知のように、なぜかわれわれは、記号と対象とのあいだにはきわめて単純で自然な相関関係が何かしらあるものと信じすぎています。あるアメリカの民族言語学者が、アメリカ先住民の——なんと呼ぶべきか——土着の、インフォーマントとどのように仕事をしているかを聞かせるために、わたしを呼び出しました。英語を話さなかったアメリカ先住民がいましたが、この研究者自身もそのかれとは話そうとしませんでした。そうしたくなかったのです。研究者はなんとかして（その辺の事情はわかりませんが）、ほかの現地人を介して、当初の現地人にテープレコーダーの前で自身の人生について語るように提案しました。それこそがもっとも標準的な状況と考えたのです。その結果あきらかになったのは、まず第一に、テープレコーダーがその現地人に神話的な印象を与えたこと、第二に、現地人は儀式以外にモノローグが存在しない文化に属していたこと、第三に、現地人が自分自身の人生を語ることが禁止されている文化に属していたということです。おわかりのように、こうしたことすべてを考慮に入れなければならないのです。民族言語学的な相関関係はきわめて複雑なのです。

原注

（1）　Sossjur F. De, "Kurs obščej lingvistiki", Sossjur F. De, *Trudy po jazykoznaniju*, Moskva, 1977, ss. 35–269.

（2）　ストア学派の教義によれば、記号の本質は、記号に固有の二面的構造や、直接的に知覚できる signans

「意味するもの」と念頭におかれ理解されうる signatum「意味されるもの」との解消しえない統一にある。それぞれの術語は、元のギリシア語の伝統的なラテン語訳である（Jakobson R. "Jazyk v otnošenii k drugim sistemam kommunikacii", Jakobson R. *Izbrannye raboty*, Moskva, 1985, ss. 319-330 を参照）〔「他のコミュニケーション体系との関係における言語」（服部四郎編『ロマーン・ヤーコブソン選集2』大修館書店、一九七八年、一三三―一四七頁〕。

（3）記号を指標的記号、類像的記号、象徴的記号に区分することを Charles Peirce が提案したのは、一八六七年の *Proceedings of the American Academy of Arts and Sciences* に掲載された "On a New List of Categories" においてである。ロシア語版―― Pirs Č. S., "O novom spiske kategorij", Pirs Č. S., *Izbrannye filosofskie proizvedenija*, Moskva, 2000.

（4）より詳しくは Jakobson R., "Da i net v mimike", *Jazyk i čelovek*, Moskva, 1970, ss. 284-289 を参照〔「首の振り方による Yes と No」（服部四郎編『ロマーン・ヤーコブソン選集2』八五―九一頁）〕。

（5）Jakobson R., "Linguistic Types of Aphasia", Jakobson R., *Selected Writings*, Vol. II, The Hague; Paris, pp. 307-319.〔「失語症における言語学的タイプ」（ロマーン・ヤーコブソン『失語症と言語学』服部四郎編・監訳、岩波書店、一九七六年、一二七―一六一頁）〕

（6）Fodor J. A., Katz J. J., "The Structure of Language", *Readings in the Philosophy of Language*, Englewood Cliffs (NJ): Prentice-Hall, 1964.

（7）Boas F., "Language", *General anthropology* (Boston, 1938). Jakobson R., "Vzgljady Boasa na grammatičeskoe značenie", Jakobson R., *Izbrannye raboty* (Moskva, 1985), ss. 231-238.

（8）Sapir E., *Language* (New York: Harcourt Brace, 1921).

（9）モスクワ大学に付属して一九一四年に開設された心理学研究所は、心理学の分野におけるロシアで最初、世界で三番目の科学的研究と教育の研究所であった。ロシアの学芸保護者S・I・シチューキンの資金により創設され、一九二四年まではかれの亡き妻リージヤ・グリゴエヴナ・シチューキナの名を冠していた。現在は、ロシア教育アカデミーの組織に入っている。一九九二年には研究所は当初の名称、すなわち「L・G・シチューキナ記念心理学研究所」に戻っている。

（10） Tynjanov はこれを『詩の意味論の問題』と呼んでいた（Tynjanov Ju. N., *Poetika. Istorija literatury. Kino* (Moskva, 1977), s. 253 を参照）。

（11） Tynjanov Ju. N., *Problema stixotvornogo jazyka*, Leningrad, 1924.

（12） Jakobson R., "V poiskax suščnosti jazyka", *Sbornik perevodov po voprosam informacionnoj teorii i praktiki*, no. 16 (Moskva., 1970), ss. 4-15.〔本書、二八一―三〇六頁〕

7　言語の本質の探究

レオナルド・ブルームフィールドは、多大な影響を及ぼした一九三三年の著書〔『言語』〕において、「人間のことばにおいては、音が異なれば意味が異なる」以上、「ある種の音とある種の意味とのこの対応関係を研究することが、言語を研究することである」と結論づけている。[1]それより一世紀前に、ヴィルヘルム・フォン・フンボルトは次のように説いている――「音声と音声の示す意味の間に連関があることは確実のように思われる。しかし、この連関そのものの性状が十分説明されることは稀でしかなく、単に予感されるだけのことが多く、正しい推測《エルラーテン》が得られることもまずない」[2]。こうした関係や結びつきは、長い歴史を持つ言語科学においてつねに重要な問題とされてきていた。それにもかかわらず、このことをひとむかしまえの言語学者たちは一時的にすっかり忘れてしまっていた。この事実を示す一例として、記号とりわけ言語記号を二つの構成要素――シニフィアンとシニフィエ――の不可分の統一体であるとみなしたフェルディナン・ド・ソシュールの解釈が、すこぶる斬新なものとして再三再四称賛されたことがあげられよう。

だが、こうした概念は術語ともども、二二〇〇年前のストア派の理論を全面的に引き継いだものであった。ストア派の理論は、記号（σημεῖον）を、意味するもの（σημαῖνον）と意味されるもの（σημαινόμενον）の関係によって構成される実体〔entity〕とみなしていた。前者は「知覚可能なもの」（αἰσθητόν）、後者は「理解可能なもの」（νοητόν）、あるいはより言語学的な言い方をすれば「翻訳可能なもの」と定義された。それに加えて、指示〔reference. 記号とそれが指示する対象との関係〕も、τυγχάνον という術語によって意味と明確に区別されていたものと思われる。聖アウグスティヌスの著書は、記号活動（σημείωσις）にたいするストア派の探究を受け継ぎ、発展させるとともに、ラテン語の術語を用いており、とりわけ、シグナンス〔signans〕とシグナートゥム〔signatum〕からなるシグヌム〔signum〕を導入している。ちなみに、ソシュールは、この相関関係にある概念と名称の対を、最後の一般言語学講義の途中で、おそらくH・ゴンペルツの『精神論〔Noologie〕』（一九〇八）を通して借用したものと思われる。以上のような学説が、めざましい発展と深遠さ、アプローチの多様性を誇った中世言語哲学の根底にある。あらゆる記号の二重性とその結果である「二重認識」（オッカムの言葉）は、中世の科学思想に完全に受け入れられた。

　おそらく、アメリカの思想家のなかでもっとも独創的で多才であったのはチャールズ・サンダース・パース（一八三九―一九一四）であろう。かれはあまりに偉大すぎたがために、大学での職を得られなかった。かれが記号の分類において洞察力を発揮した最初の試みは「カテゴリーの新リストについて」であり、一八六七年に『アメリカ科学アカデミー会報』に掲載された。四〇年後には自身の「記号の性質についての生涯にわたる研究」を要約し、パースは次のように述べている――「わたしが知る限り、わたしは先駆者である、いやむしろ開拓者と呼ぶべきかもしれない。わたしが記号論〔semiotic〕と呼ぶもの（つまり、あらゆる記号過程《セミオシス》の本質と基本的種類に関する学説）を、開墾することが仕事なのだから。新参者にとっては、このフィールドはあまりに広大で、仕事はあまりに大変であるように思われる」。パースは、同時代人たちの研究では一般理論的前提が不十分であることを鋭く見抜いていた。かれが自身の記号科学に与えた名称そのものは、古代ギリシア・ローマのσημειωτική に由来している。パースは、古代や中世の論理学者たちを「第一級の思想家たち」と称賛し、かれらの経験を広く利用していた。また一方で、「スコラ哲学者たちの驚くべき洞察力」にたいするありがちな「野蛮な激怒」を厳しく非難していた。一九〇三年にかれは、もしも初期の「記号の学説」が滅ぼされず情熱と英知を持って引き継がれていたならば、たとえば言語学のようなきわめて重要なさまざまな専門科学が「一九五〇年末に到達できるかもしれぬ成果よりももっと決定的に進んだ状態で」二〇世紀を迎えていたにちがいない、との強い信念を表明している。

一九世紀末からは、これとおなじような学問領域をソシュールが熱心に提唱していた。ソシュールのほうは、古代ギリシアに刺激を受け、それを記号学《セミオロジー》と名づけ、この新しい学問分野によって記号の本質や記号を制御している法則が解明されることを期待した。かれの考えでは、言語学は、この一般的科学のたんなる一部分となるべきであり、言語がどのような特性によって「記号的事実」という全体のなかの個別体系となっているかをあきらかにしていくはずのものであった。二人の学者が記号体系のこうした比較研究に取り組んだことにはなんらかの発生起源的な関連があるのか、あるいはたまたま一致しただけなのかを、探り当ててみたいものである。

パースが半世紀にわたり記号論について書き残していた草稿は、画期的な意義を有している。もしこれらが一九三〇年代まで大部分未刊行のままに放置されるようなことがなかったならば、あるいは少なくとも出版された著作だけでも言語学者に知られていたならば、言語理論の国際的発展に圧倒的な影響力をまちがいなく及ぼしていたことだろう。

パースも、「実体的な質〔material qualities〕」、すなわちあらゆる記号のシグナンスと、「直接的解釈項〔immediate interpretant〕」すなわちシグナートゥムとを明確に区別した。記号（あるいはパースの術語では表意体〔representamina〕）には、[3]記号過程における三つの基本的種類、すなわちシグナンスとシグナートゥムとの種々の相関関係によって異なる三つの「表意的性質」がある。パースはこの違いによって記号の基本的な三タイプを区別している。
一、類像〔icon〕は、おもに、シグナンスとシグナートゥムが事実として類似していることにもとづいて機能する。たとえば、動物の絵とその元の動物との類似性である。前者は「たんに似ているからという理由で」後者を表わしている。
二、指標〔index〕は、おもに、シグナンスとシグナートゥムが事実や実在として近接していることにもとづいて機能する。また、「心理学的に見れば、指標としての機能は近接性による連想に依拠している」。たとえば、煙は火の指標である。「火のないところに煙は立たぬ」ということわざの知識のおかげで、煙の解釈者は誰しもそこに火があることを推測できる。その火が誰かの注意を引くために故意につけられたかどうかは、関係ない。ロビンソン・クルーソーは指標を見つけた。そのシグナンスは砂地の足跡であった。そこから読みとれるシグナートゥムは、この島に人間がいるということだった。パースの考えでは、熱のひとつの徴候としての脈拍の上昇は指標である。こうした場合、パースの記号論は、症候学〔semeiotics, semeiology, symptomatology〕と呼ばれている、病気の症状の医学的研究と、事実上おなじものとなる。

三、象徴〔symbol〕は、おもにシグナンスとシグナートゥムとの、割りふられ〔imputed〕、習得された近接性にもとづいて機能する。この結びつきは「規則である」ということにあり[4]、類似性や物理的な近接性の有無に依拠しない。この約束による〔conventional〕規則の知識は、どんな象徴の解釈者にとっても必須で、ただこの規則があるという理由だけで記号は実際に解釈される。もともと、象徴という語は、ソシュールやその弟子たちも同様の意味で用いていたが、のちにソシュールはこの術語に反対した。というのも、この術語はシグナンスとシグナートゥムとの一種の自然な結びつき（たとえば、正義の象徴としての天秤ばかり）を伝統的に含んでいるからである。ソシュールのメモでは、約束上の体系に加わっている約束上の記号は暫定的にセーム〔seme〕という名称が与えられていた。他方、パースはセームという術語を特別な、まったく別の目的で用いていた[5]。パースの象徴という術語の用い方と、symbolismという語のさまざまな意味とを突き合わせてみれば、悩ましい曖昧さゆえの危険性が感じとられよう。しかし、より適した代替語がないために、さしあたりパースが導入した術語を用いざるをえない。

記号論に関してこのように熟慮が重ねられると甦ってくるのは、プラトンの魅力的な対話篇『クラテュロス』でみごとに議論されている問題である。つまり、言語の形式と内容は、クラテュロスが主張するように「自然に」（φύσει）むすびついているのか、あるいは、ヘルモゲネスの反論のように「約束で」（θέσει）むすびついているのかという問題である。プラトンの対話で仲介をしたソクラテスは、類似性にもとづいて表現するのは、恣意的な記号を用いるよりもすぐれているという主張に傾きかけたが、その類似性の魅力に惹かれつつも、約束、風習、習慣といった補完的要因を受け入れざるをえないと感じている。

プラトンのヘルモゲネスのあとにつづいてこの問題に取り組んだ学者たちのなかで第一に挙げられるのは、イエール大学の言語学者ドワイト・ホイットニー（一八二七―九四）である。かれは社会制度としての言語という命題を掲げ、ヨーロッパ言語思想に大きな影響を与えた。かれの一八六〇年代と七〇年代の主著において、言語は恣意的で約束による（プラトンの言葉では ἐπιτυχόντα と συνθήματα）記号からなる体系として定義された。この学説は、ソシュールにより借用、展開され、かれの没後に弟子のバイイとセシュエによって編纂された『一般言語学講義』に盛りこまれた。師ソシュールは、「かんじんかなめの点において、アメリカの言語学者のいうところは、もっとものように思われる。言語は一つの制約であり、人びとのとりきめた（dont on est convenu）記号の性質のいかんは、問う必要がない[6]」と述べている。恣意性が、言語記号の性質を定義するための二つの基本原理のうち第一に位置づけられている――「能記〔シグナンス〕を所記〔シグナートゥム〕に結びつける紐帯は、恣意的である[7]」。添えられている注釈が指摘しているところによれば、だれもこの原理に反論していないが、「しかし真理を発見することのほうが、それに帰すべき位置を与えることよりも、しばしば容易である。上述の原理は言語（ソシュールのいう意味ではラング〔la langue〕、すなわち言語コード）の言語学ぜんたいを支配するものであって、その帰結は無数である」[8]。バイイとセシュエに呼応して、メイエとヴァンドリエスも「意味と音のあいだに結びつきがないこと」を強調し、ブルームフィールドも「言語の形式は恣意的である」とおなじ見解を述べた。

しかし実際のところ、記号の恣意性についてのソシュールの教義に異論がなかったわけでは、けっしてない。オットー・イェスペルセンの見解（一九一六）によれば、言語の恣意性の役割は過度に誇張されており、ホイットニーもソシュールも音と意味の関係についての問題を解決できていない。ダムレットとピチョンの反論とボーリンガーの反論は、"Le signe n'es pas arbitraire"（一九二七）と"The sign is not arbitrary"（一九四九）という、おなじ題〔記号は恣意的でない〕になっている。バンヴェニストは、自身の時宜を得た小論「言語記号の性質」（一九三九）において、決定的な事実をあきらかにした。つまり、シグナンスとシグナートゥムの結びつきは、第三者的な、外国の傍観者にはたんなる偶然にすぎないが、おなじ言語を母語にする者にとってはこの関係は必然であるというのである[9]。

いかなる特定の共時体系をも内在的に言語学的分析をおこなうべしというのがソシュールの基本的要求であるが、これでは、言語記号の二つの構成要素の恣意的な結びつきの論拠として地域や時代による音と意味の違いを引き合いに出すことは、あきらかに説得力を欠いてしまっている。ドイツ語を話すスイスの農婦が、おなじ村のフランス人はなぜチーズのことを fromage と呼ぶのかと尋ねたという話がある。彼女いわく「Käse〔チーズ〕のほうがずっと自然なのに！」。彼女こそ、すべての語は恣意的な記号であって代わりに別のどんな記号もおなじ目的のために使えるであろうにと主張する人びとよりも、はるかにソシュールの姿勢を表わしている。しかし、こんなふうに当然必要と感じているのは、たんに習慣だけによるものなのだろうか。言語記号は——象徴であるから——そのシグナートゥムをシグナンスと「むすびつける習慣があるということによってのみ」、作用するのだろうか。

パースの記号分類のもっとも重要な特徴のひとつは、記号の三つの基本クラスの違いは相対的階層制の違いにすぎないという洞察である。類像、指標、象徴という記号区分の基礎となっているのは、シグナンスとシグナートゥムとのあいだに類似性や近接性があるかないかでもなければ、シグナンスとシグナートゥムの結びつきが純粋に事実上のものか、割りふられただけの習慣的なものかどうかでもない。これらの三要因のうちのひとつがほかの要因より優位にあるということだけである。それゆえにパースは、「約束による規則が類似性を支えている類像」に言及している。相異なる芸術流派の絵を理解するために鑑賞者が学ばねばならない、さまざまな遠近法技術を思い起こされたい。人物の大きさの違いは、さまざまな絵のコードにおいて相異なる意味を持つ。中世絵画におけるある伝統では、悪人は例外的に一貫して横顔が描かれ、古代エジプト芸術においては正面だけが描かれている。パースは、「絶対的に純粋な指標記号の実例をあげたり、指標記号的な性質を全く欠いた記号を見つけたりするのは、不可能ではないにしても困難であろう」[10]と主張している。指で示すというような典型的な指標も、文化がちがえば、異なる意味を持つ。他方、たとえば、南アフリカのある部族では、指された対象はそれによって呪われたものになる。

「象徴は指標の一種を含むだろう」し、「指標がなければ、何のことを言っているのかを示すことはできない」。

パースは、三つのタイプの記号すべてにおいて三つの機能がさまざまな程度で補い合っていることに関心を持ち、とりわけ言語象徴の指標的構成要素と類像的構成要素に細心の注意を払っていた。このことは、「もっとも完全な記号」は類像的性質と指標的性質、象徴的性質が「可能な限り等しく混ざり合っている」記号であるというかれの主張と密接につながっている。これとは反対に、ソシュールが言語の約束性を主張するのは、「記号学的手順の理想を実現するには、まったく恣意的な記号のほうが、他よりすぐれている」[11]というかれの主張とむすびついている。

言語の指標的な要素については、拙論「転換子と動詞範疇とロシア語動詞」[12]において論じられている。以下では、類像的な面における言語パターンの問題をとりあげ、プラトンの問い——どんな種類の模倣（μίμησις）によって言語はシグナンスをシグナートゥムにむすびつけているのか——の答えを出してみたい。

Veni, vidi, vici〔来た、見た、勝った〕という動詞の連鎖がカエサルの行動順序をわれわれに知らせているのは、なによりもまず、等位の過去形を連続して用いることで、伝えられた出来事の継起を再現しているからである。発話事象の時間的な順序は、語られている事象の時間的順序や階層的順位を反映しがちである。「大統領と国務長官が会議に出席した」のような並びは、逆よりはるかに一般的である。なぜなら、文《クローズ》の最初の位置が公的地位の上位を反映するからである。

シグナンスの順序とシグナートゥムの順序の一致は、パースによって概説された「ありうる記号過程の基本的変種」のなかに正しく位置づけられている。パースは、類像の下位分類として、イメージ〔images〕とダイアグラム〔diagrams〕との二つを明確に区別した。イメージでは、シグナンスがシグナートゥムの「単純な性質」を表わすのにたいし、ダイアグラムではシグナンスとシグナートゥムとの類似性は「それらの部分間の関係性においてのみ」存在する。[13]パースの定義では、ダイアグラムとは「主に関係の類像であり、さらにそうあるように約束事によって補われる表意体〔representamen〕」である。このような「わかりやすい（諸）関係の類像」は、アメリカとソ連の鉄鋼生産量の比較を表わす、異なる大きさの二つの四角で例示できよう。シグナンスにおける（諸）関係は、シグナートゥムにおける（諸）関係に一致している。統計曲線のような典型的なダイアグラムでは、シグナンスの部分とシグナートゥムの部分との関係に関して、両者は類像的な類似を示している。年代順のダイアグラムが点線で人口増加率を、実線で死亡率を象徴記号化するならば、これらは、パースの言葉で言えば「象徴状の特徴〔symbolide features〕」である。ダイアグラム理論は、パースの記号論的研究で重要な位置を占めている。パースは、「真に類像的であり、表わされた物と自然に類似している」ことから生じる大きな長所を、ダイアグラムに認めている。ダイアグラムのさまざまな種類について議論するうちに、パースは次のように確信するにいたった。「代数的な等式は、（それ自身は類似記号でない）代数的記号によって、かかわりのある諸量の諸関係を示している限りどれも類似記号である」[14]と。どんな代数の式も、「象徴の交換、結合および分配の規則によって類像になる」ということになる。このようにして、「代数はダイアグラムの一種にすぎない」し、さらに「言語は代数の一種にすぎない」。パースは、「文が理解されうるためには、たとえば、文中の語の配列が類像の役割を果たさなければならない」ことを明確に理解していた。

J・H・グリーンバーグがあきらかにした文法的普遍性あるいは準普遍性について議論したときにわたしが指摘したように[15]、有意味要素の順序は、あきらかに類像的な性格が理由で、普遍性への傾向がとりわけ顕著に見られる。まさにそれゆえに、条件節が帰結節よりも先にくることが、あらゆる言語の条件文において唯一許容された順序、あるいは基本的、中立的、無標的な順序となっている。またグリーンバーグの資料が示しているように、ほぼすべての言語において、名詞的主語と目的語を伴った平叙文における唯一の順序、あるいは少なくとも支配的、基本的な順序は、主語が目的語よりまえにくるというものであるならば、この文法的過程は文法概念の階層制をあきらかに反映していることになる。述語で行為が表わされる主語は、エドワード・サピアの術語でいえば、「終点であって、行為の「目的語」となっている」ものにたいして、「出発点、その行為を「するひと」」として考えられている[16]。主語というのは、文節の中で唯一の独立項であり、何についてのメッセージなのかを指定する。行為者の実際の地位が何であろうと、行為者は主語の役割を担うや否や、そのメッセージの主人公に必然的に昇格する。「部下は社長に従う」。地位表にもかかわらず、関心は、まず第一に、行為者としての部下に向けられ、そのあと受け手、すなわち行為の「ゴール」、従われている社長に向けられる。しかし、もし述語が能動的な行為の代わりに受動的な行為を表わすならば、主語の役割は受け手に割り当てられ、「社長は部下に従われる」となる。主語を省略できないことや、目的語を任意で省略できるという性格は、前述の階層制を浮き彫りにしている――「部下は従う」。「社長は従われる」。文法的、論理的な精査が進展した結果あきらかになってきたように、叙述はあらゆるほかの意味作用と根本的に異なっているため、主語と目的語とを同等扱いするようなこじつけの論拠は断じて許されない。

ダイアグラムの研究は、現代グラフ理論においてさらなる発展を見ている。多方面にわたるグラフの詳細な記述が伴っている、F・ハラリー、R・Z・ノーマン、D・カートライトの刺激的な著作『構造的モデル』（一九六五）を読むと、それらのグラフが文法パターンと著しく類似していることに言語学者は驚かざるをえない。シグナンスとシグナートゥムの同形的構成は、グラフと文法の双方の記号場においてひじょうに似た仕組みを示しており、そうした仕組みのおかげで、文法構造とりわけ統語構造をグラフに正確に転換しやすくなっている。言語的実体の相互の結びつきや、文配列の始点・終点と言語的実体との結びつき、近接と隔たり、中心性と周縁性、対称関係、単独構成要素の省略的削除といったような、言語のもろもろの特性は、グラフの構成のなかに密接な等価物を見いだす。統語構造全体を一連のグラフに逐語的に訳すならば、ダイアグラム的、類像的な関係形式を、その体系の厳密に約束的で象徴的な特徴から区別することができよう。

語が組み合わされて統語群になるときだけでなく、形態素が組み合わされて語になるときにも、顕著なダイアグラム的特徴があらわれる。統語論においても形態論においても、部分と全体のあらゆる関係が、ダイアグラムとその類像的性質に関するパースの定義と一致する。語彙的形態素としての語根と文法的形態素としての接辞との実質的な意味の違いは、語中のちがった位置にグラフ状に表現される。接辞、とりわけ屈折〔動詞変化〕接尾辞は、これを有する言語では、音素や音素結合が限定的に選択されて用いられるために、通常ほかの形態素とは異なっている。たとえば、英語の生産的な屈折接尾辞として用いられる子音は、歯茎継続音と歯茎閉鎖音、そしてそれらが組み合わさった -st だけである。ロシア語の子音パターンの二四の閉塞音のうちでは、四音素〔j, ʃ, t, m〕だけが互いにきわだって対立し、屈折接尾辞の機能を果たしている。[17]

形態論では、シグナンスとシグナートゥムとの等価関係があらわれる記号の例が豊富に見られる。たとえば、さまざまな印欧諸語では、形容詞の原級、比較級、最上級と段階的に音素の数が増えていく。high – higher – highest〔英語「高い」〕、altus – altior – altissimus〔ラテン語「高い」〕。このように、シグナンスはシグナートゥムの漸次的変化の段階すべてを反映している。

複数形が形態素の付加によって単数形と区別される言語はあるが、グリーンバーグによれば、その関係が逆になるような、つまり単数形と正反対に、複数形に追加の形態素がまったくないような言語はない。複数を示すシグナンスは、形態の長さが増すことで数の増加という意味を反映しようとする。単数の現在変化と、より長い語尾を持つ対応の複数の現在変化を比較してみよう。一人称 je finis – nous finissons、二人称 tu finis – vous finissez、三人称 il finit – ils finissent〔フランス語「終える」〕。あるいはポーランド語では、一人称 znam（わたしは知っている）– znamy、二人称 znasz – znacie、三人称 zna – znają。ロシア語名詞の格変化では、ゼロ語尾ではない語尾は、同一の文法格の単数形よりも複数形のほうが長い〔三三一頁の訳注2を参照〕。さまざまなスラヴ語において「より長いのが複数形、より短いのが単数形」というダイアグラムが綿々とつくりあげられてきた多様な歴史的過程をたどると、こうした事実や言語が経てきた多くの同様の事実は、「シグナンスの音構造において、その記号の価値や意味に似かよったものは何もない」というソシュールの主張と一致しないことがわかる。

ソシュール自身、言語の「絶対的に」恣意的な要素と言語の「相対的に」恣意的な要素を区別することで「恣意性の基本原理」をやわらげていた。これらのカテゴリーのうち相対的に恣意的なものにソシュールが含めたのは、シンタグマティック〔統語的〕な軸上で構成要素に分解でき、その構成要素がパラディグマティック〔範列的〕な軸上で同定可能なような記号である。[18]しかし、ソシュールの見解では「完全に無縁的」とされている、フランス語のberger「羊飼い」（ラテン語berbicariusに由来）のような形式も、似たような分析をしようと思えば可能である。なぜなら、-erは、行為者を表わすこの接尾辞を持った別の例を連想させ、vacher「カウボーイ」その他のようなおなじパラディグマティックな系列に属するほかの語のなかでおなじ位置にくるからである。さらには、文法的形態素のシグナンスとシグナートゥムとの結びつきを探究するには、形態が完全に同一であるような例だけでなく、相異なる接辞が一定の文法機能と一定の音韻特徴を共有している場合も含めなければならない。たとえば、ポーランド語の造格〔具格〕は、性、数、品詞が異なれば語尾もさまざまであるが、その最後の子音あるいは母音には鼻音的特徴〔鼻子音m、鼻母音ą〕が必ず含まれている。ロシア語の音素m〔口蓋化を伴う場合〔m'〕と伴わない場合〔m〕がある〕は、周縁格〔造格、与格、場所格〔前置格〕[19]〕の語尾にあらわれ、ほかの種類の文法格にはけっしてあらわれない。このように、文法的形態素内の個々の音素や弁別素性は、ある文法カテゴリーの自律的標識となっていることがある。「相対的有縁化の役割」に関するソシュールの所見――「精神は記号本体のある部分における秩序および規則性の原理を取り入れようとしている[20]」――は、形態論的下位単位のこうした使い方に当てはめることができよう。

ソシュールは言語の二つの潮流《ドリフト》を区別した。語彙的な道具、つまり有縁的でない記号を用いようとする傾向と、文法的な手段、言い換えれば構成上の規則の優先の二つである。ソシュールにとってサンスクリットは、極端に文法的で、最大限に有縁化された体系の実例であるように見えたのにたいし、フランス語はラテン語と比べて「絶対的な恣意性のなかにまいもどってしまった。もっともこれが言語記号の本質的な条件なのである[21]」と理解した。注目すべきことに、ソシュールの分類は、形態論的基準にのみ依拠しており、統語論は事実上棚上げにされていた。この単純化しすぎた二極の図式は、パースやサピア、ウォーフがより広く統語論的問題として洞察することで実質上修正されている。とりわけ、「言語の代数的性質」を強調していたベンジャミン・ウォーフは、個々の文から「文構造の図式」を取り出す方法に通じており、「言語の「パターン構成〔patternment〕」的な面は、「語彙過程〔lexation〕」……つまり、名称を与えるという面より優位に立ち、それを支配する」と主張した[22]。このようにして、言語象徴の体系における顕著にダイアグラム的な構成要素が、語彙よりも全般的に上位におかれている。

文法を放棄し、語根やそれ以上分離できない一形態素語（『クラテュロス』で語彙の στοιχεία と πρῶτα ὀνόματα と呼ばれているもの）に関する厳密に語彙論的な問題に取り組むとき、われわれも、プラトンの対話の参加者たちとおなじく、みずからに問うてみなければならない――シグナンスとシグナートゥムの内的結びつきに関する議論をこの時点でやめて放棄するのが当を得ているのか、あるいはうまい言い逃れがない限り「最後まで勝負をつづけ、これらの問題を勇敢に十分に考察」すべきなのかを。

フランス語では ennemi〔敵〕は、ソシュールが述べているところでは、「なにものによっても有縁化されない〔ne se motive par lien〕」。[23] しかし、ami et ennemi〔友と敵〕という表現で、フランス人なら、韻を踏んでいる二つの並んだ語が似ていることを見落とすことはまずない。father、mother、brother は語根と接尾辞とに分けられないが、こうした親族名称の第二音節は、意味的に近似性があることを音素が暗示しているように感じられる。ten、-teen、-ty のあいだの語源的な結びつきを支配しているような共時的規則はない。three、thirty、third あるいは two、twelve、twenty、twi-、twin も同様である。しかしそれにもかかわらず、あきらかなパラディグマティックなつながりが、これらの形式を緊密なひとまとまりとして束ねつづけている。eleven という語の音形がどんなに不明瞭であっても、twelve の音形とのわずかな結びつきは感じとられる。この結びつきは、双方の数詞の隣接によって支えられている。

情報理論を通俗的に応用するならば、われわれは、隣接する数詞が異化する傾向を見いだしたい気分にかられることであろう。たとえば、ベルリンの電話交換局は、zwei〔二〕と drei〔三〕との混同を避けるために、zwei を zwo に変えた。しかしさまざまな言語では、これとは逆の、同化する傾向が、隣接する個数詞のあいだで優勢である。たとえば、ロシア語では sem'〔七〕- vosem'〔八〕、devjat'〔九〕- desjat'〔一〇〕のように、単一数詞の隣り合った数詞どうしが似かよってきている。シグナンスの類似性が、対になった数詞の結びつきを強めている。

slimy〔ねばっこい〕と lithe〔しなやかな〕からできた slithy のような新造語や、さまざまなかたちの混成語やかばん語は、もとの単一語どうしが相互に連続し、それぞれのシグナンスとシグナートゥムの影響しあったものとなっている。

先に引用したD・L・ボーリンガーの論文では、音と意味との「相互影響のはかり知れない重要性」、そして、起源にかかわらず「似た音に似た意味がむすびついている語の集合体」について、説得力をもって実証されている（たとえば、bash〔強打する〕、mash〔すりつぶす〕、smash〔粉砕する〕、crash〔衝突する〕、dash〔突進する〕、lash〔鞭うつ〕、hash〔切り刻む〕、rash〔突進する〕、brash〔破壊する〕、clash〔衝突する〕、trash〔壊す〕、plash〔（水などを）はねとばす〕、splash〔（水が）はねる〕、flash〔点滅する〕）。こうした語はオノマトペに近似するものであるが、ここでもやはり起源の問題は共時的分析にとって取るに足らない。

掛詞〔paronomasia〕は、いかなる語源的な結びつきともかかわりなく、音素的に似た語の意味を対置させたものであるが、言語生活において無視できない役割を担っている。ある雑誌記事の「Multilateral Force or Farce?〔多国籍軍か茶番か〕」のように語呂を合わせたタイトルは、語の母音交替にもとづいている。ロシアのことわざ「Síla solómu lómit〔力はわらをも折る（時の権力には逆らえない）〕」では、述語 lómit と目的語 solómu との結びつきは、語根 lóm- が語根 solóm- に疑似的に組み込まれることで強調されている。つまり、アクセントのある母音に隣接する音素 l は、文の三つの部分にわたっており、それらをまとめている。主語 síla の二つの子音は、目的語 solómu のなかでおなじ順番で繰り返されている。この目的語は、ことわざの最初の語 síla と最後の語 lómit の音素的構成をいわば総合している。にもかかわらず、純粋な語彙論的レベルでは音と意味の相互作用は目に見えない潜在的な性格をおびているのにたいして、統語論や形態論〔屈折と派生〕では、シグナンスとシグナートゥムとの内在的、ダイアグラム的な対応は判然としており、義務的なものとなっている。

二つのシグナートゥムの部分的類似性は、前述した例のように、シグナンスの部分的類似性によって表わされるか、あるいは語彙的比喩のようにシグナンスの完全な同一性によって表わされる。star は、天体を意味しようとも人間を意味しようとも、両方ともきわだって輝く存在である。二つの意味の階層制――一方は第一次的、中心的、本来的でコンテクストに依存しないのにたいして、他方は第二次的、周縁的、比喩的、転移的でコンテクストに依存する――は、このような非対称的な対の代表的な特徴である。隠喩（あるいは換喩）は、類似性（あるいは近接性）によって、第一次的なシグナートゥムを連想させる二次的シグナートゥムに、シグナンスを当てたものである。

語根内部の文法的交替は、われわれを再び通常の形態論的過程の領域につれもどす。交替する音素の選択は、純粋に約束的なこともある。たとえば、サピアがあげている、イディッシュ語の「ウムラウト」による複数形では、前舌母音が用いられる（tog（「日（の単数）」）―teg（「日（の複数）」）、fus（「足（の単数）」）―fis（「足（の複数）」）など）[24]。しかし、交替形そのもののなかにあきらかな類像的価値を持った類似的な文法的「ダイアグラム」を示す例がある。たとえば、アフリカやアメリカのさまざまな言語における複数、反復、継続、指大〔増大〕を示す形式に見られる、語根の部分的または完全な重複である。バスク語の諸方言では、子音の音調性〔tonality〕を強める口蓋化によって、指小〔縮小〕を表わす。アメリカのいくつかの言語では、重音性の母音や子音を鋭音性の母音や子音に、密音性の音を散音性の音に、継続性子音を瞬時性子音に、非抑止性子音を抑止性（声門化）子音に置きかえると、「その語の意味に指小の概念が加わる」。そして反対に置きかえれば、指大、強化の度合が表現される。これは、一定の音韻対立に固有の潜在的共感覚値にもとづいている。この値は、音知覚のテストや実験によって容易に見つけられ、とりわけ子どもの言語においては明白にあらわれるもので、中立的な意味に対置して「縮小された」あるいは「増大された」意味の度合を計ることができる。ダコタ語やチヌーク語の語根に重音性の音素や鋭音性の音素があるというだけでは、強弱の標識にはなりえないが、同一語根が二つの交替する音形式を共有している場合は、シグナンスの二つの音調性レベルの対立と、それぞれのシグナートゥムの二段階的価値の対立とのあいだに、ダイアグラム的な平行関係が生みだされる。

文法的活用のこうした相対的にまれな例は別にすると、音韻対立の自律した類像的価値は、純粋に認知的なメッセージにおいては弱まるが、詩的言語においてはとりわけ顕著になる。言語の音の織物にたいして驚くほど敏感であったステファヌ・マラルメは、自身のエッセイ『詩の危機』で、ombre〔影〕という語は実際に影が多いが、ténèbres〔闇〕は（鋭音性の母音のために）なんの暗さも暗示しないと述べている。また、jour という語が不明瞭な音質にもかかわらず「昼」の意味を、nuit という語が明るい音質にもかかわらず「夜」の意味を持つというひねくれた組み合わせに、ひどく裏切られたように感じている。しかし、マラルメが主張したように、詩は言語の欠陥を償う。フランス詩における夜と昼のイメージをよく調べてみると、nuit が重音性や変音性に囲まれているときにはいかに暗くなり、jour が鋭音性音素の連続に溶け込んでいるときにはいかにあかるくなるかがわかる。意味論の専門家ステファン・ウルマンが指摘したように、通常の言葉遣いにおいてさえ、しかるべき音素で囲まれれば、語の表現力は高まるのである。[25] ラテン語の dies〔昼〕と nox〔夜〕、あるいはチェコ語の den〔昼〕と noc〔夜〕における母音の分布が詩の明暗対照法にかなっているのにたいし、フランス詩は「矛盾した」音形をまとわせたり、あるいは昼の光と夜の暗さのイメージを重苦しい昼と軽やかな夜のコントラストに置きかえたりする。というのも、このコントラストは、重音性音素の低い音調性を重さにむすびつけ、鋭音性音素の高い音調性を軽やかさにむすびつけるという、もうひとつの共感覚的な含意《コノテーション》によって支えられているからである。

詩的言語は、音の織物における二つの効果的原因をあかるみに出す。すなわち、音素およびその構成要素の選択と配列である。これら二つの要因が効果を呼び起こす力は、表面にはあらわれないが、われわれの習慣的な言語行動のなかにやはり内在しているのである。

ジュール・ロマンの小説『幼き恋』の最終章は、Rumeur de la rue Réaumur〔レオミュール通りのざわめき〕と題されている。このパリの通りの名前〔rue Réaumur〕は、作者によると、車輪〔roues〕と城壁〔murailles〕の歌や、ほかのさまざまな形式の町の騒々しさ、震え、ざわめき〔rumeur〕に似ている。上げ潮と引き潮というこの本のテーマと緊密にむすびついたこうしたモティーフは、rue Réaumur という音形に具現化されている。この名称の子音性音素のなかには鳴音〔sonorant〕しかない。四つの鳴音（S）と四つの母音（V）の連続からなっている。すなわち、

	ru	meur	ru	ré	au	mur	rou	mur	ré	meu
重音性	−	−	−	−	+	−	+	−	−	−
変音性	+	+	+	−	+	+	+	+	−	+
散音性	+	−	+	−	−	+	+	+	−	−

SVSV—VSVS〔r-ue- R-éa-u-m-u-r〕という鏡面対称になっており、ru ではじまり、その反対の ur でおわっている。この名称の最初と最後の音節はそのまわりの言葉のなかで三回こだましている—— rue Réaumur, ru-meur, roues...murailles, trépidation d'immeubles。これらの対応する音節の母音は、三つの音韻対立をあきらかにしている。(1)重音性（後舌）と鋭音性（前舌）、(2)変音性（円唇）と非鋭音性（非円唇）、(3)散音性（狭）と非散音性（広）。

この「車輪と城壁の歌」における同一的特徴と対立的特徴の巧みな織り合わせは、月並みな通りの名称によって誘発されたものであり、「音は意味のこだまでなくてはならない」というポープの主張にたいする決定的な答えを与えている。

ソシュールは、言語の本源的な二つの特質——記号の恣意性とシグナンスの線状性——を仮定したとき、双方が等しく根本的な重要性を持つものと考えていた。そして、もしこの考えが正しければ、この二つの法則は「はかりしれない結果」をもたらし、「言語の機構全体」を決定するだろうということを承知していた。しかし、「ダイアグラム化の体系」は、言語の語彙面では潜在的で眼に見えないものの、統語論的言語パターンと形態論的言語パターンの全体においては明白で強制的であり、ソシュールの恣意性の教義を無効なものとしてしまう。また、かれの二つの「一般原理」のうち

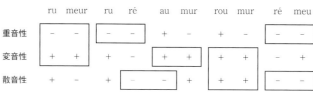

のもう一方、すなわちシグナンスの線状性は音素を弁別素性に分解できるため、根拠は揺らいでくる。こうした根本原理が退けられれば、帰結のほうも見直しが要求される。

こうして、パースの「象徴記号のある部分は、指標記号であるかもしれないし or（この接続詞 or を現代的な and/or「および・または」に書きかえよう――ヤコブソン）、ある成分は類似記号であるかもしれない」[26]という瞭然たる見解は、言語科学に新しい緊急の課題と将来的な展望を提供する。この「記号学の開拓者」の教えには、言語学の理論や実践にとって死活的な重要性があふれている。言語象徴の類像的構成要素と指標的構成要素は過小評価され、無視さえされることがあまりにも多かった。他方で、言語のきわだって象徴的な性質、およびまたそれゆえに生じる、他の主として指標的あるいは類像的な記号セットとの根本的な違いについても、同様に現代言語学の方法論においてしかるべく考慮されることが待ち望まれている。

パースお気に入りの引用「Nominantur singularia, sed universalia significantur〔「個物は名ざされ、一般物は表わされる」〕」は、ヨハンネス・デ・ソールズベリーの『メタロギコン』からのものである。もし言語学徒たちがパースの『思弁的文法学』、とりわけそのテーゼを習得していたならば、どれだけ多くの取るに足らない無駄な論争を避けることができただろうか。テーゼにはこうある。「真正の象徴記号は一般的意味を持つ象徴記号である」[27]。「すべての象徴は象徴から〔omne symbolum de symbolo〕」であるので、この一般的意味は「象徴でしかありえない」。象徴はいかなる特定の物も指すことができず、またいつも「物の種類を示す」というだけでなく、「それ自身が類であって、個物ではない」のである。ある象徴、たとえばある語は、「一般規則」であって、適用のさまざまな事例、つまり発音されたり書かれたりした——物のような——レプリカを通じて、はじめて意味を持つのである。語がこうしていかに多様に具現化されようとも、これらのあらゆる生起において「同一の語」のままにある。

象徴面が優勢を占めている記号は、一般的意味を有しているがゆえに命題をつくることのできる唯一の記号であるのにたいし、「類似記号と指標記号は何も主張しない」[28]。チャールズ・パースの死後に出版された著書のひとつであり、「わたしの傑作」という雄弁な副題がついた『存在グラフ〔Existential Graph〕』では、言語の創造力（ἐνέργεια）にたいする簡潔な見解を添えて、記号の分析と分類がまとめられている。「このようにして、象徴の存在様式は、類像や指標のそれとは異なる。類像の存在は過去の経験に属する。それは心のなかのイメージとしてのみ存在する。指標の存在は現在の経験にある。象徴の存在は、一定の条件が満たされれば、何かが確実に経験されるという実在的事実にある。すなわち、象徴は解釈者の思考や行動に影響をもたらすだろう。すべての語は象徴である。すべての文は象徴である。すべての本は象徴である。……象徴の価値は、思考や行動を理性的にさせるのに役立ち、未来の予測を可能にさせるところにある」。この見解は、哲学者パースによって繰り返し言及された。パースは、指標的な「いま・ここ〔hic et nunc〕」に、あらゆる象徴の基礎にある「一般法則」を執拗に対置した。「真に一般的なものなら何であれ、不定の未来に関連する。なぜなら、過去は起こった事柄の一定の集合しか含まないためである。過去は実際の事実である。しかし、一般法則は完全には実現されえない。それは可能性である。その存在様式は、未来に在ること〔esse in futuro〕である」。ここで、アメリカの論理学者パースの考えは、二〇世紀のもっとも独創的な詩人ヴェリミール・フレブニコフの未来図と交差する。フレブニコフは自身の作品にたいする一九一九年の解説のなかでこう述べている。「創造の祖国は未来にあると気づいた。そこから、言葉の神々の風が吹いてくる」と。

訳注

〔1〕 ブルームフィールド『言語』三宅鴻、日野資純訳、大修館書店、一九七〇年、三二頁。

〔2〕 ヴィルヘルム・フォン・フンボルト『言語と精神——カヴィ語研究序説』亀山健吉訳、法政大学出版局、一九八四年、一二一頁。

〔3〕 「記号あるいは表意体とは、ある人にとって、ある観点もしくはある能力において何かの代わりをするものである。記号はだれかに話しかける、つまりその人の心の中に、等価な記号、あるいはさらに発展した記号を作り出す。もとの記号が作り出すその記号のことを私は、記号の解釈項と呼ぶことにする」。内田種臣編訳『パース著作集2 記号学』勁草書房、一九八六年、二頁。

〔4〕 「象徴記号というのは、その解釈項を規定する規則であるということにその表意的特性が存在するような表意体である」。同書、四三頁。

〔5〕 「指標記号あるいはセーム……というのは、それが個体的な二次物であるということにその表意的特性の本質を置いている表意体のことである」。同書、三七頁。

〔6〕 フェルディナン・ド・ソシュール『一般言語学講義』小林英夫訳、岩波書店、一九七二年、二二頁。

〔7〕 同書、九八頁。

〔8〕同書、同頁。

〔9〕エミール・バンヴェニスト『一般言語学の諸問題』岸本通夫監訳、みすず書房、一九八三年、五五―六二頁。

〔10〕前掲、『パース著作集2』五三頁。

〔11〕前掲、ソシュール『一般言語学講義』九九頁。

〔12〕ロマーン・ヤーコブソン『一般言語学』川本茂雄監修、みすず書房、一九七三年、一四九―一七〇頁。

〔13〕「単純な質あるいは一次的な一次性をおびているのはイメージであり、あるものの諸部分の主に二項的あるいは二項的と見なされる諸関係を、自分自身の諸部分における類比的な諸関係によって表意しているのはダイアグラムであり……」（前掲、『パース著作集2』三三頁）。

〔14〕同書、三六、三七頁。

〔15〕「言語の普遍性が言語学に持つ意味」（服部四郎編『ロマーン・ヤーコブソン選集2』大修館書店、一九七八年、一〇五―一一九頁）。

〔16〕エドワード・サピア『言語』安藤貞雄訳、岩波文庫、一九九八年、一五九―一六〇頁。

〔17〕例――znat'「知っている」の現在形の変化

	単数	複数
一人称	znaju	znajem
二人称	znajeʃ	znajete
三人称	znajet	znajut

〔18〕たとえば、英語の比較級 stronger は strong+er と分離でき、er は同一の構成要素として、longer のよ

うに別のシンタグマティックな軸上で用いられる。

〔19〕「周縁格」については、「一般格理論への貢献――ロシア語の格の全体的意味」（服部四郎編『ローマーン・ヤーコブソン選集1』大修館書店、一九八六年、七一―一三一頁）を参照。

〔20〕前掲、ソシュール『一般言語学講義』一八四頁。

〔21〕同書、一八六頁。

〔22〕B・L・ウォーフ『言語・思考・現実』池上嘉彦訳、講談社学術文庫、一九九三年、二一二頁。

〔23〕前掲、ソシュール『一般言語学講義』一八六頁。

〔24〕前掲、サピア『言語』三三一頁。

〔25〕ステファン・ウルマン『意味論』山口秀夫訳、紀伊國屋書店、一九六四年、一〇六―一〇七頁。

〔26〕前掲、『パース著作集2』四四頁。

〔27〕以下このパラグラフの終わりまでは、『パース著作集2』四四―四九頁を参照。

〔28〕前掲、『パース著作集2』四三頁。

8　人間言語の基本的特徴

1.0.　人間言語に特有で不可欠な特徴を概説し議論するための最適の方法は、おそらく幼児の言語発達を、その最初の段階から本格的な言語の習得まで——少なくともその基本的な構成の特質に関して——たどることであろう。

1.01.　われわれは、言語習得過程を動物のさまざまなコミュニケーション形式とつき合わせるにあたり、哺乳類と鳥類に焦点をあてることにした。ほかの動物にくらべて、これらのほうが人間に近いためである。

1.1.　子どもが言語に触れる最初の段階では、一語のみからなる構成、またはより簡潔な術語で言うならば、たんなる一語文〔holophrases〕が生みだされる。これらの機能は、当初は融合的である——同時に主情的でもあり、動能的でもあり、指示的でもある——が、徐々に分岐し、支配的ないし完全に指示的な一語文の発話をつぎつぎと生みだす〔これらの機能については一八八—一九五頁を参照〕。この一語文の発話は、周囲の一定の項目を明示し同定するために主として用いられる。あるいは、そのためにのみ用いられる。

1.11. 同定的、指示的（あるいは別の術語でいえば、認知的）機能に限定されていて、主情的、動能的機能をまったく含まない（とりわけ、絶叫や呼び声、指図、召喚、命令の役割をまったく持たない）ようなメッセージは、これまでのところ、動物相互のコミュニケーションにひとつも発見されていない。ある飼いならされた動物とその飼い主との関係においてだけは、訓練をするひとが訓練を受ける動物に伝える特定の信号をつくりだすにあたり、動物が限られた数の外部刺激にだけ反応するよう訓練されていることがある。

1.2. 一語文がしだいに増えてくると、これらのメッセージの認識や区別に必要な、知覚しうる弁別的な構成要素の蓄えも必ず増えてくる。含容の法則が厳密に機能するため、子どもは、これらの離散的で究極的な「弁別素性」を漸進的に選択および同化するようになり、ことばを発したり知覚する際に、自分の漸進的に変化している音素体系のうちの有意な不変要素《インヴァリアント》に気づかざるをえない。それゆえに、音韻論的な分析と統合の一定の萌芽が、子どもの言語生活のもっとも初期の閾下の操作にも必然的に伴っている。

1.21. このようにして、子どもの発話の一語文の段階からはじまっていくいかなる人間言語にも、二種類の離散的構成要素が与えられている。すなわち、一方では、意味を担っている要素、他方では、有意単位のたんなる示差的な要素が、相互に関係しつつも自律性を保った二つの体系をつくっている。こうした普遍的な二重のレベルに類似したものは、動物のコミュニケーションにはまったく見られない。人間言語だけが、弁別素性の同一ペアを交換および・または並びかえることによって、多様な意味的違いを生みだしている。

2.1. 子どもの言語発達においては、当初の一語文段階のあとに、単一句の段階がつづく。子どもは二つの語をつなげて使用できるようになる。そこでは、二つの構成要素のうち一方が、もう一方に従属しており、修飾語（限定辞）となっている。子どもの言語発達のこの段階では、もっぱらあるいは主に修飾語として用いられている単位の蓄えは、独立した単位の数よりも当然少ない。

この段階では子どもは、その閾下の文法の初歩を授けられる。すなわち、部分と全体との相違（語と句との相違）、従属という統語論的原理、さらには二つの語部類《クラス》（修飾語としての機能を果たすことのできる語と、できない語）という形態論的原理である。語部類とその種々の要素との相違は、文法概念と語彙概念を区別するよう促す。

2.11. 二つの有意単位のあいだの従属関係といった主要な統語論的観念は、動物のコミュニケーションには無縁である。一動物内でのさまざまな信号の偶然の集積、とりわけ鳥のふるまいは、子どものある発話内に二語ないしそれ以上の連鎖が初期に随意にあらわれることと比較されることもあるが、動物におけるこのような結合にはいかなる本質的な構造的階層制も見られない。

3.1. 幼児（infantia＝言葉のないこと）からはじまり言語を自由に操る状態にまで至る道程における第三段階、このたしかにもっとも決定的な段階では、独立節、すなわち明示的な文法的主語と明示的な文法的述語の両方を含む統語的構成をつくる能力が生みだされる。先行する二段階の指示的な一語文や二語文のすべては、即座の状況にたいして言葉で補う働きをし、したがって、一〇〇〇年の学問的伝統においては、外部のいま・ここ〔hic et nunc〕で観察できる非言語的な刺激にたいする「心理的述語」とみなされ、そう呼ばれていた。しかし、述語的叙述が、従属関係にある文法的対応項を獲得し、これにより主語と述語の相互の結びつきがその文節自体で生じるやいなや、はじめて指示的な発話は、子どもの同時的知覚対象の理解にすぎないものではなくなり、その場やその瞬間の状況から離れて、主語と述語相互の自由で不定で可変的な関係づけに変わる。幼児は、空間面および・または時間面で離れているものや出来事、あるいは架空の、非現実の、ことによると想像もつかないようなものや出来事についてさえも話せる能力を獲得する。幼児は、全面的かつ完全にコード化された単位としての語と、統語的コードとのあいだにある、著しい差異にたいする直観的洞察力をしだいに発達させていく。統語的コードは、語を組み合わせて別の階層のグループをつくる際に一定の鋳型《マトリクス》を押しつけるが、話者は実際の発話でこれらの鋳型を埋めるのに使う語を選択するときに、かなりの自由を保っている。たいてい、この相対的自由は、二、三歳児にもかなり明白に感じとられているようである。

　自己充足した独立節が確立し発達すると、子どもの言語能力は、いくつかの不可欠なものを新たに身につけることによって豊かになる。先行段階のすべての指示的な文《フレーズ》はダイクシス[1]的な要素を有し、つまり、それらは当該状況をただ指摘するだけであった。これにたいし、次の段階の新しく生まれた文節には、なんらかの周囲の刺激にたいするいかなる義務的な指摘もない。

子どもの文節は、初歩の命題となっている。子どもの言語発達において独立節の出現が果たしている構成上の役割を明らかにするためには、発話を「命題化する力」と定義しようとしたヒューリングズ・ジャクソンの試みを、引き合いに出すこともできよう。

当然のことながら、命題の出現と発達は、真偽を判断するための三つの形式を伴う。すなわち、肯定、否定、質問が子どもの思考と言語のなかに加わる。

いま・ここ〔hic et nunc〕との義務的なダイクシス的束縛から言語象徴を解放することにより、話し手は、同一の語の意味容量を、その語のもっとも広い総称的な意味で用いたり、もっとも狭く特殊な意味で適用したり、あるいはまたコンテクストが促す中間的程度で用いることによって、変えることができるようになる。このおなじ発展段階における最高の成果である判断力によって、子どもは、総称的意味だけを持った文節をつくれるようになる。

同一の語のコンテクストを多様化する子どもの自由は、この語の本来の中核的な意味と、その周縁的で比喩的〔隠喩的ないし換喩的〕な意味とのあいだに違いをつくりだす。人間言語の相互にむすびついた二つの特性、コンテクスト感度と創造性がはっきりと理解できるようになる。

まさに言語発達のこの段階において、言語デザインとトークン〔ひとつの語・句などの具体的な使用例〕とのあいだの溝、あるいはやや言い方をかえれば、コードとメッセージとのあいだの緊張が、潜在的にあるいは顕在的にさえ、子どもに実感される。こうした実感は、行動主義心理学者や行動主義言語学者が「中継された」または「置きかえられた」発話と呼ぶ発達的進化――話し手自身が経験している最中の出来事にもはや制限されていない発話――の当然の帰結である。

言語化されていない当該の状況を指摘する行為は、自分自身のメッセージや対話相手のメッセージの言語的コンテクストを指摘することによって補完されたり置きかえられる。この過程がさらに進むと必然的かつ即生じる内的な二重言語構造が、子どもに使われるようになる。

これらの二重構造の四タイプはあらゆる人間言語の発達の際に、適切かつ不可欠な部分を占めているものの、ここではそれらをごく簡単に列挙するほかない。これらのうち二タイプは循環的なものである――(1)「間接話法」＝ほかのメッセージに言及するメッセージ、(2)普通名詞に対立するものとしての「固有名詞」は、コード化された単位であり、その意味はコードへの言及を含意する（「Jerry」は、Jerry と名づけられている誰かを意味する）。二重構造の残りの二つのタイプでは、コードとメッセージが部分的に重なり合っている――(1)発話の「メタ言語的」（または「自称的な」）様式＝コードに言及するメッセージ、(2)（人称代名詞や時制のような）「転換子《シフター》」＝コード化された単位であり、その一般的意味がメッセージへの言及を含意する。[2]

「複文」と呼ばれる新しい高次の文法結合体〔unity〕内での、主節と従属節との積み重ね〔superposition〕が、言語習得のさらに進んだ第四段階の特徴となっている。通常、この段階では、発信者、受信者、指示対象、コード、メッセージのようなあらゆる発話事象を構成している主要要因のいっそう明確な識別と、これらの要因のそれぞれに定位した言語機能――主情的機能、動能的機能、指示的機能、メタ言語的機能、詩的機能――のいっそう高度な区別が目立ってくる。これらの基本的機能の自律性は、それらの統合が高まるにつれて増大する。それらの相対的な階層制はより変化しやすいものとなり、種々の階層的パターンが交替することによって言語文体が形成され多様化する。

3.11. 動物の自発的なコミュニケーションにも、訓練者にたいする実験動物の反応にも、文節という根本的概念や、二、三歳の子どもが文節の使用といっしょに獲得するほかの言語的手段とは、わずかな一致さえも見られない。動物のコミュニケーション、とりわけ哺乳動物や鳥が用いるパターンを扱った数ある研究のどれひとつとしてあきらかにしていないのは、命題化する能力やメッセージを周囲の状況から分かつ能力、新しいメッセージをつくりだす能力のような、早期のきわめて重要な言語習得に匹敵する点、原始的であったとしても真に似ている点である。動物のコミュニケーションにおいては、コードは信号の集積同然であり、ダイクシス的信号における方向変化も、情緒的な力の漸次的変化も、人間言語の本質である創造的自由とは同列におけないであろう。階層制、すなわちあらゆる言語構造の多重的で根本的な原理は、動物のコミュニケーションに無縁である。後者には、人間言語の根底にあるこれらすべての二分法が欠けている。たとえば、一般性と個別性、中核と転移されたものといった対立や、言語メッセージのいかなる交換においてもきわめて重要な四つの「二重構造」が欠けているのである。

4.0. 言語学が、数多くの現代語および記録されたり学問的に再建された古い言語をパターン化しながら徐々に突きとめてきた、多様で啓発的な普遍性は、言語の高い洗練度を証明している。その程度たるや、G・G・シンプソン〔古生物学者。一九〇二―八四〕が述べているように、これらの「すでに近代的な」そして「完全な」言語を、人間言語の発生と分け隔てなければならない

「数万年ないし数十万年」が、「言語の進化上の起源を決定する」ための努力を、あきらかに阻止しているほどである（〔"The Biological Nature of Man"〕, *Science*, CLII/1966, p. 477）。しかし、言語構造の静態と動態の基礎となることがわかっている普遍的あるいはほぼ普遍的な含容の法則は、高い確率で言語起源論にも拡大適用されうるものと思われる。

系統発生論が子どもの言語習得に言及することにたいするシンプソンのつぎのような批判的見解は、見すごすわけにはいかない――「実際には、子どもは、原始言語を発展させたり発明しているのではなく、もはや認知できないほどに（?）どのありうる原始言語からも異なる完全な現代語を学んでいる。さらに、子どもは、こうしたことを、まったく非原始的な完全な言語の使用のために（自然淘汰の長い長い活動を通じて）すでに遺伝子上構築された近代的な脳でおこなっている」〔p. 477〕。とはいえ、子どもたちの言語習得の通常の順序は、もともと動機づけられ、またそれゆえにほぼ永久的かのような順番を示している。

ともあれ、もっとも高度に「動物記号論的な」パターンを、幼年期から言語の賜物へと移行する最初期段階とくらべてすらも、その隔たりはあまりに深く、主要な相違点のほうが微々たる一致点を大きく上回っている。シンプソン（p. 476）をもう一度引用するならば、人間言語は「ほかの動物のどのコミュニケーション体系とも、完全に異なっている」。訓練者から実験動物が習得した信号の利用さえも、子どもによる言語コミュニケーションの習得や利用とはまったく異なるのである。それにもかかわらず、関係する問題がいかに複雑であるにしても、実際には前人間である Homo alalus〔発語不能人間〕から真の人間、Homo loquens〔話す人間〕への変容《メタモルフォーゼ》における主要な出来事としての言語の発生については、人類学者、考古学者だけでなく言語学者、生物学者、神経学者による共同の学際的探究を進めなければならない。

訳注

〔1〕「ダイクシス」とは、発話される場面によって、指示する内容が決定される言語表現のことであり、「指呼詞」、「対象指示語」などとも訳される。「わたし」、「あなた」、「この」、「その」など。

〔2〕このパラグラフに関して詳しくは、「転換子と動詞範疇とロシア語動詞」（ロマーン・ヤーコブソン『一般言語学』川本茂雄監修、みすず書房、一九七三年）の一四九―一五四頁を参照。

9　ゼロ記号

一、ジュネーヴ学派は、言語を共時的な諸対立からなる整合的な体系とみなすとともに、言語体系の非対称的二重性〔1〕を強調する以上、当然のことながら、言語分析にとって「ゼロ」概念が持つ重要性をあきらかにしなければならなかった。ソシュールの基本定式によれば、言語は或るものと無との対立で満足することができる。(1)「或るもの」に対立するこの「無」、言い換えればゼロ記号こそが、シャルル・バイイに独創的で実り多き見解を思いつかせたのであった。とりわけ、その簡にして要を得た研究「ゼロ繋辞と付帯事項」(2)および「ゼロ記号」(3)は、この現象が形態論だけでなく統語論、文法だけでなく文体論においても果たしている役割に、注意を喚起するものであった。この啓発的な試みは引き継がれてしかるべきであろう。

現代スラヴ諸語の曲用における**ゼロ語尾**は、広く知られている一例である。たとえばロシア語では、suprug「夫」の単数主格はおなじ語の残りの形態すべてと対立している（生格と対格 suprúga、与格 suprúgu、造格 suprúgom、(4)等々〔2〕）。

ロシア語では、名詞のほぼすべての語形変化表《パラダイム》、とくに格形態においては、ゼロ語尾は語形変化表ごとにひとつしかない。複数生格〔複数属格〕と単数主格がおなじくゼロ語尾形態になっていたところでは、複数生格が同音異義を避けて、類推により正の語尾 -ov (suprugov) や -ej (konej)〔古いかたちでは kon'「馬」の複数生格は kon'〕をとった。複数生格のゼロ語尾が残っているのは、複数生格と単数主格の形態が以下のようななんらかの方法で区別されている名詞のみである。すなわち、語尾(単数主格 žena〔妻〕、selo〔村〕—複数生格 žën, sël)、アクセントの位置(単数主格 vólos〔髪〕—複数生格 volós)、派生接尾辞(単数主格 bojarin〔貴族〕—複数生格 bojar)、あるいはまた当該の格形態が用いられるシンタグマ構成(単数主格 aršin「物差し」——ほぼ決まって数詞を伴う複数生格 aršin「アルシン」〔長さの単位。〇・七一メートル〕)などによる区別である。

ゼロ語尾や、文法的交替において或る音素と対立する「**ゼロ階梯**」(たとえばロシア語では、生格 *rta* —主格 *rot*「口」)は、一定の価値を持っているがいかなる音的素材も持っていない記号、というバイイの定義に厳密に適っている。(5) しかし言語は、シニフィアンのレベルにおいてだけでなくシニフィエのレベルにおいても、「なにかと無との対立で満足することができるのである」(6)。

二、単数では、bog「神」、suprug「夫」の語形変化表は、noga「足」、supruga「妻」の語形変化表と体系的に対立している。これら二つの語形変化表の前者が一定の文法的カテゴリー、すなわち非・女性を明確に示しているのにたいして、後者は女性にも男性にも属しうる。すなわち、男性名詞 sluga「召使」、通性名詞 nedotroga「怒りっぽくて扱いにくい人」は、女性名詞 noga、supruga とおなじような変化をする。bog、suprug の斜格語尾のどのひとつも、女性名詞に属すことはできない。また、この語形変化表の主格に関しては、そのゼロ語尾が厳密に男性だけを示すのは、硬子音〔非口蓋化音〕におわる語幹においてのみである。これにたいして、軟子音〔口蓋化音〕ないしシュー音におわる語幹では、ゼロ語尾は男性名詞（den'「（一）日」、muž「夫」）にも女性名詞（dan'「貢物」、myš「ねずみ」）にも属しうる。

前記のように、bog、suprug の語形変化表は非・女性、言い換えれば男性か中性を示している。これら二つの文法性は主格でのみ、あるいはまた対格の形態が主格と一致しているならば対格においても、区別される。主格では、ゼロ語尾は非・中性であることを厳密に示す一方、語尾 -o とそれに相応する無アクセント語尾〔-e〕は、中性にも男性にも属しうる（中性 toporíšče「斧の柄」、男性 topórišče — topor「斧」の指大語〔「大きな斧」〕）。

このようにして、文法性の対立に関しては、noga、supruga の語形変化表は示差能力を持っていない。したがって、これは、文法性の観点からすれば一定の形態を持ってはいるが機能面での価値をなんら持っていない記号、つまり**ゼロの形態論的機能**を持った形態である。主格の二つの形態 suprug「夫」と supruga「妻」を比較してみればあきらかなように、この場合、ゼロ語尾の形態は正の形態論的機能を持っているのにたいして、正の語尾は文法性の識別に関してゼロの形態論的機能しか有していない。

ロシア語では文法性の男性と女性の一般的意味はいかなるものであろうか。女性が示しているのは、指示対象が人物であるか擬人化されているならば、その人物は間違いなく女性に属するということである（supruga はつねに女性を意味する）。これとは逆に、男性の一般的意味は、自然性を必ず示すとは限らない。すなわち、suprug は、狭義では「夫」を示すが（suprug i supruga「夫と妻」）、一般的には「夫婦のうちの一方」（oba supruga「両配偶者」、odin iz suprugov「両配偶者のうちのひとり」）を示す。次の例も参照せよ。「tovarišč〔同志〕（文法的には男性名詞だが、この場合は女性の人物）Nina〔ニーナ〕（文法性、自然性とも女性）、zubnoj vrač〔歯医者〕（文法的には男性名詞だが、この場合は女性の人物）」＝歯医者である同志ニーナ。このようにして、二つの文法性の一般的意味が対立している場合は、男性が**ゼロ意味**を持った文法性になっている。この場合われわれは再びあきらかな交差配列《キアスム》に出くわしている、すなわち、（supruga タイプの）ゼロ形態論的機能を持った形態が、正の意味（女性）を持った文法性を意味し、逆に、（suprug タイプの）正の形態論的機能を持った形態がゼロ意味を持った文法性（男性）を表わしているのである。

実際、文法体系の構成は、著者が別の論考で証明しようとしたように、まさに「或るものと無との対立」、すなわち形式論理学の用語法にしたがうならば**矛盾対当**にもとづいている。[7] たとえば、名詞体系と動詞体系は、一方の項が或る性質の存在を示し、他方の項（無特徴ないし無標の項、つまりゼロ項）が性質の存在も不在も示さないような、二項対立に分解されうる。ロシア語では、完了アスペクトは過程の絶対的な終了を示しており、期限の問題に触れない不完了アスペクト

〔ゼロ・アスペクト〕に対立している。不完了アスペクト plavat'「泳ぐ」、plyt'「泳ぐ」、完了アスペクト priplyt'「泳ぎ着く」、doplyt'「……まで泳ぐ」、poplyt'「泳ぎだす」（完了した行為として示されているのは動作の開始）、poplavat'「ちょっと泳ぐ」、naplavat'sja「思う存分泳ぐ」、ponaplavat'「徐々にたくさん泳ぐ」（絶対的な終了）。（S・カルツェフスキイの用語によれば）定アスペクト〔定動詞〕は、ひとまとまりのものとして考えられている行為を示す――plyt'「泳いでいるところである」――のにたいして、不定アスペクト〔不定動詞〕（ゼロ・アスペクト）はこのことについて何も表わさない[3]。すなわち、plavat' はコンテクストしだいでひとまとまりの行為（poka ja plavaju, on sidit na beregu「わたしが泳いでいるあいだ、かれは岸辺にすわっている」）も、反復される動作（ja často plavaju「わたしはしばしば泳ぐ」[8]）も、実現していない動作（ja ne plaval「わたしは泳がなかった」）も、実現していない動作への能力（ja plavaju, no ne prichoditsja「わたしは泳げるが、その機会がない」）も、さらには、一度おこなわれたのか、何度もおこなわれたのか、そもそもおこなわれなかったのかは不明な動作（ty plaval?「きみは泳いだのか」）なども示す。plavat' は、不完了アスペクトで不定アスペクトの動詞である。したがって、それは二つのゼロ・アスペクトに属している。しかし、ロシア語の動詞は正のアスペクトの価値を二つ〔完了と定〕持つことはできない。それゆえ、定アスペクト動詞と不定アスペクト動詞の対立は、不完了アスペクト内でしか起こらない。ブレンダルが指摘したところによれば、言語は形態論的構造が全体として過度に複雑であることを避ける傾向にあり、或るカテゴリーに関して複雑な形態は他のカテゴリーに関して比較的単純になっていることが多い[9]。同様に、ロシア語では、現在時制〔ゼロ時制）は、すべての人称が同一形態である過去形に対立して、人称を区別している。また、単数（ゼロ文法数）は、複数では完全に消えてしまっている文法性での区別を示している。[4] しかし、文法体系は、「シニフィエの重ね合わせ」（バイイが導入した用語と概念〔小林英夫訳では「累加」[10]〕）を制限しながらも、それをけっして排除はしていない。与格と造格は、対格と主格に対立して、指示対象が発話内容において周縁的位置にあることを示しており、この対立の観点からすれば対格と主格はゼロ格である。だが同時に、与格と対格は、対象が行為の影響を受けることを示しており、それゆえに、この対立の観点からすればゼロ格である造格と主格に対立している。このように、与格は二つの文法的価値を重ね合わせている、すなわち対格がこれらの価値のひとつを持ち、造格がもうひとつを持っている。主格は、絶対的なゼロ格として機能しており、ブレンダルの「代償の原理」にしたがって、男性と中性を区別する。この区別は、斜格（「有標」の格）には見られない。[5]

　主格と対格の区別は、シニフィエのレベルでの「或るものと無との対立」と、シニフィアンのレベルでの同種の対立とのあいだの関係が、まったく恣意的であることをあきらかにしている。このような関係の三つの可能な変種すべてが存在している。(1)ゼロ格にゼロ語尾が対応している——主格 suprug—対格 supruga、(2)逆の関係（前記の「交差配列」を参照）——複数主格 gospoda—複数対格 gospod'、(3)どの格もゼロ語尾を持っていない——主格 sluga—対格 slugu。

　シニフィエが、文法だけでなく語彙においても、或るもの—無として対立していることもある。二つの類義語のうちの一方が、他方にはない補助的限定によって区別されていることがある。たとえば、ロシア語の語 devuška と devica は双方とも少女を示すが、前者は後者と対立して「処女」の意味も持っている。すなわち、ona - devica, no uže ne devuška「彼女は少女だが、もう処女ではない」という文では両者を置きかえることはできない。同様に、チェコ語の一対の類義語 mám rád「わたしは好きだ」と miluji「わたしは愛している」では mám rád が「ゼロ類義語」であり、mám rád šunku「私はハムが好きだ」も mám rád rodiče「わたしは両親が好きだ」も言えるが、miluji は情熱の高まりの意味を付け加えるため、miluji šunku という文ではこの動詞が比喩的に用いられているように感じられるであろう。

このような用法は、たとえば、女性名詞を男の人を意味するために使うようなケースに対応している——on - nastojaščaja masterica「かれはほんものの女性職人だ」。これは記号交換そのものであり隠喩であるのにたいし、逆の用法——ona - nastojaščij master「彼女はほんものの職人だ」は、より正確な masterica の代わりに一般的、総称的な用語を使用したにすぎない。にもかかわらずこれもまた、歴史的現在や総称的単数が実際には代替用法《イポスタズ》〔小林英夫訳では「転用」〕であるのと同様に、それほど目立たない程度であるにせよ、代替用法である。限定つきの記号（masterica）が、Aを表わす。それに対立するゼロ記号（master）は、このAの存在も不在も表わさない（Aでも非Aでもない）。このようにして、ゼロ記号は、Aと非Aが区別されていない場合（tut bylo sem' masterov, v tom čisle dve mastericy「ここには七人の職人がいたが、うち二人は女性職人だった」）や、非Aが示されている場合において（tut bylo p'at' masterov（非A）i dve mastericy（A）「ここには五人の職人と二人の女性職人がいた」）使用されるが、ゼロ記号がほかでもないAを意味するのに使われている場合には代替用法が生じる――ona - nastojaščij master。

バイイの適切な指摘は、代替用法の多様な働きを言語の構成の本質的な事象として強調している[11]。J・クリウォーヴィチは、語の基本的ないし第一義的な機能に対立する代替用法（ないし語の「動機付けられた有標の語法」）が統語論で引き受ける重要な役割を強調した[12]。「付加語的形容詞の機能は形容詞の第一義的な機能である」。したがって、付加語的形容詞は、**ゼロ代替用法**を表わしており、つぎのような種々の代替用法的転置に対立している――主語形容詞（dalekoje plenjaet nas「遠きものはわれわれを魅了する」）、あるいは補語形容詞（sejte razumnoje, dobroje, večnoje「賢明で善良で永遠なるものを播け」）。述語形容詞は、deus bonus est「神は善なり」のようなタイプでは転置を示す記号 est を有しているのにたいして、deus bonus というタイプは純粋なかたちの代替用法になっている[13]。

三、ロシア語のように、繋辞を欠いた構文だけが可能な言語（現在時制では繋辞は使われないことが多い）では、izba derevjannaja「小屋は木造である」のような構文における繋辞の欠如は、izba byla derevjannaja「小屋は木造であった」（過去時制）や izba budet derevjannaja「小屋は木造となろう」（未来時制）に対立して、形式からはゼロ繋辞、機能からは繋辞動詞の現在時制とみなされる。しかし、繋辞を伴う構文と繋辞なしの構文が文体論的異種として認められているラテン語その他の言語では、deus bonus のような構文における繋辞の欠如は、deus bonus est と対立して、形式からはゼロ繋辞、機能からは感情表出的言語の標識として感じられる。逆に、繋辞の存在という正の形式は、機能からは**ゼロ感情表出性**と考えられる。したがって、このゼロ記号はラテン語では文体的価値を持っている。この場合、バイイは、二つの平行したタイプの存在にもとづき、話し手による或る選択を前提としている含意〔sous-entente. 小林英夫訳では「黙解」〕を問題にしている。[14]文法的価値を持つゼロ記号や、含意とならんで、ジュネーヴの巨匠は省略〔小林英夫訳では「略除」〕もあげ、これを「コンテクストのなかに必ずあらわれるか、状況によって暗示されている要素の反復ないし予想」と定義づけている。われわれとしては省略を、むしろ、コンテクストを「再現・代理する〔représentent〕」前方照応項の含意、あるいは状況を「現出・表示する〔présentent〕」ダイクシス項の含意とみなしたい。[15]たとえば Čto delal djadja v klube?「叔父はクラブで何をしていたか」という質問には、二つの平行した様式のひとつを選んで、答えることができる、つまり「明示的な再現」On tam obedal ——「かれはそこで食事をしていた」か、「非明示的な」Obedal ——「食事をしていた」かである。このように、省略とは**ゼロ前方照応（あるいはダイクシス）記号**である。

概念内容がおなじ二つの発話形式のあいだで選択をする場合には、それら二つの形式は実際に等価的なものではけっしてなく、通常、それらはつぎのような対立をなしている。すなわち、一方では、当該の状況と一体化していたり、想像上の状況を芸術言語のなかに喚起する、感情表出タイプであり、他方では、ゼロ感情表出的・ダイクシス的価値のタイプである。たとえばロシア語には、さまざまな倒置に対置された基本語順がある。主語、述語、直接補語の順になっていたり、付加語、名詞類、名詞補足語の順になっている語順は、ゼロ価値の語順の例である。Ljudi umirajut「ひとは死ぬ」は、ひとつの完全な発話である。逆に、umirajut ljudi という発話は、コンテクストや状況に付随したもの、あるいは情動的反応としてあらわれる。公式を表わす明示的な言語は、**ゼロ語順**しか認めない——zemlja vraščaetsja vokrug solnca「地球は太陽の周りを回っている」。逆に、とりわけ非明示的な、日常のことばは、vertjatsja deti vokrug ëlki, vokrug ëlki vertjatsja deti, vokrug ëlki deti vertjatsja, deti vokrug ëlki vertjatsja のような結合をつくりだしている。ゼロ語順 deti vertjatsja vokrug ëlki「子どもたちはクリスマス・ツリーの周りを回っている」と対立して、これらの構文はコンテクストや状況（言語外的コンテクスト）に動機付けられた〔発話の〕出発点を示しているのにたいして、ゼロ語順はこれについては言及していない。しかしながら、語の統語論的機能が形態論的手段によって明瞭に表わされていない場合には、ゼロ語順は唯一可能なものとなっており、純粋に文法的な価値を持っている。たとえば、対格が主格と一致している（mat' ljubit doč「母は娘を愛している」、doč ljubit mat'「娘は母を愛している」）、あるいは主格が生格と一致していたり（dočeri prijatel'nicy「友人の娘たち」、prijatel'nicy dočeri「娘の友人たち」）、形容詞が名詞の機能を果たしている（slepoj sumasšedšij「盲目の狂人」、sumasšedšij slepoj「狂った盲人」）ような場合がそうである。

ロシア語には、「わたしは（車で）行く」と言うために二つの文体論的異種がある。すなわち、（人称代名詞を伴っている）ja edu と（代名詞なしの）edu である。同様にチェコ語にも já jedu と jedu がある。しかしながら、二つの言語のあいだには大きな違いがある。補助動詞や繋辞動詞の現在時制を使わなくなったロシア語は、人称語尾の役割を人称代名詞に移さざるをえず、最終的にはその使用を一般化した。その結果、ロシア語で「正規の」のタイプとなっているのは二項構文であるのにたいして、ゼロ主語を伴った異種は感情表出的方法になっている。[16] チェコ語では、逆に、ゼロ感情表出性はゼロ主語にかかわり、感情表出的価値は já jedu タイプとむすびついている。一人称は代名詞の存在によって強調されるが、文法的観点からすれば冗言法である。この代名詞の濫用はチェコ語においては傲慢な文体の印象を与える。これとは逆にロシア語では、ドストエフスキイが苛立たしいまでの高慢さを感じたのが、まさに一人称の代名詞の過度な省略である（『鰐』[6]）。

四、バイイが指摘しているように、音韻体系と言語体系全体のあいだには平行性がある。音素の相関関係は、或る種の音的性質の存在をその不在すなわち**ゼロ性質**と対立させる。[17] たとえば t、s、p その他は、対応する軟子音 t'、s'、p' その他とは軟子音性の不在によって区別され、d、z、b その他とは有声性の不在によって区別される。こうした不在を、先に文法で見てきたさまざまな種類のゼロ記号とむすびつけているのは、やはり、問題になっているのがたんなる無ではなく音韻体系内で正の或るものに対立している無である、という事実である。すでにソシュールは、鼻母音と口母音の対立を例に引いて、音韻論における矛盾対当の役割を強調していた。「鼻腔共鳴の不在は、消極的要因ながら、その現前とひとしく、音韻を特性づけるのに役立つであろう」[18] と。

ロシア語の音素 s を他の音素との関係において分析するとわかるように、この音素の正の性質はいかなる矛盾対当にも加わっていない、すなわちこれらの性質の存在はそれらの不在とけっして対立していない。これらの性質のほかに、音素sはゼロ性質しか持っていない。対照的に、音素z'は、はっきりと分析できるいくつかの音韻論的価値を持っており、相関関係にある音素におけるおなじ価値の不在に対立している（音素sの性質に有声性と軟音性が付加されている）。したがって、これは、バイイが分析したような、シニフィエの重ね合わせに相応する音素の重ね合わせの一例である。同様に、ブレンダルによって形態論について確認され、シニフィエの重ね合わせを制限している「代償の原理」も、音韻体系の構造に注目すべき類似現象を見いだしている。

相関関係は一連の対からなっており、おのおのの対は、一方では同一の性質とその不在との対立、他方では共通の基盤を含んでいる（たとえばz'−zの対は、軟音性とその欠如との対立と、共通の基盤すなわち有声狭窄歯擦音からなっている）。しかしながら、この共通基盤が対のひとつに欠けていることもある。その場合、問題となっている性質を持っているほうの音素が、ただたんに音素の不在（ないし**ゼロ音素**）と対立している。構造分析によってマルチネが、デンマーク語の子音体系に特徴的な帯気の相関関係に、帯気性初頭音 /h/ ——母音性初頭音という対立を導入すべきであると主張しているのも、もっともであるということになる。[19]

同様にロシア語でも、軟音性の相関関係は音素jをゼロに対立させている（ヨット付き初頭音——母音性初頭音）。ロシア語の語では〔外来語を別にすると〕、母音eの前に、軟子音が立つことはできるが、対応の硬子音が立つことはできない。母音eにjが先行することはできるが、eは語頭には立てない（間投詞、とくに種々の結合におけるダイクシス的な間投詞〔小詞〕eはこの規則にしたがわない）。

このようにして、軟子音と硬子音の対立は母音音素eの前では抑えられている。対立の存在は、それゆえに、その不在に対置されているのである。この不在（**ゼロ対立**）は、実現している対立と比較すると、除去可能な対立の両項の類似と相違をいっそう浮き彫りにする。M・ドゥルノヴォが気づき、トゥルベツコイ公爵とA・マルチネが証明したように、一定の位置で中和する音韻対立は、恒常的対立とは根本的に異なるタイプになっている。[20] 同様に、或る語形変化表や或る文法的カテゴリーにあらわれる形態論的形態の融合《シンクレティズム》[21]、あるいは逆に、一定のコンテクストの規制下で抑えられる意味の対立——これらすべても、言語学や一般記号学にとって「ゼロ対立」という問題が持つ大きな射程を予想させている。一般記号学は、記号とゼロという絡みあう概念のあいだの複雑で奇妙な関係を追求するよう求められているのである。

原注

（1）*Cours de linguistique générale* (1922), p. 124.〔フェルディナン・ド・ソシュール『一般言語学講義』小林英夫訳、岩波書店、一九七二年、一二二頁〕F. Fortunatov の言語学説における「負の形式」という概念を参照。

（2）*Bulletin de la Société de Linguistique de Paris*, XXIII, p. 1 sqq.

（3）*Linguistique générale et linguistique française*, p. 129 sqq.〔シャルル・バイイ『一般言語学とフランス言語学』小林英夫訳、岩波書店、一九七〇年、一七三頁以下〕

（4）分析される事象は当該言語の体系全体と関連づけて考察されねばならない以上、本稿の例はわたしの母語から取ることにする。

（5）*Bulletin* … , 3; R. Gauthiot, "Note sur le degré zéro", *Mélanges linguistiques offerts à M. Antoine Meillet* (Paris, 1902), p. 51 sqq. を参照。

（6）〔前掲、ソシュール『一般言語学講義』一二二頁〕。ゼロ意味の問題は、拙著 Novejšaja russkaja poèzija (Prague, 1921), s. 67 で提示されている〔ロマン・ヤコブソン「最も新しいロシアの詩――素描一」北岡誠司訳、水野忠夫編『ロシア・フォルマリズム文学論集1』せりか書房、一九七一年、一八四―一八五頁〕。

（7）"Zur Struktur des russ. Verbums", *Charisteria G. Mathesio quinquagenario* (1932), p. 74 sqq. 〔「ロシア語動詞の構造について」（服部四郎編『ロマーン・ヤーコブソン選集1』大修館書店、一九八六年、五五―六九頁）〕; "Beitrag zur allgemeinen Kasuslehre" (*Travaux du Cercle Ling. de Prague*, VI), p. 240 sqq. 〔「一般格理論への貢献」（同書、七一―一三一頁）〕

（8）しかし *ja často plyvu i dumaju* … 「しばしばわたしは泳ぎながら考える……」。

（9）*Slovo a slovesnost*, III, s. 256 を参照。

（10）*Linguistique générale* … , p. 115 sqq. 〔前掲、バイイ『一般言語学とフランス言語学』一六〇頁以下〕

（11）*Linguistique générale* … , p. 132 sqq. 〔同書、一七八頁以下〕

（12）"Dérivation lexicale et dérivation syntactique", *Bull. de la Soc. de Ling. de Paris*, XXXVII, p. 79 sqq. 前記の拙論（*Travaux*, VI, p. 252 sqq., 274）を参照。

（13）*Linguistique générale* … , p. 135〔前掲、バイイ『一般言語学とフランス言語学』一七五頁〕および *Bulletin* … , p. 2 を参照。

（14）*Bulletin* … , p. 4 sqq.

（15）*Linguistique générale* … , p. 65 sqq. 〔前掲、バイイ『一般言語学とフランス言語学』八六頁以下〕を参照。

（16）S. Karcevskij, *Système du verbe russe* (Prague, 1927), p. 133 および R. Jakobson, "Les enclitiques slaves", *Atti del III. Congresso Internazionale dei Linguisti*, 1935, p. 88 sqq. を参照。

(17) *Linguistique générale*... , p. 13 sqq., 120〔前掲、バイイ『一般言語学とフランス言語学』一一頁以下と一四八頁〕および *Travaux*, pp. 314-321.

(18) *Cours* ... , IV, p. 69.〔前掲、ソシュール『一般言語学講義』六四頁〕

(19) *La phonologie du mot en danois* (Paris, 1937), p. 32.

(20) *Travaux*, VI, p. 29 sqq., p. 46 sqq. を参照。

(21) *Travaux*, VI, p. 283 sqq. を参照。

訳注

〔1〕言語記号の恣意性を強調したソシュールとバイイの見解を発展させ、カルツェフスキイは「言語記号の非対称的二重性」（一九二九）を発表した。

〔2〕

	単数	複数
主格	suprug	suprug*i*
生格	suprug*a*	suprug*ov*
与格	suprug*u*	suprug*am*
対格	suprug*a*	suprug*ov*
造格	suprug*om*	suprug*ami*
前置格	suprug*e*	suprug*ax*

〔3〕カルツェフスキイが「定アスペクト動詞」、「不定アスペクト動詞」と呼んでいたものは、現在では通常

「定動詞」、「不定動詞」と呼ばれ、アスペクトには含めず、「移動の動詞」というカテゴリーに含められている。

〔4〕ロシア語の動詞の現在時制と過去時制の例。

現在

	単数	複数
一人称	znaju	znajem
二人称	znaješ	znajete
三人称	znajet	znajut

過去

単数・男性	znal
単数・女性	znala
単数・中性	znalo
複数	znali

〔5〕格の文法的価値や周縁性に関して詳しくは、原注7の「一般格理論への貢献」を参照。

〔6〕「何よりもわたしをかっとさせたのは、彼がもはやほとんどまったく人称代名詞を用いなくなったことだった――それほどもったいぶりはじめたのである」（原卓也訳「鰐」『ドストエフスキー全集6』新潮社、一九七八年、二三一頁）。

10 なぜ「ママ」と「パパ」なのか

一九五九年春に開催された行動科学高等研究センターの言語学セミナーで、ジョージ・ピーター・マードックは、親縁関係にない言語どうしのあいだにも「父親や母親を意味する相似た語が生みだされる」傾向があるという仮説を、「幼児の音形にもとづいて」証明しようとした。一〇七二語（母親を指す語が五三一、父親を指す語が五四一）を扱ったその調査には、「世界の民族からの例」として蒐集された親族関係用語に関するマードック作成の表（Murdock, 1957）が添えられていた。そのときの貴重なセミナー報告が、最近マードックによって刊行されている（Murdock, 1959）。著者が結論づけているところによれば、「本論文はデータを提供することだけを目的とするものであるが、これによって、検証中の仮説」——歴史的に親縁関係にない言語どうしのあいだにおいても、親を表わす親族用語の構造に著しい一致が見られること——が、「しかと確かめられた」。かれは、「事実が立証されたいま」、言語学者たちが「これらを説明する理論的原理をあきらかに」できないものであろうか、と問うている。マードックのこの要請に、わたしとしては一九五九年五月二六日に同セミナーで勇を鼓して回答しておいた。このたび、そのときの所見をハインツ・ヴェルナーに捧げる著書に寄稿する機会を得られたことは、望外の喜びである。

H・ヴェルナー(Werner, 1940)が強調していたところによれば、「幼児は、成長して、幼児の世界から大人の異世界へと出ていく。幼児の行動は、これら二つの世界の相互作用から生じる」。同様に、幼児を監督し教育する立場にある大人の行動もまた、双方の世界の相互作用から生じる、とも言えよう。とりわけ、成人が幼児と話すときに使ういわゆる「赤ちゃんことば」は、一種のピジン、典型的な混成語であり、話し手は、話し相手の言語習慣に合わせ、幼児と大人の会話の際の会話者双方に適った共通コードをうちたてようとしている。この赤ちゃんことばが社会化され慣習化した新造語は、「幼児育成形式〔nursery forms〕」の名で知られているものであり、幼児の音素パターンや、幼児の初期の言葉に特徴的な構成に、意識的に合わせられている。その一方、こうした新造語のおかげで、幼児は言葉の意味の適用範囲をより明確につかみ、意味をより確実に身につけていく傾向にある。

このような幼児育成形式のなかには、幼児育成の範囲を超えでて、成人社会で広く使用されるようになり、標準語の語彙のなかに独特の幼稚層〔infantile layer〕を形成するものもある。ことに、成人の言語は、核家族のなかの大人二人それぞれを示す幼児育成形式を受け入れるのがふつうである。こうした親密で情緒的で子どもっぽい言葉は、より一般的、抽象的で親だけが使う用語と共存していることが、きわめて多い。たとえば英語の場合、mama(mamma、mammy、ma、mom、mommy)や papa(pap、pappy、pa、pop あるいは dada、dad、daddy)は、高位の用語

mother や father とは用法が異なっている。おなじように、ロシア人も mama や papa あるいは tjatja を、mat'（共通スラヴ語では mati）や otec（共通スラヴ語では otĭcĭ）と区別している。印欧語では、祖語の親呼称 *mātēr〔1〕と *pətēr は、さまざまな親族用語で用いられている接尾辞 -ter の助けを借りて幼児育成形式から再建された。わたしとしては、これらの原型を、例に引いた英語の名詞やスラヴ語の mati だけでなく、スラヴ語の親呼称の語根 ot- やほかのいくつかの印欧諸語の同様の形式も含めて、さかのぼりたいところである（ロシア語の otec にたいするファスマー（一九五四年）のデータを参照）。語根 ot- は、この成人形式が幼児育成用語に下降したときに、子音の違いを重視しない幼児特有の傾向によって *pətēr の初頭 p- が削除されたものと思われる。

親呼称の二つのレベル間に見られる形式面および機能面での特徴の違いをよく示している例として、ブルガリア語の mama と majka「母親」の用法が挙げられよう。E・ゲオルギエヴァ（Georgieva, 1959）が普通名詞と固有名詞の中間物（polunaricatelni〔半普通名詞〕、naricatelno-sobstveni imena〔普通・固有名詞〕）として的確に特徴づけている、mama のような幼児育成形式は、標準ブルガリア語では、冠詞や所有代名詞といっしょに使われることはない。mama はそれだけでは、「呼びかけているわたしにとっての母親」か「呼びかけられている子にとっての母親である、わたし」を意味する。majka の場合は、一人称代名詞 mi〔わたしの〕を例外として、任意の「短い所有代名詞形式」（ti〔きみの〕、mu〔彼の〕、ì〔彼女の〕、vi〔きみたちの〕、im〔かれらの〕）とともに使われうる。自分自身の母親については、ブルガリア語では mama が使われる。あるいは、コンテクストや状況からして majka が誰の母親を意味しているのかがあきらかなときにかぎり、ときおり majka も使われる。さらには、遠慮深い言い方では、mojata majka「the mother of mine」という表現が使われうる一方、majka mi「わたしの母親」という言いまわしはふつう避ける。マードックが蒐集した親呼称をこうした二つのクラス——mama-papa と mother-father——に分けられるならば、かれの統計調査がもたらす成果はさらに圧倒的なものとなろう。

幼児育成新造語が幼児と大人の言語交流にさらに広く受け入れられるのは、そうした新造語が、幼児が言語面で要求していることに応えており、またしたがって媒介言語〔interlanguage〕の一般的傾向に従っている場合にかぎられる。たとえば、ロシアの漁師とノルウェーの漁師の混合語である Russenorsk は、現地では moja på tvoja「あなたのやりかたでのわたしのもの」と表現されている（Broch, 1927）。言語共同体に採用されている確立した幼児育成形式からは、幼児の言語発達の顕著な特徴や傾向が鮮明に見てとれるし、そうした特徴や傾向が普遍的に等質のものであることも一目瞭然である。とりわけ、親密な親呼称における音素の範囲は「厳密に限定されている」ことがわかっている。われわれは、幼児の言語習得における連続段階の根底にある原理によって、世界中のこのような用語の構造における「言語横断的平行現象」を解釈し、解明することができよう。

子音群は、マードックが数えた一〇七二語の親呼称のうち一・一パーセントにしかあらわれない。幼児言語は初期段階では子音群をまったく使わず、子音と母音の組み合わせしか使わない。このような組み合わせは、mama-papa タイプの語にほぼ一貫して見られる。また、母音だけの語根は例外的であって、表に挙げられているもののうち三例しかない。

閉鎖音と鼻音――つまり完全な口腔閉鎖――が、親呼称で優勢である。マードックの表によれば、閉鎖音と鼻音は非成節音の八五パーセントに近い。正確な割合は言えない。すべての非歯擦摩擦音が対応の閉鎖音とひとくくりにされているからである。

唇音と歯音――つまり後方縁型子音、あるいは音響的には散音――が、軟口蓋音や硬口蓋音――簡単にいえば、前方縁型子音で（角笛のかたちをしていて）音響学的には密音――よりも優勢である。挙げられているすべての用語の七六パーセント以上は、軟口蓋音や硬口蓋音を伴う一〇パーセント強の用語と対立して、唇音ないし歯音を含んでいる。より正確な計算を手に入れるには、マードックの歯擦摩擦音クラスをスー音（散音）子音とシュー音（密音）に分けたいところである。

広母音、とくに /a/ はあきらかに優勢であるが、マードックの表から数字で示したデータを引きだすのは不可能である。前舌母音、非円唇後舌母音、円唇後舌母音という三クラスのおのおののうちのより狭い母音とより広い母音が、ひとくくりにされており、多くの母音パターンの基礎をなす関係―― /e/:/i/ = /a/:/ə/ = /o/:/u/ ――が無視されているからである。

声道で子音はふさがれるのにたいして母音はふさがれないという対照が、最適なかたちで見られるのは、完全な口腔閉鎖を伴う子音、とくに口腔の前方の閉鎖を伴う後方縁型子音が、前方の広く開いた前方縁型母音に対立させられているときである。音響レベルでは、母音は子音とちがって、フォルマント〔音声波のスペクトル分析における特定周波数の集中帯〕の構造がはっきり定まっており、全体のエネルギーが高い。密音性母音は最大限のエネルギー放出を示すのにたいして、口腔閉鎖を伴う散音性子音はエネルギー放出をもっとも少なくする。このようにして、母親や父親にたいする幼児育成呼称は、幼児言語にあらわれる最初期の意味単位と同様、最適子音と最適母音の両極性に立脚している（Jakobson & Halle, 1957）。

こうした最適子音と最適母音という最大限の対照から成る原理によって、mama-papa タイプの語の大多数に共通する構成要素は説明がつく。一方、これらの構成要素の順序は、「子音＋母音」という連続がほぼ義務的であるかのように思われる。しかし、この問題はマードックの考査では省かれている。幼児の発達における喃語期の間は、発せられる音節の多くは、子音的調音があとにつづく母音的な音から成っている。音産出のもっとも自然な順序では、口を開いたあとに閉鎖がつづく。ロシア語の間投詞のなかには、〔'ap〕と〔'am〕のような子どもっぽい調音動作《ジェスチュア》が観察される。それらは、語根へと変化すると、先頭の帯気音を摩擦軟口蓋音に代えることにより、ロシア語の音韻パターンに合わせられる—— xapat'〔さっとつかむ〕、xamat'〔呑みこむ〕、xamkat'〔大きく口をあける〕。幼児は、喃語段階から通常の言葉遣いの最初の習得へ移るとまもなく、「子音＋母音」モデルに執着するようになる。これらの音は、音韻的価値を想定しており、したがって聞き手に正確に同定される必要がある。子音を識別する際の最善の明白な手がかりが後続母音への推移である以上、「子音＋母音」という連続は、最適の連続であることになり、したがって音節パターンの唯一の普遍的変種となっている。

四三六の歯音と口蓋音、つまり中央子音、音響的には鋭音性の子音（マードックの表ではT、N、C、Sクラス）のうち一五九個あるいは三九パーセントは、口蓋母音つまり鋭音性母音があとにくるのにたいして、五〇七の唇音と軟口蓋音、つまり周辺子音、音響的に重音性の子音（マードックの表ではP、M、K、ŋクラス）は、八八あるいは一七パーセントのみ、鋭音性母音があとにつづく。重音性子音のあとよりもむしろ鋭音性子音のあとに鋭音性母音がくるパーセンテージがかなり高いことは、後続母音の音色にたいする子音的音色の同化的影響を反映しており、同様の傾向は幼児言語の初期段階で一目瞭然である。この段階では、母音の違いはそれ自体の音韻的価値を持っておらず、子音が意味識別の唯一の担い手、唯一の正真正銘の音素として機能している。mama-papa タイプの語は、幼児言語における基本的な語単位とおなじように、相異なる子音をふくんでおらず、二音節にする形式はおなじ子音を反復するのがふつうである。はじめは、幼児言語は、言語的単位のいかなる階層制も欠いており、対等視している――ひとつの発話―ひとつの文―ひとつの語―ひとつの形態素―ひとつの音素―ひとつの弁別的素性、いずれも対等なのである。mama-papa という対は、同一子音による発話のこうした段階のなごりである。

マードックの考査では見過ごされているが、音節の重複は、幼児育成形式とりわけ親呼称や、幼児言語の初期の語単位において、お気に入りの手法としてあらわれる。喃語から言語行動へと移行する際には、重複は、発せられた音が喃語ではなく有意味な意味単位であることを知らせる義務的過程にすらなっているのかもしれない。このような重複が言語学的にも明らかに本質的であることは、十分に説明可能である。喃語の「粗野な音」と対照的に、音素は認識や区別、同定が可能でなくてはならない。そこでこうした要請に合わせて、音素は意図的に反復できるものでなくてはならない。反復性は、たとえば papa にもっとも簡潔にあらわれている。おなじ子音音素を、おなじ母音の反復で支えられながら連続させることが、知性を向上させるとともにメッセージ受容を正確なものにするのに役立っているのである（Pollack, 1959 を参照）。

マードックの考査のもっとも瞠目すべき成果は、母親の呼称と父親の呼称のあいだにおける鼻子音と口頭子音の分布に関するものである。すなわち、母親を示す語の五五パーセントと父親を示す語のわずか一五パーセントが、M、N、ŋ という子音クラスに属しているというのである。したがって、「母親は通常 m- 形式を伴って呼ばれ、父親は p、b、t、d- 形式を伴って呼ばれる」（Lewis, 1951）という伝統的主張が、有益な統計的確証を得たことになる。m- 形式の起源と進化は容易に跡づけることができる。ただし、大人が「勝手に」解釈し「どこの国の子ども部屋」でも子どもに教えている子どもの「無意味な」音節をめぐる勘違い（Jespersen, 1922）や、さらには「女性を名指すのに向いている」弱い m とか、口頭閉鎖音の「遠心的」意味と対立する鼻音の「求心的」含意などといった、ルイス言うところの「神秘的」信念を、一切拒めばの話である。

子どもがしゃぶる行為には、鼻を通しての軽いささやき——唇が母親の胸や哺乳瓶に押し付けられていて口のなかがいっぱいのときに産出される発声——が伴っていることが、多い。のちには、授乳にたいするこうした発声反応は、食べ物を眼にしただけで起こる期待表示の信号として出てくる。さらには、食欲の表明としてや、より一般的には消えた食事や不在の育児者、かなえられなかった願い事などを待ちこがれている不満や我慢として出てくる。乳を飲んでいないときには、鼻でささやく際に口、とくに唇がはなれることがある。声が伴っていることもある。こうした鼻音間投詞の型と機能をよく表わしている素材が、グレゴワール（Grégoire, 1937）、レオポルド（Leopold, 1939）、スモチインスキ（Smoczyński, 1955）のような幼児言語のすぐれた観察者たちによって蒐集されてきている。この関連で注目すべきは、ロシア語の魅力的な間投詞［'ap］と［'am］のうち、後者とこれに相応している動詞語根 xam- が栄養摂取と連想されていることである。

母親は、グレゴワールの言うところによれば、大分配者〔la grande dispensatrice〕であるため、子どもが待ち望んでいるたいていのことは母親に向けられ、しだいに鼻音間投詞を親呼称に変え、その表現力に富んだ組み立てを規則的な音素パターンに適合させる。しかし、別の見方をする研究者もあり、たとえばレオポルドの主張するところでは（Leopold, 1947）、m- 間投詞から母親呼称へのこうした移行が遅れてしまい、二つの親呼称のうちのひとつ papa が完全に指示的な言語単位として最初にあらわれる一方で、たとえば mama 形式が、レオポルドの娘の言語では、間投詞としてのみ存在しているようなことも、まれではない。「それは、知的意味をまったく持っていなかったのであり、一歳〇カ月で文字どおりの意味を学んだ papa という語の意味的代替物とはみなしえない。標準の意味をもった mama は、一歳三カ月まで学ばなかった」。

papa が居合わせた親を指す一方、mama はなによりもまず、なんらかの欲求をかなえてほしいという要請の信号であったり、子どもの欲求をかなえてくれるはずの不在者（ただしそれが母親であるとはかぎらない）への要請の信号であったりする移行期については、グレゴワールが入念に記述している。「エドモンは［mam: am: am］と発しながら、その日いなかった母を求めているようだった」。あるいは、「彼女が戻ってくるのが見えるのに、かれは［papa］と言う。……

エドモンには、父親がタルチーヌをつくってくれているように見える。そして、［papa］ではなく［mamă］と発する」。同様に、スモチインスキの二歳半の子どもも、父親に何かをねだるとき、父親を［mama ma-ma ma: -ma: -ma:］と呼んだ。

鼻音を伴う母親呼称とくらべて、口腔閉鎖音を伴う父親呼称が優勢になっているのは、意味レベルと音韻レベルの双方から十分に説明がつく。幼児の言語行動に当初見られるような、はなれた位置からのたんにダイクシス的な初歩的認知態度は、「情緒的表現から指示的言語へのまさに移行を先導する」父親呼称に具体的に表現されるのにたいして（Jakobson, 1941）、母親呼称では、純粋に対象指示的な価値があとの（パーソンズが提案するであろうところでは「エディプス・コンプレックス」）段階になって生じる。この理由については、父親の役割と明らかに異なる、前エディプス・コンプレックス段階の母子アイデンティティに関する、パーソンズの観察（Parsons, 1955）が、解明している。男子と女子の言語発達において「標準の意味」を持った mama を身につける際に違いがあるのかどうかを調べてみるのも、興味深いであろう。音韻レベルでは、最適の子音・母音対照が後方縁型母音によって得られることが観察されるかもしれない。新たな広い共鳴装置の追加は、鼻子音を母音により近づけ、その結果、最大の対照ではなくなってくる。鼻子音の音素化は、子音と母音の対照の存在を必要としており、この対照のうえに成り立つ。

mama-papa タイプの呼称は、幼児育成語であるにもかかわらず、幼児言語の発達特性と一致しており、したがって、それらが国語のなかに浸透していることも、国際的に普及していることも、こうした基本的一致を無効にするわけではない。それゆえ、「親縁関係にある言語どうしに関する比較データが生来の起源を明らかに示していたにもかかわらず」マードックのデータから「mama と papa に似た形式」を完全に除外してしまうのは、あまりに厳しすぎるように思われる。

この著名な文化人類学者による魅力的な考査は、継続し発展させていく価値がある。母親呼称と父親呼称のあいだの音韻的関係を調べ、作表すべきである。双方の呼称がどの程度の頻度で鼻音クラスあるいは口頭音クラスに属しているのか？ どの程度の頻度で双方の呼称が唇音を含んでいるのか、あるいは双方の呼称が歯音を含んでいるのか？ 親呼称の対の内でも唇音―歯音という対立と鼻音―口頭音という対立のあいだの組み合わせタイプはどのようなものなのか？ 補強されて多様になった対極化が、この場合に重要な役割を果たしているようである。参照――ロシア語の mama-tjatja では、鼻音―口頭音という素性が、二つの音調性素性――重音性―鋭音性と嬰音性（口蓋化）―非嬰音性（非口蓋化）――と組み合わさっている。後者の二つの素性が伴っていることが、高音調と低音調の最適対照をつくりだしている。

家族関係用語のうち、幼児育成形式は親を指示することに限定されていない。となれば、指示されている関係の度合の違いが幼児言語の発達にどのように相応しているのかを、調査してみたいところである。たとえばロシア語の baba「［民話などでは］おばあさん」と djadja「おじさん」（参照 papa と tjatja）は、ロシア（およびスラヴ全体）の幼児の音素パターン化にのちになってあらわれる特徴である、子音の有声化をとりこんでいる。djed「おじいさん」と tjotja「おばさん」は、/a/ から別の母音へと変化している。これは幼児がのちに習得する音素に属している。乳母は、mama の指小形の mamka、あるいは njanja「ばあや」と呼ばれるが、njanja は高音調（嬰音性と鋭音性）の鼻音、つまり指小語に典型的な音象徴によって、低音調（散音性と重音性）の鼻音を伴うmamaと対立している。

われわれの観察するところによれば、この場合、年齢や機能が上の者だけに幼児育成名称が与えられている。そのため、われわれは、当該言語あるいは関連諸語におけるこのような名称はどの親族のためにあるのかという問題にも出くわすことになる。言語学者、人類学者、精神発達・行動発達の心理学の専門家たちの生産的な共同作業にとって、広大な領域が広がっている。

文献

Broch, O. (1927), "Russenorsk", *Archiv für slavische Philologie*, 41:209–262.

Georgieva, E. (1959), "Mama i majka", *Balgarski ezik*, 9:287–289.

Grégoire, A. (1937), *L'apprentissage du langage*. Bibliothèque de la Faculté de Philosophie et Lettres de l'Université de Liège, 73.

Jakobson, R. (1941), "Kindersprache, Aphasie und allgemeine Lautgesetze", *Uppsala Universitets årsskrift*, 1942:1–83.

—— & Halle, M. (1957), "Phonology in Relation to Phonetics", *Manual of Phonetics*, ed. L. Kaiser. Amsterdam: North-Holland Publishing Company, pp. 215–251.

Jespersen, O. (1922), *Language, Its Nature, Development and Origin*, London-New York: Macmillan.

Leopold, W. F. (1939), *Speech Development of a Bilingual Child*, 1: *Vocabulary Growth in the First Two*

Years, Evanston & Chicago: Northwestern University.
——(1947), *Speech Development of a Bilingual Child, 2: Sound Learning in the First Two Years*, Evanston: Northwestern University.
Lewis, M. M. (1951), *Infant Speech*, New York: Humanities Press; London: Routledge & Kegan Paul.
Murdock, G. P. (1957), "World Ethnographic Sample", *American Anthropologist*, 59:664-687.
——(1959), "Cross-Language Parallels in Parental Kin Terms", *Anthropological Linguistics*, 1 (9):1-5.
Parsons, T. (1955), "Family Structure and the Socialization of the Child", *Family Socialization and Interaction Process*, by T. Parsons & R. F. Bales, Glencoe, Ill.: Free Press.
Pollack, I. (1959), "Message Repetition and Message Reception", *Journal of the Acoustical Society of America*, 31:1509-1515.
Smoczyński, P. (1955), "Przyswajanie przez dziecko podstaw systemu językowego", *Societas Scientiarum Lodziensis*, Sectio 1, no. 19.
Vasmer, M. (1954), "otéc", *Russisches etymologisches Wörterbuch*, 2:290, Heidelberg: Carl Winter, 1953-1955.
Werner, H. (1940), *Comparative Psychology of Mental Development*, New York: International Universities Press, 2nd rev. ed., 1957.

訳注

〔1〕 印欧祖語は、印欧語族の諸言語に共通の祖語として理論的に構築された仮説上の言語であるが、その個々の語は左肩にアステリスクを付して示される。

11　アインシュタインと言語科学

　アインシュタインが一九四一年九月に英国科学振興協会の会合に向けたラジオ演説「共通言語としての科学[1]」で聴衆に訴えているところによれば、もっとも進んだ発展段階の言語は、欠陥もあるにせよ、「言葉の真の意味で思惟のひとつの道具となる」[1]。ちなみに、アインシュタイン当人にとっては、言語は、その初期段階からさまざまな進歩発達の段階にいたるまで、積極的にメタ言語的な論証に取り組んでいたときのお気に入りのテーマであった。とりわけ、人生でもっともなつかしいアメリカ時代には、そうであった。こうした問題に寄せるこの科学者の高い関心、およびこの領域のさまざまなトピックにたいして思慮深く雄弁な証明をもたらした驚くべき才能は、伝記に描かれているアインシュタインの幼年時代のデータと対照されてしかるべきであろう。

　たとえば、フィリップ・フランクのきわめて有益な本のなかで「アルバート少年」を扱っている箇所では、こう断言されている。「実際、かれがしゃべれるようになるにはとても長いことかかり、かれの両親もかれが異常ではないかと不安になりかけていました。結局、少年はしゃべりはじめましたが、つねに無口でした……」。九歳になり小学校最終学年のときすら、「かれはまだ流暢には話せず、かれが話すことすべては、完全に考え抜き反省してのちに表現されていました」[2]。

伝記をものしている何人かが指摘しているところによれば、アインシュタインは三歳まで話すことができなかったか話すのを嫌がっていた。また、生涯長きにわたって外国語の学習や習得に苦労していた。さらには、ジェラルド・ホールトンが、アインシュタインの妹マヤの書き記した証言をはじめて刊行したが、そこには、かれの幼年時代には言語習得が「ゆっくりと進行し、ことばをなかなか話すことができず、まわりの者たちはかれが話せないままになるのではと心配していた」とある[3]。

大数学者ジャック・アダマール——当時、フランスからの亡命者たちがニューヨークに創設した私立高等研究院の理学部長、およびアメリカのいくつかの大学の客員教授——は、数学的発見の過程の考察というパリ時代からの研究を、ひきつづき進めるとともに、一九四三—四四年には私立高等研究院での公開講座とも絡めてさらに発展させていた。このテーマに関するかれの体系的研究は、一九四五年に本となって日の目を見た。かれは、折りを見てはわたしのもとを訪れ、この魅力的な研究計画を言語その他の記号に関する学問と組み合わせて考えるような問題について、議論していた。アダマールの申し出に応えて、わたしは手短に説明した。かれは、自分の著書に、言葉にならない思考という難問にたいする、当時のわたしの言語学的管見を収録した。

記号は、思考の必要な支えである。社会化された思想（伝達の段階）や社会化されつつある思想（公式化の段階）にとっては、記号のもっとも普通の体系は本来の意味での言葉である。しかし、内在する思考では、とくにそれが創造的である場合には、好んで他の記号体系が使われる。それらはもっと柔軟で、言語ほど基準化されておらず、創造的思考に対して、より多くの自由と躍動の余地を残す。……これらの記号や象徴のなかで、社会的慣習から借りてきたありきたりの記号と、他方、個人的記号とを区別しなければならない。個人的記号はまたさらに区分されて、その人の一般的習性に属する、その人の個別の型に属する不変的な記号と、たまたまそのときに用いられる記号とがあり、後者はその創造的活動のなかで、その場に限って作られ用いられるものである。[4]

アダマールは、この著書を印刷にまわそうとしていたまさにその瞬間に、（脚注でかれが述べているように）「アインシュタイン教授からまことに興味ある内容の手紙[2]」を受け取ったのであった。遅ればせのこの「証言」は、著書に付録二として付け加えられた。われわれ二人は、アインシュタインのメッセージにおける「詳細に、かつ徹底的に処理している[3]」回答を、細かく検討に付し、かれの内省を前記の言語学的管見と突きあわせた。アインシュタインの創造過程は内奥で言葉なしで進んでいるという特徴を持っていることが、科学的発見に没頭しているときのかれの心のなかで生じる記号の種類に関する問いへの回答で述べられていた。「書かれたり話されたりする言語や言葉が私の思考の仕組みのなかで何らかの役割を演じているとは思われません[4]」と。

心理学者マックス・ヴェルトハイマーは、アインシュタインと二人きりで何時間も腰をおろし、

「後日相対性理論として結実したあの劇的な発展の物語[5]」をアインシュタインから聞いていた様子を、語っている。アインシュタインは、ここで（アダマールへの手紙の数十年前！）、この主題をめぐる自分の思考がいかなる言語的公式化のなかにも生じなかったと断言している。「私は言葉で思考することが極めて稀である。思想が心に浮かぶ、そして私は後からそれを言葉に表現しようと試みる[6]」。「思考はいつも言葉のかたちで起こる」という或る人たちの信念を、かれは一笑に付した。[5]あきらかに、アインシュタインの思考の展開は、かれの言語を発達しにくくしていた。

アダマールの本に付録として添えられた手紙のなかでアインシュタインが証明しているように、「ある種の記号と多少とも明白な心象[7]」（傍点はヤコブソン）、二種類の「思考のなかで要素として働いているように思われる精神的実体」は、——すでに前言語段階で——意識的に反復され再配列されうるものであり、意味表示方法の個人的目録となっている。相互に連関し合う再生産と再結合という問題から見るに、構成要素の同定と再配置、換言すれば不変性とコンテクスト的可変性という相補的観念は、じつは、前言語的、個人記号的段階でアインシュタインを悩ませていた。かれにとっては、その「証言」で述べているところによれば、「最終的には論理的にまとまった概念に到達したいという欲求が、上述の要素を用いたどちらかといえば漠然とした働きの情緒的基礎になっていることは[8]」あきらかであった。

三つの主観的要因——欲求、情緒、「純粋直観」——が、選択や断定、結合の働きとして、アインシュタインの創造的思考の概念の基礎にある。「どちらかといえば漠然とした働き」にアインシュタインが何度も言及しているのは、おなじ証言の結論——「あなたが完全意識と呼んでいるものは決して完全には実現されることのない極限の場合」[9]――ではじまっている信仰告白と、関連している。

アインシュタインの心性にとって、そしてまた難攻不落の言語との少年時代の長い闘いに関するアインシュタインの鮮明な記憶にとって、きわめて徴候的なのは、かれがアダマールやヴェルトハイマーの抜け目ない問いに示した回答において、「慣習的な言葉」の面倒な探しだしも、初期の「連想の戯れ」への干渉も、――不承不承によるものであれ、無能力によるものであれ――あきらかにのちの「後続」段階に属するものとされていることである。規格化された言葉や規則的な構文、すなわち自由に再生産され、とりわけ「他者に伝達される」ことができる語や構文からなる「十分に確立された」体系に向けられた「第二」段階に、属するものとされているのである。「とにかく言葉が介在する段階ではそれらは」、かれの場合、受動的――すなわち「純粋に聴覚型」――であるとのアインシュタインの証言[10]は、子どもの頃に自分自身の発話をまだ防御的にしか発せられない状態でありながら周囲のことばを正確に知覚していたことと、完全に一致している。

似たような証言は、物理学者R・S・シャンクランドが記録している「アルバート・アインシュタインとの会話」にもあらわれている――「わたしは読んでいるときには、言葉が聞こえています。書くことはむずかしく、こうした方法ではうまく伝達できないのです[6]」。注目すべきことに、アインシュタインの場合、アダマールが解明しているように、「言葉が介入する以前の」通常の思考の当初の要素は、筋肉的なあきらかに身振り的な型であると同時に視覚的でもあったらしい。

『自伝ノート』のなかでアインシュタインは、個人的思考と間個人的コミュニケーションを画然と区別している。[7] 後者の過程においては、言語化と統語論規則によって、概念体系が「伝達可能なもの」となるのにたいして、思考そのものの過程のほうは、かれが「概念との自由な戯れ」と呼ぶものをつくりだす。それは、感覚的に認知可能で再生産しうるような記号を使用することなく発達することもよくあり、しかも「かなりの程度意識されないで」発達する。[11] アインシュタインが一〇年前に指摘したように、ともかくは、恣意的ではあるが厳格なゆえにのみゲームを成り立たせている規則と比較しうるような、一組の規則を取り決めるべきではあるものの、「この取り決めはけっして究極的なものであるはずが[8]」ない。

「われわれの思考のなかに生じる概念と、われわれの言語的表現のなかに生じる概念」とのあいだの関係は、アインシュタインの著作では、まったく異なる二通りの扱いを受けている。「バートランド・ラッセルの認識論についての注意」では、感覚的体験から帰納的に得られるような概念的あるいは言語的な「自由な思考創造」はありえないと主張している。「我々は感覚的経験の世界を概念と命題の世界から」(要するに生の経験世界を科学理論から)「――論理的に橋渡しできない形に――分離している深淵にきづかないでいる[9]」。他方ではアインシュタインは、言語を繰り返し攻撃していた。不適切で前科学的な概念にしつこくむすびつけられている言葉を用いるようわれわれに強いたり、われわれの慣習的な思惟道具を「失敗と欺瞞の危険な源」へと変えてしまうとの理由からである。たとえば、二つの概念の本質的な等価性などは、関連性を断つような誤称が利用されると、見えなくなってしまいがちである。

思考行為は言語から完全に独立しているとするアインシュタインの個人的な当初の性向に関しては、当人の証言からもあきらかである。それによれば、感情的なあこがれは、哲学者＝科学者としての役割における創意あふれる思考を管理する際に作動しているだけではない。感情的なあこがれは、（第二次世界大戦という重大事のような悲劇的経験のなかでの）人類についての「明晰な理解」や一国の規模を超えた「一般真理」を求めての「情熱的な努力」の背後にもある。そのような瞬間においては、「言語の語彙」が不意に前面に出てくる。前記の一九四一年のラジオ放送でもアインシュタインは、「個人の精神的発達と彼の概念を構成するやり方とは高度に言語」と「その周囲から言語を用いる指導に依存している」と結論づけていた。[12] しかし、発見者としてのアインシュタインは、科学的概念は「あらゆる国、あらゆる時代の最もすぐれた頭脳によってつくり上げられてきた」とも主張している。もちろん、かれが忘れず付記しているように、それは創造的過程の孤独のなかでなされた。ただし今回は、かれは「最終の成果に関しては共同して努力」することと、現代の「目標の混乱」を「長い眼で見れば」克服できるかもしれない共同努力[13]を考慮に入れている。

人間の精神のなかで言語に割り当てられている位置という根本問題に関するアインシュタインの生来のとも言えるほどの深い知悉ぶりに加えて、近代言語学の優れた先駆者であるスイスのヨースト・ヴィンテラー（一八四六―一九二九）と物理学者をむすびつけていた深い精神的きずなを問題とすることもできよう。一八七六年に公刊されたヴィンテラーの論文は、言語の音体系へのアプローチにおいて挑戦的なまでに斬新で鋭い方法論を提起したもので、音体系の「偶然的特徴」（可変要素）と「本質的特質」（不変要素）を根本的に区別していた。[10] しかし著者の理論的原理は、不当にもアカデミーの官僚たちからは信用されなかった。そのため、この勇ましい探究者は、先見の明のある学問的計画を断念し、一教師として冴えない人生を送ることとなった。それも、当初は意欲的な教師であったが早々と引退した。

一八九五年、青年アルバート・アインシュタインは、チューリヒにある連邦工科大学の入学試験に失敗し、アーラウの州立学校で一年間避難生活を送ることになる。そこでかれは、教師ヨースト・ヴィンテラーの生徒であるだけでなく、その家の下宿人であり、若い友人となった。ヴィンテラーは、のちにアルバートの妹マヤの義父となる。数多くの証言が、この幸運な一時滞留者がどうなっていったかをあきらかにしている。たとえば、ヘレン・ドゥカス女史は、マヤ・ヴィンテラーが記した短い伝記から、以下のような引用を提供してくれている。

> （アーラウの）学校の先生であり言語史分野での学者であるひとの家族のなかにあって、（アインシュタインは）その物腰ゆえに受け入れられ、好感を得た。それゆえかれはすぐに自宅にいるような気分になった。……このように、アーラウ時代は、かれにとって、いろいろな意味で有意義なものとなり、人生で最良の時期のひとつとなった。

年長者と若き生徒は、政治的出来事をあきらかに似たような視点から見ていた。ルール大学ボーフムのエルマー・ホーレンシュタイン教授は、論考「アーラウにおける下宿人アルバート・アインシュタインの大家——言語学者ヨースト・ヴィンテラー[11]」のなかで、アインシュタインが一九〇一年にヴィンテラーに宛てて出した未公開の手紙に言及しているが、そこではドイツの「権威崇拝（*Autoritätendusel*）」を「真理にとっての最大の敵」と非難していた。アインシュタインは、亡くなる一ヵ月まえまでも、「外部からのいかなる権威にも依らなかった」アーラウの先生たちを称賛しつづけていた。

頭脳明晰な教師との日々の会話は、非凡な一〇代の少年に、ヴィンテラーの論文の基本的原理や用語——「配置的相対性（*Relativität der Verhältnisse*）[12]」——や、相対性という概念と不変性という概念の分離できない内的結びつきに、気づかせたことであろう。相対性と不変性という概念は、ヴィンテラーの言語学理論の基礎をなすものであり、アインシュタインの主たる発見の仮の名称として、しばらく候補になっていた。ホーレンシュタインが用いている未公開の資料のなかでとりわけ有益なのは、アーラウの教師ヨースト・ヴィンテラーについて息子のひとりヨースト・フリドリン・ヴィンテラー博士がスイス州立図書館長宛てに出した一九四二年四月一〇日付けの手紙である。ヨースト・フリドリンは、教師と生徒たちの関係や教師の賢明で明敏な判断に関する記憶がいまも変わらずにあることを、証明しようとしていた。

相対性をめぐる言明をわたしがはじめて耳にしたのは、かれ（ヨースト・フリドリンの父）からでした。この相対性は、当時（一八九五—九六）我が家に下宿しながらアーラウ州立学校で学び卒業したアインシュタインが、その後、数学面で展開していきます。

アインシュタイン自身が認めたところによれば、「特殊相対性理論の萌芽」は、まずアーラウで学んでいた時期にずっとかれを刺激しつづけていた逆説的な熟考（*Gendankenexperiment*）のなかに、すでに含まれていた。それは、かれにとっては「直観的に明らかな[13]」ものであった。魂のこもったヴィンテラーの文体は、博士論文の序を読む者たちの心を打つ。

わが論文が本来呼びかけているのは、人間精神の露呈としての言語形式を会得できるひとだけである。言語形式は、精神そのものにたいして、非の打ちどころのない最高の文学作品とくらべてさえもはるかに奥深く広範な関係にあるのだ。したがって、わが論文の読者は、言語形式の絶えざる動きを決定している目に見えない力の研究を、興味と妥当性において他のどの知識領域にも匹敵しうる課題とみなさねばならない[14]。

この一節は、アインシュタインが一九一八年にマックス・プランクを祝して送った挨拶の熱烈な数行と、完全に一致しているかのようである――「物理学者の最高の課題は、それらから出発して純粋な演繹によって世界像が描き上げられるようななんらかのもっとも一般的な根本法則を探し当てることにあります。これらの法則におのずから達する論理的な径路というものはなんらあるわけではなく、ただ経験との取り組みに没入している直観のみがそれに通じうるのです[15]」。

アーラウ時代の弟子は、ヴィンテラーの「千里眼的精神」に関する思い出をいつも誇りにしていた。アルバート・アインシュタインとミケーレ・ベッソーという畏友が一九〇三年から一九五五年にかけて交換した膨大な量の貴重な書簡のなかには、[16] 一九三六年二月一六日にプリンストンからベルンに送られた仰天するようなメッセージも見られる。そこには、「わたしをさいなむ数学の悪魔」、「人間に関する諸事の絶望的状態」、「ドイツの馬鹿ども」といったような熱っぽい描写が伴っていた。劇的なメッセージは、「差し迫った危機をきわめて早く、きわめて完全に認めていたヴィンテラー教授の預言者的精神」への重要な言及も含んでいる。手紙全体は、つまらない統計物理学の一時的独裁が普遍的な思弁精神によって最終的に打ち負かされるようにとの期待の言葉で、唐突に締めくくられている。

＊
＊＊

われわれは、アインシュタインの言語観を、認識やコミュニケーションにたいするかれの逸脱的姿勢に照らして、検討してきた。当時の傑出した言語学の開拓者の近くにいたアインシュタインの少年時代の事情にも触れた。つぎに、現代の言語学理論に反映されているアインシュタインからの衝撃という問題、あるいは少なくとも現代物理学と言語学潮流との類似点を扱うことにしたい。

芸術活動と学問活動のさまざまな領域における相対論的イデオロギーは多様であるにもかかわらず、それらの主たるスローガンや方策、成果に共通分母があることは、疑いようがない。わたしとしては、われわれの世代を活気あるものにしていた国際的な競い合いの輪郭を描こうとした、二〇年ほどまえの文章を引用しておきたい。

言語に関心をいだいていた者たちは、言語学的操作に相対性原理を適用することを学んだ。われわれを一貫してこうした方向に導いたのは、現代物理学のめざましい発展と、キュビスム絵画の理論と実践であった。そこでは、すべてが「相対関係にもとづいており」、部分と全体の相互作用、色彩と形態の相互作用、表象と表象されるものの相互作用にもとづいている。「わたしは事物を信じない。わたしが信じるのはそれらの関係だけである」と、ブラックは宣言した。(17)

「原理的類似性〔fundamental affinities〕」という概念が芸術と科学でとる形式はいくらか異なるとはいえ、関係づけられている項それら自体の探究よりも関係の探究を優先させる点では、二〇世紀の芸術とアインシュタイン的科学は根本において共通している。革命的科学者アインシュタインが芸術的革新の或る種の形態にたいして個人としてはなじみにくいことがあったとしても、人びとは、芸術における現代の偉大な探究者たちの信条告白のような、連帯の雄弁な文書も見過ごすことはできない。たとえば『新造形主義』(パリ)に発表された一九二〇年のピエト・モンドリアンの宣言――「彩色された平面は、色彩の価値によっても、平面の位置や大きさによっても、造形的に表わすのは〔均衡〕関係だけであって、〔何かの〕形態を表現することはありえないのである」[14]。

一九一〇年代、二〇年代のモスクワの芸術、文学、科学それぞれのアヴァンギャルドのあいだの緊密な絡み合いに関するさまざまな証拠を改めて蒐集し読みかえしていると、アインシュタインとその信奉者たちの著作に夢中になって接したことが、いかに重要で生産的であったかが、実感される。言語と詩の新たな理論をもとめて闘う若き実験集団たるモスクワ言語学サークルだけでなく、そのあとの歴史をなす同一潮流、いわゆるプラハ構造学派も、相対性および不変性という二つの中心的問題をむすびつけようとする際に、アインシュタインの方法論的試みに明確に言及していた。明言された関係の例のひとつは、一九三〇年の音韻論会議に向けてプラハ言語学サークルが準備し発表した「標準音韻論用語案」である[18]。「根本的概念」のリストのなかで、第一の位置は音韻対立にあてられ、この見出し語のあとには、音韻単位と名づけられた対立項そのものへの言及がつづいた。こうした建築術的階層制〔architectonic hierarchy〕は、言語世界の構造的分析が以前の機械論的アプローチに取ってかわったという点からして、「新しい物理学的見解」にますます近くなった。哲学者エルンスト・カッシーラーの理解によれば、「アインシュタインの相対性理論」には、「われわれが表現のために用いる基準系に応じて別様にふるまうある一定の「関数的関係《フンクツィオンスフェアヘルトニス》」の統一のみが存在する」[19]。

アメリカのきわめて独創的な二人の言語学者、エドワード・サピア（一八八四―一九三九）とベンジャミン・リー・ウォーフ（一八九七―一九四一）が試みた、思考形式への相対性の適用〔いわゆる言語的相対論〕、とりわけ前者による「アインシュタインの物理学的相対性[20]」への直接的言及は、アインシュタインの概念的枠組みや、一九四一年のアインシュタインのラジオ放送に述べられた、限定的とはいえ率直な問い「言葉が同じであれば心の中もおなじであるということがどの程度までいえるのか」[15]に、意図的に似せた大胆な言語学的革新のもうひとつの有意義な例となっている。いかなる衝撃も、見解の類似性だけでなく、有益な分裂を含まざるをえない。

おそらく、物理学の革新と同時代の言語学の革新とのあいだのもっとも印象的な一致は、あきらかに一点へと収束しつつも独自に展開していたためと思われる暗合であろう。そのような隠れた対応は、これらの相異なる学問における実質的に平行した行程をあきらかにしている。純粋な関係の記述にあたり可能な限り最高の基準の厳格な正確さをめざすべしとの、理論物理学者へのアインシュタインの要求は、かれがマックス・プランクの六〇歳の誕生日に(一九一八)送った前記の挨拶や、この要求に近いもの——すなわち、相互関係にある構成要素からなる網状組織としての物理的世界にたいするいっそう厳密な探究——と同様、進歩した言語学の課題に明白に対応している。相対主義的な物理学の基本概念と、現代言語学が分析し定義づけているような言語の構成要素を入念に比較すれば、言語構造のさまざまなレベルで容易に例証できるような顕著な同型性〔isomorphism〕があきらかになろう。

この問題の一般性をあきらかにするには、広く知れわたった音韻現象のわずかの例をあげるだけでも十分かもしれない。言語音声において中心的な役割を演じている弁別素性は、二項対立として直観される、(アインシュタイン的に言えば)厳密に関係的な考え方である。たとえば、いわゆる「変音性」という特徴を意味弁別的に利用している子音体系では、変音子音どうしは現象的に等価である。すなわち、われわれの知覚では、それらは主として劣性フォルマントの特別な低下を特徴としている。言語しだいで、この過程の感覚運動様相に一定の違いが観察される。たとえば、かなり似た聴覚効果が、円唇化と喉頭化によって、換言すれば口腔の前方または後方末端の狭窄によって得られる。しかし、これら二つの特殊なケースのあいだの違いは、意味弁別の目的にはけっして使われないため、（他の同様に表面的な様相とおなじように）共通分母のほうが違いよりも勝っている。言語類型学は、この場合の特徴の構造的普遍性を主張しており、言語の普遍的法則は変音性の有無の対立をひとつしか認めないことを証明している。[21]言語学では、（機械論的同一性の代わりに）等価性の原理が、経験のまとまりのないばらばらな事項の探索から得られる意義に限界を設け、代わりに、（物理的世界とおなじく）言語的世界の基礎にある根本的関係性のなかに、少しずつではあるが法則的なものの発見をもたらしている。

「突然にそれが頭に浮かんだ」――これは、アインシュタインの『自伝ノート』からの言い回しであるが、[22]一般相対性理論の最初のひらめきのようにひびくとともに、豊富な生のままの材料を少数の一般法則に変えようとする現代諸科学の共同スローガンのようにもひびく。等価性の問題は、言語学的普遍性の発見にとってと同様、相対性原理にとっても関連があることをはっきりと示している。空間・時間モデルの根本的改変は、等価性の問題の設定がそれぞれの学問で異なるにもかかわらず、われわれを以前の機械論的な手順から遠ざけている。活発な学際的議論をもとめるこのような新しい言語学的展望の下でこそ、われわれは、動的共時態という概念や、現行の出来事の可逆的行程、さらには進行中のいかなる変化も有感振動に固有の同時性とみなす見方を、前面に押しだすことができよう。ニールス・ボーアは、物理学と言語学を現在むすびつけている深いきずなを繰り返し力説していた。これらの学問の相互関係を、われわれ双方は一九五〇年代末のMIT共同セミナーのテーマにした。ボーア好みの術語でいう「相対論的不変性の要請」[23]は、物理的世界と言語学的世界双方の究極的構成要素、物理学で術語化され言語学者が物理学から得た「素量〔elementary quanta〕」の構造の探究をめぐって、熱心に議論された。素量からなり、それゆえに「粒状」の構造を示している「不連続的」な事象として、言語質量を理解しようとするわれわれの世代の言語学の活動は、部分的には先の世代の成果を引き継いでいる。しかし同時にまた、それは精密科学の発展へのあきらかな依存も見せている。わたしとしては、精密科学が西洋、東洋双方の学問的中枢における、二〇世紀の最初の三分の一の言語学的アヴァンギャルドにとってインスピレーションの正真正銘の淵源であったことを、証言しておきたい[24]。

最後に、両極端にありかつ分離できない二つの問題——すなわち、一方では（種々の変形のある）対称性と非対称性、他方では対称性の破壊——が双方の学問に行きわたっていることを、指摘しておきたい。ジェラルド・ホールトンはその著書『科学思想の論題の起源』において、対称性議論がアインシュタインの物理学で主導的で決定的な役割を果たしていることを指摘している。実質的に似た概念は、言語構造の分析においてははるかに広く適用されている。しかし、対称性・非対称性の複合体全体は、その存在が持つ意味や純粋に形式的な方法としての役割という点から、言語学的に研究したとしても、昨日や今日に解決できるというものではなく、明日の勝利を待つべきものとなろう。とはいえ、われわれとしては、この点では、アインシュタインが死の四週間まえに書き下ろした見解――「われわれにとっては……過去、現在、未来の区別は、幻想でしかない。ただし頑迷な幻想ではあるが[25]」――でもって、みずからをなぐさめることもできよう。

新しい時代をもたらす科学理論は、同時代の詩において基本的神話に生まれ変わることもありうる。たとえば、ロシア・アヴァンギャルドの詩人ヴラジーミル・マヤコフスキイは、相対性理論にたいして一九二〇年に気にかかったのを皮切りに、一九三〇年の自殺の前夜に至るまで[26]、「アインシュタインの未来主義者的頭脳」をほめ称え、最後の戯曲となった一九二九年の『風呂』を、時間という真偽の疑わしい絶対的なものにたいする、そのような人並外れた頭脳の圧倒的勝利に、ささげたのであった[27]。

原注

(1) Published in *Advancement of Science*, 2, no. 5 (1941), pp. 109–110.

(2) P. Frank, *Einstein: His Life and Times*, trans. George Rosen, ed. and rev. Shuichi Kusaka (New York: Alfred A. Knopf, 1947), pp. 8, 10.〔フィリップ・フランク『評伝アインシュタイン』矢野健太郎訳、岩波現代文庫、二〇〇五年、九、一三頁〕

(3) G. Holton, *Thematic Origins of Scientific Thought: Kepler to Einstein* (Cambridge, Mass.: Harvard University Press, 1973), p. 367.

(4) J. Hadamard, *An Essay on the Psychology of Invention in the Mathematical Field* (Princeton, N. J.: Princeton University Press, 1945), pp. 96–97.〔ジャック・アダマール『数学における発明の心理』伏見康治、尾

崎辰之助、大塚益比古訳、みすず書房、二〇〇二年、二一三―二一四頁〕

(5) M. Wertheimer, *Productive Thinking* (New York: Harper, 1959), pp. 213–228.

(6) In *American Journal of Physics*, 31 (1963), p. 50.

(7) A. Einstein, "Autobiographical Notes", trans. P. A. Schilpp, in Schilpp, ed., *Albert Einstein: Philosopher-Scientist* (Evanston, Ill.: Library of Living Philosophers, 1949).

(8) A. Einstein, "Physics and Reality", trans. J. Piccard, *Journal of the Franklin Institute*, 221 (1936), pp. 349–382.〔「物理学と実在」井上健訳、『世界の名著66　現代の科学II』中央公論社、一九七〇年、二二二頁〕

(9) A. Einstein, "Remarks on Bertrand Russell's Theory of Knowledge," trans. P. A. Schilpp, in Schilpp, ed., *The Philosophy of Bertrand Russell* (Evanston, Ill.: Library of Living Philosophers, 1946), pp. 277–291, esp. p. 287.〔『アインシュタイン選集3　アインシュタインとその思想』湯川秀樹監修、中村誠太郎・井上健訳編、共立出版、一九七二年、三八頁〕

(10) Jost Winteler, *Die Kerenzer Mundart des Kantons Glarus, in ihren Grundzügen dargestellt* (Leipzig and Heidelberg, 1876).

(11) In *Schweizer Monatshefte*, 59 (March 1979), pp. 221–233.

(12) Winteler, *Die Kerenzer Mundart*, p. 27.

(13) "Autobiographical Notes", p. 53.〔アインシュタイン『自伝ノート』七四頁〕

(14) Winteler, *Die Kerenzer Mundart*, p. viii.

(15) A. Einstein, "Principles of Research", in Einstein, *Ideas and Opinions* (based on *Mein Weltbild*, ed. Carl Seelig), new trans. and rev. Sonja Bargmann (New York: Crown Publishers, Inc., 1954), pp. 224–227.〔『アインシュタイン選集3』二七〇頁〕

（16）Albert Einstein and Michele Besso, *Correspondance 1903–1955*, ed. P. Speziali (Paris, 1972).

（17）この箇所は、拙著 *Selected Writings*, I (The Hague: Mouton, 1962) の締めくくりとして一九六〇年代初頭に書かれた（p. 632）。

（18）In *Travaux du Cercle Linguistique de Prague*, 4 (1931), pp. 309–323, esp. p. 311.

（19）E. Cassirer, *Substance and Function & Einstein's Theory of Relativity* (New York: Dover, 1923), p. 398.〔E・カッシーラー『アインシュタインの相対性理論』山本義隆訳・解説、河出書房新社、一九七六年、八七頁〕

（20）E. Sapir, *Selected Writings* (Berkeley: University of California Press, 1949), p. 159.

（21）R. Jakobson and L. Waugh, *The Sound Shape of Language* (Bloomington, Ind.: Indiana University Press, 1979), pp. 113 ff. を参照〔ロマン・ヤーコブソン、リンダ・ウォー『言語音形論』松本克己訳、岩波書店、一九八六年、一一七頁以降〕

（22）"Autobiographical Notes", pp. 64-65.〔アインシュタイン『自伝ノート』八三—八四頁〕

（23）N. Bohr, *Atomic Physics and Human Knowledge* (New York: Wiley, 1958), pp. 71-72.〔『ニールス・ボーア論文集2　量子力学の誕生』山本義隆編訳、岩波文庫、二〇〇〇年、一七三頁〕

（24）A. Einstein and L. Infeld, *The Evolution of Physics* (New York: Simon and Schuster, 1942), pp. 263-313.〔アインシュタイン、インフェルト『物理学はいかに創られたか』下、石原純訳、岩波新書、一九六三年、一三一—一九四頁〕

（25）Einstein and Besso, *Correspondance*, p. 537.

（26）拙論 "On a Generation that Squandered Its Poets", ed. V. Erlich, *Twentieth-Century Russian Literary Criticism* (New Haven: Yale Univ. Press, 1975), p. 151 を参照。〔本書、三四頁〕

(27) 本稿のいくつかの箇所に関して批判的コメントを寄せていただいたことにたいし、ハーヴァード大学のAmelia Rechel-Cohn 博士に深謝いたします。

訳注

〔1〕『アインシュタイン選集3』三六一頁。
〔2〕アダマール『数学における発明の心理』一八二頁。
〔3〕同書、一六五頁。
〔4〕同書、一六六頁。
〔5〕M・ウェルトハイマー『生産的思考』矢田部達郎訳、岩波書店、一九五二年、二一七頁。
〔6〕同書、二三八頁。
〔7〕アダマール『数学における発明の心理』、一六六頁。
〔8〕同書、一六六頁。
〔9〕同書、一六六頁。
〔10〕同書、一六六頁。
〔11〕アインシュタイン『自伝ノート』中村誠太郎、五十嵐正敬訳、東京図書、一九七八年、七―八頁。
〔12〕『アインシュタイン選集3』三六一、三六二頁。
〔13〕同書、三六二、三六三頁。
〔14〕ピート・モンドリアン『新しい造形』宮島久雄訳、中央公論美術出版、一九九一年、一一頁。
〔15〕『アインシュタイン選集3』三六二頁。

訳者あとがき

本書は、ロマン・ヤコブソンの以下の論考を訳出したものである。

1 О поколении, растратившем своих поэтов, 1931 (Роман Якобсон, Святополк-Мирский, *Смерть Владимира Маяковского*, Berlin, 1931, pp. 7–45).

2 Socha v symbolice Puškinově, *Slovo a slovesnost*, 1937, 1, ss. 2–24.

3 Two Aspects of Language and Two Types of Aphasic Disturbances, 1956.

4 Linguistics and Poetics, 1960.

5 On Linguistic Aspects of Translation, 1959.

6 Некоторые вопросы лингвистической семантики, 1966 (*Неизданные голоса России*, 2009, ss. 197–207).

7 Quest for the Essence of Language, 1966.

8 The Fundamental and Specific Characteristics of Human Language, 1969 (Written in the summer of 1969. Roman Jakobson, *Selected Writings*, VII, 1985, pp. 93-97).

9 Signe zéro, *Mélanges de linguistique offerts à Charles Bally*, Genève, 1939, pp. 143-152.
10 Why "Mama" and "Papa"?, 1960.
11 Einstein and the Science of Language, 1980.
翻訳に際しては、原文における引用符や原注の有無にかかわらず、引用と思われる箇所では、既訳をできるかぎり使用するようにした。

***

ロマン・ヤコブソン Roman Jakobson（ロシア名 Роман Осипович Якобсон）に関する文献は数多くあり、日本語で読めるものも少なくない。ここでは、全体像について日本語で読める代表的なものとして、ホーレンシュタイン『ヤーコブソン――現象学的構造主義』川本茂雄、千葉文夫訳、白水社、一九八三年と、山中桂一『ヤコブソンの言語科学』勁草書房（1「詩とことば」一九八九年、2「かたちと意味」一九九五年）を挙げておきたい。

なお、日本語によるヤコブソンの人名表記は何種類かあり、本書で挙げているいくつかの日本語訳文献でも表記が分かれている。かりにロシア語発音に近い表記をするとなれば、「ラマーン・オーシパヴィチ・イカプソーン」となろうが（標準ロシア語では無アクセントの o や я は弱化し発音が変わる。また、有アクセント母音は長めに発音される）、当人がチェコスロヴァキア在住時代にチェコ語発音に合わせて「ロ（ー）マン・ヤ（ー）コブソン」に変えたとのことである（チェコ語では単語の最初の音節に強アクセントがくる)。さらにアメリカ移住後、「ローマーン・ヤーコブソン」という表記に近い発音に変えたのであろう。

一八九六年一〇月にモスクワで生まれたヤコブソンは、モスクワ大学の学生時代にモスクワ言語学サークルを結成し、ほぼ同時期にペテルブルグで結成されたオポヤズ(詩的言語研究会)のリーダー格シクロフスキイなどとともに、今日ではロシア・フォルマリズムと呼ばれている詩学運動のリーダーとなる(この時期のヤコブソンの学者および詩人としての活動については、拙著『ソ連言語理論小史——ボードアン・ド・クルトネからロシア・フォルマリズムへ』三一書房、一九七九年を参照)。その後、一九二〇年に当時のチェコスロヴァキアに移り、一九二六年にプラハ言語学サークルを結成。このサークルは、音韻論や記号論を中心にめざましい成果をあげ、構造主義の先駆となる。ちなみに、「構造主義」という用語はヤコブソンが一九二九年に提唱している。だがやがてナチによる弾圧が強まるにつれ、チェコスロヴァキアを離れざるをえなくなり、一九三九年にはデンマーク、ノルウェー、四〇年にはスウェーデンに逃れた。そして四一年にはアメリカに移住。一九八二年に死去している。

注目すべきは、これらのどの地にあってもヤコブソンが当初よりの「サークル精神」を失うことなく、当地の研究者等と交流し、共同で成果をあげていたことであろう。また、さまざまな学問分野との「他流試合」に果敢に挑んでいくところもヤコブソンの特徴のひとつであった。

生涯のあいだにヤコブソンが残した著作は、質量ともに並はずれている。また、分野も一般言語学、比較対照言語学、音韻論、詩学、文学研究、記号論、フォークロア、神話学、失語症、児童言語……と、きわめて多岐にわたっている。ここでは、各巻が大部の *Selected Writings* のタイトルをあげるにとどめておきたい。

Ⅰ「音韻論研究」一九六二年（増補版、一九七一年）
Ⅱ「言葉と言語」一九七一年
Ⅲ「文法の詩・詩の文法」一九八一年
Ⅳ「スラヴ叙事詩研究」一九六六年
Ⅴ「韻文について――その巨匠たちと開拓者たち」一九七九年
Ⅵ（1）「初期スラヴの道程と十字路――比較スラヴ研究」一九八五年
Ⅵ（2）「初期スラヴの道程と十字路――中世スラヴ研究」一九八五年
Ⅶ「比較神話学への貢献――言語学・文献学研究（一九七二―八二）」一九八五年
Ⅷ「一九七六―八〇年の主要著作」一九八八年
Ⅸ（1）「未収録著作（一九一六―三三）」二〇一三年
Ⅸ（2）「未収録著作（一九三四―四三）」二〇一四年
（最終巻となる第Ⅹ巻が近刊予定）

本書は、そうしたなかから既訳のあるものも含めて一一点を選ぶとともに、基本的には、言語学用語とりわけ音声学・音韻論用語の使用頻度が低いものから高いものへと移っていくように配置した。もっとも、読者諸氏には、そうした順番に関係なく興味を引かれるものから読んでいただき、ヤコブソンならではの犀利かつ大胆な展開を自由に楽しんでいただければ、幸いである。
実際、厖大な著作のなかからどのように一〇点余りを選んでも、偏りは避けられないであろう。本書もまた、訳者の「選り好み」にもとづいて編まれている。その意味では「訳者あとがき」などはかえって読書の妨げになりかねないが、ここでは、選択の理由というよりも、訳者なりに注目した点についてのみ、簡潔に述べておきたい。また、最初の二論考については、言語学そのものというよりもロシア・フォルマリズムとかかわる面が多いので、背景についても触れておきたい。

1　直訳すれば「自分たちの詩人たちを浪費した世代について」。一九三〇年四月一四日に死亡した畏友マヤコフスキイを「追悼」して、同年五―六月にロシア語で書かれたものであり、その全体の五分の四近くを含んだ版のほうがドイツ語で先に発表されている（*Slavische Rundschau*, 2, ss. 481-495, 1930）。

一九七六年にヤコブソンがロシア文学研究者H・マクリーンにだした手紙には、つぎのようにある。

「［……］マヤコフスキイの死は、まえから予見していたことの不意の実現によって、わたしを骨の髄まで震撼させた。逝去後に送られてきたエルザ・トリオレとエレンブルグの手紙には、最晩年のマヤコフスキイが中傷の嵐に見舞われ、耐え難い精神的孤独を味わっていたことが記されていた。すべてを使い果たしてしまった世代について語るのは義務であり、わたしは数日間部屋にこもりっきりで一気に書きあげた」。

実際、執筆時のこうした雰囲気はこの論考からも十分に感じとられる。数あるマヤコフスキイ論のうちでも、これほど友情に満ちあふれ、心を打ち、かつまた説得力に満ちた文章もめずらしい。この論の第一の特徴は、ヤコブソン自身が「マヤコフスキイのなかに木霊するドストエフスキイ」(一九五九)のなかで自己引用している、以下の箇所にあろう。

「マヤコフスキイの詩的創造は〔……〕最初の詩から、最後の詩にいたるまで、単一のものであって分けられない。単一のテーマの弁証法的展開なのである。〔……〕当初はユーモラスに意味づけられていたイメージが、のちにはそういった動機付けなしに与えられていたり、あるいは逆に、情熱的に繰り広げられていたモティーフがパロディ的な様相のなかで繰り返されていたりする。これは、つい最近までの信念にたいする冒瀆などではなく、単一の象徴体系の二つの面――中世演劇におけるような喜劇的な面と悲劇的な面――なのである」。

実験的な未来派詩人としてのマヤコフスキイと、社会諷刺やアジ・プロの詩人マヤコフスキイ。ヤコブソンから見れば、これらのあいだにはなんの矛盾も転向もない。

これが、論考の第一の特徴であるとすれば、第二の特徴としてあげられるべきは、マヤコフスキイの作品からの隠れた引用をも含めた膨大な引用であろう。引用のみからなるテクストがベンヤミンの夢であったとされているが、ヤコブソンはまさにそのようなテクストを、まるで畏友の証としてでもあるかのように、あざやかに織りあげている。

第三の特徴としては、ロシア・フォルマリズムの初期の重鎮であり、『最新ロシア詩』(一九二一)

では「詩は発話の対象にたいして無関心である」ことをひときわ強調していたそのヤコブソンが、当初の「反伝記主義」から離れて、伝記主義でも反伝記主義でもない独自の作家・作品論に挑んでいることであろう。この点では、2のプーシキン論と共通している。

2「プーシキンの象徴体系における彫像」は、*Selected Writings*, V に John Burbank による英訳が収録されており、タイトルが“The Statue in Puškin's Poetic Mythology”と変更されている。この英語版では、元は皆無であった図版が二〇点添えられており、その関係で年表も図像欄がかなり細かくなっている。また、元の版から原文で六行削除する一方、一頁半近く新たに追加している。強調箇所や活字ポイントの号下げ箇所にも異同が目立つ。

さて、ここではヤコブソンは、伝記主義でも反伝記主義でもないとの立場について、つぎのように述べている。

「文学作品をそれが生じた状況の再現とみなしたり、未詳の状況を作品から導きだすような卑俗な伝記主義にも、作品と状況との結びつきを教条的に否定するような卑俗な反伝記主義にも、陥ってはならない。〔……〕詩的作品を分析するにあたっては、作品と状況とのあいだの反復される重要な一致、とりわけ詩人の一連の作品における一定の共通点とこれらの作品の創作に共通する場所や時間とのあいだの規則的な結びつきを、見落とすべきではない。〔……〕状況とは、ことばの構成要素なのである。詩的機能は、ことばにおけるほかのどの構成要素とも同様に、状況を改変するのであり、ときには状況を効果的な表現手段として前面に押しだしたり、またときには反対にそれを抑制したりもする。〔……〕作品が状況に無関心であることはけっしてない」。

ヤコブソンは、言語学との平行関係をあげながら、「文法的形態の個々の意味やそれらの意味どうしの相互関係は、一般的意味の問題を立てずしては正しく理解できない。同様に、われわれが詩人の象徴体系をとらえようとするならば、まず第一に、この詩人の神話体系をつくりあげている恒常的象徴をあきらかにしなければならない」と述べている。

じつに大胆な試みである。彫像に関係するプーシキンの言語作品と、かれを取り囲む状況との緊張関係を解きほぐしていく過程は、すこぶる緊張をはらんでいる。ところが、この辺の展開こそが本論の中心課題と思いきや、ヤコブソンは、ある箇所までくると、「われわれの関心をいちばん引いているのは、この詩的イメージと詩的神話の内的構造である」と言う。

「彫像や詩は、いやそもそもいかなる芸術作品も、一種の記号となっている。したがって、彫像をめぐる詩は、記号の記号、もしくはイメージのイメージなのである。彫像をめぐる詩においては、記号〔……〕がテーマ、ないし意味される対象〔……〕となっている。記号をテーマ構成要素に変換するのは、プーシキンお気に入りの形式的手法のひとつで」あることを強調するとともに、プラハ言語学サークルが一九三五年に主唱した「文化記号論」的アプローチを鮮やかに繰り広げて見せる。すなわち、この論考の魅力はプーシキン論としてだけにとどまらない。

3　当初よりヤコブソンの言語学には、文学や芸術との平行関係にたいする関心も目立っていたが、この論考では、言語一般の特徴と失語症との関係に着目している。ことにアメリカにわたって後のヤコブソンは、言語学と隣接する種々の人文科学、さらには自然科学との平行関係を積極的に解明しようとしていた。

ここでは、「選択」と「結合」、「類似性」と「近接性」、「隠喩」と「換喩」、「共起」と「連続・連鎖」等々、ヤコブソン得意の二項図式が存分に効果を発揮している。とりわけ、「類似性と隠喩と詩」、「近接性と換喩と散文」それぞれを関連付けた持論は、その後さまざまな学問分野で多くの学者によって応用されていくことになる。

全体としてはこの論考は、失語症の症状解明に言語学が貢献しうることを証明する一方で、言語や文学、芸術の研究が「近接性」を軽視してきている状況を批判している。「現実の二極性が、切断された一極図式に人工的に取りかえられてきているが、こうした図式は、失語症の二つのパターンのひとつ、すなわち近接性障害とみごとに一致している」との締めくくりは、文を研究対象の上限としていた当時の言語学の傾向にたいしてだけでなく、文化観全般にたいしても、アイロニカルな批判になっている。

4　一九五八年春にインディアナ大学で開催された「文体に関する会議」における講演“Closing Statement: Linguistics and Poetics”は、翌年論文にまとめられ、*Style in Language*, ed. by T. A. Sebeok, Cambridge, Mass., 1960 に収録された。翻訳にあたっては *Selected Writings*, III に収録されている版も参照し、異同箇所を斟酌した。

この論考では、なによりもまず「六機能図式」が有名であり、これもまた言語学や文学研究に限らず、多くの分野で活かされてきている。

また、詩をもっぱら音のレベルで論じる傾向が強かったのにたいして、ヤコブソンは音と意味の関係を重視するとともに、「指示的機能にたいする詩的機能の優越は、指示性を消去するのではなく曖昧なものにする」との立場から、言語のさまざまなレベルの自律性と相互依存性をあきらかにしようとしている。詩にあっては「いかなる言語的要素も詩的言語の文彩に転換されるのである」と言う。

もっとも、この論考全体は、会議全体を締めくくる講演であったことも関係してか、話題が微妙に移動していっており、かならずしもまとまりがよいものとはなっていない。そこで、翻訳に際しては、順に「詩学の位置づけ」、「六機能」、「韻律論」、「脚韻、平行性」、「曖昧、詩の言語学的特徴」といった大まかな区切りを設け、＊で示した。

このように内容はかなり多岐に及んでいるものの、ヤコブソンが言わんとしていることは、最後のパラグラフのなかの以下の言葉に明確に示されている。

「言語学は言語芸術のすべての領域にわたる研究を指揮すべき権利と義務を持つと主張しようとしたわたしの試みは、一九五三年にここインディアナ大学で開催された会議における自分の報告を要約したのとおなじ要旨“Linguista sum; linguistici nihil a me alienum puto〔われは言語学者なり、こと言語に関するものにしてわれに無縁のものなしとす〕”で締めくくることができよう」。

なお、韻律、脚韻、さらには作詩法全般にかかわる術語は、これまでもさまざまな訳が試みられてきているが、本書では基本的に言語学用語としての訳を優先した。

ところで、以上の四点はヤコブソンにしてはかなり長めの論考である。じつは、ヤコブソンの論考には短いものが多く、そのため、『音韻論の原理』（一九三九）という言語学史上に燦然と輝く主著を残したトゥルベツコイと対照して、圧倒的に多作ではある半面、「短篇作家」とみなされがちである。

5　いまや翻訳論の古典のひとつとなっているこの論考では、「「チーズ」という語の意味を、言語コードの助けを借りずに、チェダー・チーズやカマンベールに関する言語外の知識からだけで推測することは不可能である。未知の語を導入するには、一連の言語記号が必要なのであるということを強調したのち、「いかなる言語記号の意味も、別の、代わりの記号への翻訳である」との立場から、「言語内翻訳」、「言語間翻訳」、「記号間翻訳」という区別が立てられている。そのうえで、「翻訳可能性」が問題にされているわけであるが、語彙的意味に劣らず文法的意味が持つ重要性に着目するのは、ヤコブソンの諸論考に目立つ特徴のひとつであり、それは次の論考にも顕著にあらわれている。

6　直訳すれば「言語学的意味論のいくつかの問題」。ヤコブソンは、一九五六年以降、幾度か当時のソ連を訪れている。祖国ロシアにもどることも考えていたらしい。この論考は、一九六六年八月一二日にソ連科学アカデミー・ロシア語研究所学術会議でおこなわれた報告の録音を、Y・メニショフがおこしたものである。題名のとおり、言語学でいう「意味」とはどういうものであるかを問題にしたものであり、文法的意味というものが重要であること、言語学的意味は認識的な意味と区別されるべきであることなどが説かれている。「首の振り方」の違いに関する箇所は、敷衍され翌年ロシアで論文として公刊された。

7　この論考は、パースをしきりに援用するようになった時期のヤコブソンの言語論を代表するもののひとつといえる。読まれておわかりのとおり、パースの記号観や記号分類をひときわ高く評価し、そうした立場から、ソシュールの言語理論の主要な特徴のうちの二つ――「記号の恣意性」と「記号の線状性」――の問題点を突いている。また、言語学が記号の類像性をあまりにも過小に評価している現状に、改めて異議を唱えたものとしても重要である。

8　直訳すれば「人間言語の基本的かつ特有の特徴」。短い論考ではあるが、人間の言語と動物の「言語」との違い、児童言語の発展段階、さらには言語の発生の問題等を、テーゼ状に簡潔にまとめた貴重な論考になっている。

9　「ゼロ」が果たす役割は、個々の要素だけを観察してみても浮かびあがってこない。体系のなかでとらえてはじめて浮上してくるものであり、ヤコブソンは「有標」・「無標」の問題とも関連させつつ、この問題に大いに関心を示していた。

ここでは、音韻論、形態論のみならず、統語論のレベルにおいても見られる、「或るもの」と「無」との対立を例示しながら、言語学や一般記号学にとって「ゼロ対立」という問題が大きな射程を持ちうるであろうとの予想を立てている。

10　これも、音韻論の大家であると同時に、他の学問分野とも活発に交流を重ねてきたヤコブソンならではの論考である。幼児による言語音獲得の初期段階をきわめて興味深い視点から扱ったものであるが、音声学や音韻論の術語が頻出する関係で、他の論考にくらべてやや理解しにくい点があるかもしれない。幼児の言語音の特徴に関しては、「幼児言語、失語症および一般音法則」（R・ヤーコブソン『失語症と言語学』服部四郎編・監訳、岩波書店、一九七六年に所収）、とくに四八―六七頁が参考になろう。また、「音韻論と音声学」（R・ヤーコブソン『一般言語学』川本茂雄監修、みすず書房、一九七三年に所収)、とくに一一一—一一三頁も参照されたい。ちなみに、「音韻論と音声学」で論じられている「基本三角形」は、レヴィ＝ストロースの「料理の三角形」のモデルにもなっている。

11 ヤコブソンは、かなり早い時期から物理学にも関心をいだいていたが、この論考は、言語学と物理学との類似性、「同型性」を論じたものとしては代表的なもののひとつと言えよう。言語の特徴である「相対性」、「不変性」、「究極的構成要素」、「不連続性」などを、物理学の知見のなかにも見いだし、そうすることによって、これらの特徴の「普遍性」を裏づけようというわけである。

さて、以上のように収録論考の特徴を訳者なりに取りあげてみたものの、これらの論考に限らず総じてヤコブソンの著作の魅力は、こうした要点よりも、むしろ、領域横断的かつ具体的な例をふんだんにちりばめたその展開の妙にあると言えよう。

ヤコブソンと言えば、一九二〇年前後の『最新ロシア詩』や『芸術におけるリアリズムについて』にはじまり、挑発的な論考をいくつも発表してきたことでも知られている。このようなヤコブソンの特徴を一言で表わすことは不可能に近いように思われるが、二〇歳代の「超意味言語」詩や、マレーヴィチ、フレブニコフらへの書簡、『ダダ』その他の論考を集めたヤングフェルト編の改訂増補版は、『ロマン・ヤコブソン——科学の未来派』(二〇一二)と題されている。私には、このサブタイトルは、その後のヤコブソンにも当てはまるものである、すなわち応答や批判のあることを重視し一貫して「新しいもの」を求めつづけたヤコブソンの姿勢を如実に示しているように思われる。

また、理論面での特徴となると、「究極性」、「相対性」、「不変性」、「多機能性」、「二極性」など、さまざまな用語が思い浮かぶが、あえてひとつにしぼるとなると、わたしとしては「アンチノミー（二律背反）」重視を挙げたい。「詩とは何か」（一九三三―三四）には、詩的言語の存在理由について次のような説明がある。

「記号は対象に一致するものではないという事実をことさら強調する必要があるのは、なぜなのか。記号と対象の同一性〔……〕の直接的自覚のほかに、この同一性が不適切である〔……〕ことの直接的自覚も必要だからである。このアンチノミーは不可欠である。なぜなら、矛盾なくして概念の動きもなく、記号の動きもなく、概念と記号との関係は自動化してしまい、出来事は停止し、現実も自覚されなくなるからである」。

つまるところ、ヤコブソンもまた、マヤコフスキイと同様、「ブイト」批判、「惰性化した日常生活」批判こそが、その活動の根本にあったのである。その意味では、「詩的言語」論などに多少の変化は見られるとはいえ、やはりヤコブソンは生涯アヴァンギャルドであったと言えよう――芸術観や詩作においてだけでなく、言語学をはじめとする学問においても。

訳者が本書を編んだ主たる目的は、言うまでもなく、ヤコブソンの言語理論が宿す多様な可能性を多くの読者諸氏に紹介することにあるが、ヤコブソン自身の気概のようなものも少しは伝わればと願っている。

なお、本書に収めた論考のうち、6「言語学的意味論の問題」、7「言語の本質の探究」、8「人間言語の基本的特徴」の翻訳は、朝妻恵里子氏に担当していただいた。ただし、術語の日本語訳に関しては、原則として桑野訳に合わせた。

また、1、3、4、5、7、9には以下のように既訳があり、参考にさせていただいた。

1「自分たちの詩人を失ってしまった世代について」北岡誠司訳（『世界批評大系3』筑摩書房、一九七五年）、「その詩人たちを浪費した時代について」（ロマン・ヤコブソン『言語芸術・言語記号・言語の時間』浅川順子訳、法政大学出版局、一九九五年）

3「言語の二つの面と失語症の二つのタイプ」田村すゞ子訳（前掲、ヤーコブソン『一般言語学』）

4「言語学と詩学」中野直子訳（同書）

5「翻訳の言語学的側面について」長嶋善郎訳（同書）

7「言語の本質の探究」早田輝洋訳（服部四郎編『ローマン・ヤーコブソン選集Ⅱ』大修館書店、一九七八年）

9「ゼロ記号1（*Signe zéro*）」早田輝洋訳（服部四郎編『ローマン・ヤーコブソン選集Ⅰ』大修館書店、一九八六年）

（また、「アインシュタインと言語科学」のドイツ語版の訳が、エルマー・ホーレンシュタイン『認知と言語　現象学的探究』柴田正良ほか訳、産業図書、一九八四年に付録として収録されている。ただ、英語版とくらべると記述が多少異なる箇所や省略が見られる）

本書の出版にあたっては、このたびも企画の段階から完成に至るまで平凡社の松井純氏にたいへんお世話になった。心より御礼申し上げたい。

二〇一五年九月

桑野隆

平凡社ライブラリー　834

ヤコブソン・セレクション

発行日…………2015年11月10日　初版第1刷

著者……………ロマン・ヤコブソン
編訳者…………桑野隆・朝妻恵里子
発行者…………西田裕一
発行所…………株式会社平凡社
〒101-0051　東京都千代田区神田神保町3-29
電話　東京(03)3230-6579[編集]
東京(03)3230-6572[営業]
振替　00180-0-29639

印刷・製本 ……藤原印刷株式会社
DTP…………平凡社制作
装幀……………中垣信夫

ISBN978-4-582-76834-3
NDC分類番号801
B6変型判（16.0cm）　総ページ384

平凡社ホームページ　http://www.heibonsha.co.jp/
落丁・乱丁本のお取り替えは小社読者サービス係まで
直接お送りください（送料、小社負担）。

平凡社ライブラリー　既刊より

ミハイル・バフチン……ドストエフスキーの創作の問題――付：より大胆に可能性を利用せよ
ミハイル・バフチン……小説の言葉――付：「小説の言葉の前史より」
水野忠夫……［新版］マヤコフスキイ・ノート
亀山郁夫……甦るフレーブニコフ
中村喜和 編訳……ロシア英雄物語――語り継がれた《ブィリーナ》の勇士たち
グスタフ・ルネ・ホッケ……文学におけるマニエリスム――言語錬金術ならびに秘教的組み合わせ術
ウンベルト・エーコ……完全言語の探求
林　達夫……林達夫セレクション1――反語的精神
林　達夫……林達夫セレクション2――文芸復興
林　達夫……林達夫セレクション3――精神史
黒田　亘 編……ウィトゲンシュタイン・セレクション
A・グラムシ……グラムシ・セレクション
C・レヴィ＝ストロース……レヴィ＝ストロース講義――現代世界と人類学
渡邊二郎 編……ニーチェ・セレクション
河野健二 編……プルードン・セレクション
大森荘蔵……大森荘蔵セレクション
立松弘孝 編……フッサール・セレクション